Über dieses Buch Etliche Exil-Autoren sind mit ihren Werken immerhin heimgeholt in die deutsche Literatur – Feuchtwanger etwa, die Seghers, Klaus Mann. Über vierzig Jahre lang aber mußte einer warten, der an Bedeutung und Qualität den genannten Namen nicht nachsteht: Ernst Erich Noth. Er hat einen der wenigen Romane geschrieben, die zwar noch aus dem unmittelbaren Zeiterlebnis geschöpft sind, aber doch Abstand schaffen durch die detailgenaue Beschreibung. Noths Roman ›Weg ohne Rückkehr‹ erschien erstmals in französischer Version 1937 unter dem Titel ›La voie barrée‹ bei Plon in Paris. Ein Pariser Blatt kommentierte damals: »Für Frankreich ist Noth eine Entdeckung. Weil er die Ratlosigkeit, das Elend der deutschen Jugend eindrücklich zu schildern weiß, weil er glaubhaft erklärt, wie der Nationalsozialismus von dieser großen Ratlosgkeit profitiert hat.« Die Hauptfiguren des Romans sind junge Menschen aus dem Universitätsbereich, die von der sogenannten »Machtergreifung« überrascht werden, irritiert sind und sich darüber klar zu werden versuchen, wie sie sich verhalten wollen oder sollen. Der Roman macht deutlich, wie unsicher und nur selten eindeutig sich die junge Generation gegenüber dem NS-Regime verhielt. Im Verlauf der Romanhandlung kommen die Protagonisten entweder um oder finden sich im Exil wieder.

Der Autor Ernst Erich Noth, als Paul Krantz 1909 in Berlin geboren, studierte Germanistik, Philosophie, Geschichte und Soziologie in Frankfurt; flüchtete nach dem Reichstagsbrand nach Frankreich, später über Portugal nach New York, dort zwischen 1942 und 1948 Leiter der Deutschen Abteilung von NBC; Lehrtätigkeit an mehreren amerikanischen und französischen Universitäten, unter anderem Chefredakteur von *Books Abroad*; schließlich von 1971 bis 1980 Gastprofessor/Honorarprofessor an der Universität Frankfurt am Main; hatte sich vor allem mit seinem 1931 erschienenen ›Roman junger Menschen‹ ›Mietskaserne‹ einen Namen gemacht. Ernst Erich Noth starb 1983 in Bensheim an der Bergstraße.

Ernst Erich Noth

Weg ohne Rückkehr

Roman

Fischer
Taschenbuch
Verlag

Verboten und verbrannt / Exil

Ungekürzte Ausgabe
Veröffentlicht im Fischer Taschenbuch Verlag GmbH,
Frankfurt am Main, März 1985
Lizenzausgabe mit freundlicher Genehmigung
des Verlags Huber & Co., Frauenfeld

Erstveröffentlichung dieses Romans bei der Librairie Plon, Paris 1937,
unter dem Titel ›La voie barrée‹
Umschlaggestaltung: Max Bartholl
Gesamtherstellung: Clausen & Bosse, Leck
Printed in Germany
1280-ISBN-3-596-25952-5

Zu jubeln ziemt nicht: kein triumf wird sein'
Nur viele untergänge ohne würde ..

Stefan George, *»Der Krieg«*

I

Als Hans Hesse am Morgen des 30. Januar 1933 in seiner Studentenbude erwachte, hatte er nicht die geringste Ahnung kommender Dinge. Für ihn fing der Tag auf gewohnte Weise an. Das Hausmädchen klopfte, trat dennoch unaufgefordert ins Zimmer und riß den Vorhang zurück, ohne ihm Zeit zu lassen, sich den Schlaf aus den Augen zu reiben. Unter dem Biß der Helligkeit schloß der Student mit einer Leidensgrimasse wieder die Augen. Anna war genauso schmuddelig und unausgeschlafen wie immer. Der Tee, den sie brachte, war wieder wäßrig. Bei seinem Einzug hatte der Student ihn zunächst für Rasierwasser gehalten, obwohl er dafür wiederum nicht heiß genug gewesen war. Mit der Post kam nur eine kurze Benachrichtigung seines Doktorvaters. Der Professor bestellte ihn für heute vormittag in sein Sprechzimmer. Er wollte sich mit ihm über die Dissertation unterhalten, die Hesse vor ein paar Wochen eingereicht hatte. Das Thema seiner Untersuchung bezog sich auf einen Problemkreis der zeitgenössischen deutschen Literatur.

»Haben Sie denn heute nacht nichts gehört, Herr Hesse?« fragte Anna und setzte sich auf seine Bettkante.

Sie setzte sich jeden Morgen auf das Bett. Diese Vertraulichkeit ersparte sie keinem männlichen Mieter des Hauses, einer heruntergekommenen Prachtvilla, die wie ihre Besitzer bessere Tage gesehen hatte. Mit Beharrlichkeit bemächtigte sich Anna jedoch der Bettkante bei Hans Hesse. Trotz der Ermutigung hatte der Student von der Annäherung niemals handgreiflichen Gebrauch gemacht. Nicht etwa aus Tugendhaftigkeit, sondern weil Anna schon mit fast allen in diesem Hause geschlafen hatte, und weil ihn außerdem der beizende Geruch von Leder und Staub aus ihrer Arbeitsschürze abstieß. Vor allem aber, weil er in Gerda verliebt war. Schon aus diesem Grund schloß er in kaum verhohlener Abscheu vor der

Zudringlichen die Decke noch enger um sich und drückte sich an die Wand.

»Was soll ich denn gehört haben?« fragte er übellaunig. Es ärgerte ihn, sich jetzt auf ein Gespräch einzulassen. Aber in diesem Haus hing man von Annas Laune ab. Wenn sie es so wollte, kriegte man ein paar Tage hintereinander keine Post, verkam in Staub und Dreck und setzte sich der Gefahr aus, zu dem kalten Tee auch noch vergammelte Brötchen frühstücken zu müssen.

»Der Alte hat wieder versucht, in meine Kammer zu kommen. Er versucht es dauernd. Wofür hält der mich eigentlich?« Sie nahm einen gekränkten Ausdruck an und rückte etwas über die Bettkante vor. Ihre halbgeschlossenen Lider wirkten lüstern.

Der Student rückte noch dichter an die Wand und beschloß zum zigsten Mal auszuziehen, obwohl er es wahrscheinlich doch nicht tun würde. Denn Umzüge waren ihm lästig, und das Zimmer war trotz aller Nachteile nicht zu teuer. Die Hausbesitzer, sei es aus Schlamperei, sei es, dies wohl wahrscheinlicher, aus berechnender Verschlagenheit, räumten ihren Mietern außerordentlich großzügige Zahlungsbedingungen ein. Die Miete mußte nicht unbedingt am Monatsersten gezahlt werden, man konnte sie sogar in Raten abstottern. Wenn man kein regelmäßiges Einkommen hat, haben solche Bequemlichkeiten schon ihren Wert.

»Das ist doch sicher nur halb so wild«, sagte der Student gähnend. »Vielleicht sind Sie in sein Bett gehopst – Sie sind ja jetzt auch schon in meinem«, fügte er hinzu.

Anna kicherte. »Bei Ihnen habe ich eben Vertrauen«, sagte sie würdig. »Aber der Chef soll sich nur vorsehen! Ich werde es meinem Verlobten stecken. Wir werden klagen. Da gibt es doch so einen Paragraphen von wegen versuchter Verführung einer Minderjährigen unter Ausnutzung eines Abhängigkeitsverhältnisses. Außerdem werden sich die Zeiten bald ändern. Dann werden sich die feinen Herrschaften ganz schön umgukken.«

»Sind die Feldbergs wirklich so fein?« gab der Student zu bedenken. »Sie leben schließlich von der Miete.«

»Das kann diesen jüdischen Ausbeutern nur recht geschehen«, beharrte Anna. »Die saugen uns schon lange genug aus.«

Nun war Hesses Interesse erwacht. Politische Randbemerkungen aus Annas Mund waren ihm eine Neuheit. »Wahrscheinlich ist er nicht einmal Jude, soviel ich weiß«, sagte er. »Woher haben Sie denn das alles?«

»Mein Verlobter muß schließlich Bescheid wissen, denke ich doch«, belehrte Anna ihn spitz. »Der ist doch nicht umsonst bei der SA. Jawohl, den feinen Herrschaften wird das Lachen vergehen, wenn endlich abgerechnet wird. Ist es nicht eine Frechheit, ein junges Mädchen immer wieder verführen zu wollen? Hier ist doch keine lange geblieben, der dufte Herr hat es mit allen Hausangestellten versucht, immer uns armen Mädchen hinterher.«

»Wie die Mädchen ihrer Arbeit«, meinte Hesse und gähnte noch einmal. Er hatte den Geschmack an dieser Unterhaltung verloren. »Übrigens muß ich jetzt aufstehen.«

»Lassen Sie sich von mir nicht stören«, bemerkte Anna. »Ich kann ja gleich mit dem Saubermachen anfangen.«

Er ließ sich nicht stören. Aber er war doch schlecht gelaunt. Der Tag fing ja gut an! »Hier kann ich Gerda bestimmt nie zu Besuch haben«, dachte er. Sein Gesicht verfinsterte sich bei diesem Gedanken, sie würde sowieso nie kommen, und er hatte auch gar kein Recht, ihr Kommen zu wünschen. Sie lebte mit Georg. Der frischgebackene Privatdozent war sein Freund. Man durfte einfach nicht mehr daran denken. Vergessen mußte man das! Freundschaft, Kameradschaft, weiter nichts, drei Kameraden – warum eigentlich nicht? Aber er begehrte schon längst mehr. Auch Gerda könnte anderes von ihm wollen als Kameradschaft. Er schämte sich der Versuchung zum Verrat an seinem Freund. Er beschloß, wie oft hatte er das schon beschlossen, mit Georg offen darüber zu reden, sich ihm anzuvertrauen: So ist es nun einmal, nicht gerade schön, Schweinerei eigentlich, schmeiß mich raus, wenn du willst, aber ich mußte es dir sagen! Sofort verwarf er den Gedanken. Ein Geständnis schien ihm unmöglich.

Hesse beendete seine Toilette. Anna sah ihm offenen Mundes zu. Er verließ das Zimmer ohne Gruß. Student im letzten Semester. In ein paar Wochen wohl schon Doktor. Vielleicht nicht allzu lange darauf in einer Universitätsstellung. Gerade dreiundzwanzig Jahre alt. Ein junger Mensch mit seinen Sorgen und Sehnsüchten. Als er den Fuß vor die Haustür setzte, fröstelte es ihn. Er schlug den Mantelkragen hoch. Ein kalter Januarwind blies ihm ins Gesicht.

Hesse wartete lange, ehe er zum Professor vorgelassen wurde. Natürlich hätte er dem Assistenten mit wichtigtuerischer

Miene seine schriftliche Einladung zeigen können. Dann wäre er gleich ohne Rücksicht auf die anderen durch die umlagerte Polstertür ins Allerheiligste gelangt. Als er jedoch die lange Reihe erblickte, erinnerte er sich der demütigend langen Wartestunden, die er hier schon selbst voller Beklommenheit und Ungeduld verbracht hatte. Auch dachte er daran, was für alle, die sich hier erwartungsvoll zusammendrängten und gegenseitig mit höflichem Mißtrauen belauerten, die wenigen kostbaren Minuten bedeuten konnten, die es diesem für seine sprichwörtliche Unpünktlichkeit bekannten Hochschulgewaltigen durch verbissene Ausdauer zu entreißen galt.

Schon seit etlicher Zeit hatten sich für die Studierenden unter dem Druck materieller Sorgen Sinn und Ziel ihrer Arbeit drastisch gewandelt. Nur noch wenige Besucher zog es in die Sprechzimmer der Professoren, um dort ein ernstes und vertieftes Gespräch über wissenschaftliche Fragen zu führen. Die meisten erhofften von diesen allmächtigen Herren über Prüfungen und Gutachten Protektion in allen praktischen Fragen des Weiterkommens. Die einen brauchten dringend einen Gebührenerlaß oder doch wenigstens einen Aufschub der Kolleggelder, die anderen ein Stipendium, das von Semester zu Semester immer karger bemessen war, oder aber eine kostensparende Beurlaubung oder auch die immer wichtiger werdende Vorverlegung eines Prüfungstermins. Das konnte weitere Ausgaben einsparen, die meistens für den eng gewordenen väterlichen Beutel oder die eigenen kärglichen Einnahmen durch zeitraubende Nebentätigkeiten auf Kosten der wissenschaftlichen Arbeit einfach zu hoch waren. Obwohl Hans Hesse sogar aus eigener Erfahrung mit dieser Lage der Dinge vertraut war, bildete er sich jetzt ein, nicht mehr von ihr betroffen zu sein. Dieser Eindruck verdichtete sich zu der fast frohlockenden Erleichterung darüber, daß diese Dinge in ein paar Wochen für ihn vorbei sein würden. Er wußte nicht, was danach kommen würde, aber er vermeinte doch, Grund zu der Annahme zu haben, der unmittelbaren Zukunft ohne übergroße Sorgen ins Auge sehen zu dürfen. Hinter ihm lagen ein harter Anfang und viele böse Augenblicke, doch nun konnte er sich einige Möglichkeiten für eine künftige Laufbahn im akademischen Bereich oder im journalistischen Beruf ausrechnen. Er glaubte sich da ziemlich sicher, soweit man in dieser Zeit überhaupt von Sicherheit reden durfte.

So fand er sich nach einer guten Stunde schweigsamen und

schließlich doch wieder wie stets zuvor entnervenden Wartens Herrn Professor Müller gegenüber. Der Doktorvater hatte sich eigens für ihn aus seinem Ledersessel erhoben, in dem er hinter einem wuchtigen eichenen Schreibtisch zu thronen pflegte. Wie immer war Hesse von widersprüchlichen Gefühlen hin und her gerissen. Das geschah ihm immer, wenn er mit seinem Professor längere Zeit allein war. Diese Gefühle schwankten zwischen Mißtrauen und Dankbarkeit. Als Hochschullehrer beeindruckte Professor Müller den Studenten nicht mehr sonderlich. Hesse hatte sich längst von der fachlichen Mittelmäßigkeit des Ordinarius überzeugt. Und als Mensch war ihm Müller mitunter geradezu unsympathisch, was er sich eigentlich nicht begründen konnte. Es hatte lange gedauert, ehe Hans eine erträgliche Grundlage für seine Beziehungen zu diesem Universitätspotentaten gezimmert hatte. Bei dem von ihm vermuteten Charakter dieses Mannes konnte sein Verhältnis zu ihm nur auf wachsamer Distanz beruhen. Man mußte immer auf der Hut sein und stets darum bemüht, im Umgang mit diesem ebenso eitlen wie empfindlichen Menschen nicht die Würde der eigenen Person zu opfern.

Professor Müller gab sich stets die größte Mühe, durch Kosmetika und Massagen die triste Tatsache zu kaschieren, daß er sich nicht nur in beruflicher Hinsicht einer fatalen Altersgrenze näherte. Er war auch heute wieder mit raffinierter Eleganz gekleidet. Zu einem diskret gemusterten dunkelbraunen Anzug aus bestem englischem Tuch trug er eine etwas zu lebhafte rote Krawatte, auf der die auffällig große Perle blitzte, an der er während seines Vortrags herumzunesteln pflegte. Dieser wohlberechnete, auf Effekt bedachte Aufwand konnte für einen aufmerksamen Beobachter jedoch nicht den auffälligen Gegensatz zwischen der kunstvoll zur Schau getragenen Maske der Jugendlichkeit und der Schwammigkeit eines Gesichts voller Falten sowie der deutlichen Schlaffheit seiner Züge verwischen. Ein geradezu faunischer Ausdruck umspielte die etwas wulstigen, gleichsam lasziv vorgewölbten Lippen. Das gab diesem Gesicht einen lüstern scheinenden Charakter und schien zu den hartnäckigen, vielleicht von rachsüchtigen Studenten geschürten Gerüchten über gewisse galante Abenteuer dieses als Schürzenjäger verschrieenen akademischen Würdenträgers zu passen. Dieser Fama zufolge konnte bei Müller allerdings von dem drohenden Herannahen jener Altersgrenze, die gewissen Freuden des Lebens grausam ein melancholisch stimmendes Ende setzt, eigentlich noch gar nicht die Rede sein.

Diesem Manne gegenüber, dessen fast zu aufdringlich ins Auge springende Körperlichkeit zu allererst Aufmerksamkeit heischte, empfand Hesse eine nur schwer zu verbergende Abneigung, die ihm doch wieder etwas ungerecht vorkam. Diese Gefühlsverwirrung steigerte sein Unbehagen. Er machte sich nicht alle Vorurteile zu eigen, die Nachrede und Übelwollen über den Professor ausgestreut hatten. Er traute auch nicht ganz dem Gerücht, daß es Studentinnen im Examen bei ihm leichter hätten als ihre Kommilitonen. Dennoch war Hesse noch mehr als mancher andere davon überzeugt, da er hier über gute Quellen verfügte, daß Professor Müller seine erfolgreiche Karriere vor allem einer Geldheirat sowie der Nutzung verwandtschaftlicher und sonstiger einflußreicher Beziehungen verdankte. Was Hesse diesen Mann andererseits wieder etwas sympathisch machte, war sein mitunter deutlich bekundetes Streben, zu seinen Schülern gute menschliche Kontakte herzustellen. Diese auffälligen Bemühungen, vielleicht manchmal Ausgeburt eines schlechten Gewissens, konnten ihn mitunter zu einem Einsatz bewegen. In diesen Augenblicken, wo er ganz offensichtlich bereit schien, Schranken niederzureißen und Brücken zu schlagen, erkannte man in seinen Worten und an seiner Haltung ein rührendes Werben um Sympathien, das fast schon die Wertschätzung des Gesprächspartners erzwingen wollte.

Auf jeden Fall glaubte Hesse mitunter derartige Stimmungen bei seinem Professor zu wittern. Hans hatte es diesem aber nie vergeben, daß er zunächst durch demütigende Beweise seiner Unterwürfigkeit das Recht auf diesen herzlichen Empfang erworben hatte. Denn Müller hatte sich eigentlich erst dann tätig für Hans interessiert, nachdem dieser ihm nicht mehr offen im Seminar widersprochen hatte. Auf solche Kontroverse verzichtete er auf das dringende Anraten aufgeklärterer, durch einschlägige eigene Erfahrungen gewitzterer und längst der Weisheit des Kompromisses zugänglich gewordener Studienkameraden. Wenn man finanziell nicht unabhängig oder aber gar im Hinblick auf eine wissenschaftliche Laufbahn jedes Ehrgeizes so bar ist, daß man sich über das hinter gleichgültiger Objektivität versteckte Übelwollen des Herren über die Prüfung keine Sorgen zu machen braucht, kann man kaum ungeschoren darauf verzichten, nach außen hin schöne Übereinstimmung und stete Ergebenheit zur Schau zu tragen.

Die Unterhaltung als solche war kurz und in allen technischen Punkten für den Studenten zufriedenstellend. Seine Arbeit wurde geschätzt. Der Professor dachte sogar an ihre spätere Veröffentlichung in einer ihm nahestehenden wissenschaftlichen Zeitschrift von einiger Bedeutung. Er erklärte sich willens, selbst ein kommentierendes Vorwort beizusteuern, und bat halb scherzhaft, halb ernst um die Ehre, als Herausgeber in Erscheinung treten zu dürfen. Besonders angetan sei er von der glücklichen Verbindung wissenschaftlicher Wertung mit einer spürbaren sympathischen Anteilnahme an den Strömungen unserer Zeit.

»Genauso stelle ich mir unsere Aufgabe als Kritiker einer lebenden Gegenwartsliteratur vor«, bemerkte er im Laufe des Gesprächs. »Es ist einfach unsere Pflicht, ihr die größte Aufmerksamkeit zu schenken. Ich habe mich immer bemüht, mit meiner Zeit zu gehen, mit der Jugend«, fügte er hinzu, und es fiel dem Studenten schwer, die kaum versteckte Anbiederung zu überhören. Einen kurzen Augenblick lang verdüsterte sich Müllers Gesicht. »Manchmal mache ich mir um die Zukunft unseres Faches doch große Sorgen«, sagte er seufzend. »Ich denke an diese schwierigen Lebensbedingungen, die Entfesselung der politischen Leidenschaften, den Ansturm der extremen Parteien ... Sehen Sie, ich gehöre keiner Partei an und habe nie einer angehört. Aber wenn jetzt eine dieser radikalen Richtungen von rechts oder links an die Macht gelangt, wenn ein totalitärer Staat droht, die Freiheit der Forschung und Lehre zu einem vulgären politischen Opportunismus zu entwürdigen, denken Sie an Rußland, an Italien! Was soll dann aus uns, aus unserer Arbeit und unserem Werk werden?«

»Ich muß gestehen, daß ich mir diese Frage noch nicht gestellt habe«, erwiderte der Student nicht ohne Verlegenheit. Er kramte in seinem Gedächtnis nach einer belanglosen banalen Redensart, die zu dem unbestimmten Liberalismus des Professors passen könnte, wie etwa »Man kann den Geist nicht töten«, verzichtete aber gleich darauf.

»Und könnte man uns unsere bisher erwiesene geistige Unabhängigkeit nicht eines Tages zum Vorwurf machen?« fuhr Müller wie im Selbstgespräch fort. »Ich kann zwar meinen Abschied nehmen, aber wer unter den Jungen kann und wird uns in diesem Amt ersetzen?« Plötzlich sah er Hesse voll ins Gesicht.

Der aber blieb stumm, wandte den Blick wie gequält ab und hatte nicht den Mut, mit einer gefühlvollen Lüge oder gar einer

Schmeichelei zu antworten: »Wir, Herr Professor, wir, Ihre Schüler ...« Er konnte es nicht. Auch wollte er es nicht zulassen, daß ein unverbindliches Gespräch durch einen geschickt heraufbeschworenen Sentimentalitätsanfall ihn aus einer Reserve herauslockte, zu der er sich trotz dieser Wendung in ihrem merkwürdigen Dialog nach wie vor berechtigt wähnte.

Der Professor, dessen Enttäuschung auf dem langen Schweigen zu lasten schien, das seinen Worten gefolgt war, fand aber rasch zu einem abstandsvolleren und dennoch weiterhin sehr verbindlichen Ton zurück, indem er den Studenten mit betonter Scherzhaftigkeit fragte: »Und worüber soll ich Sie im Rigorosum prüfen? Nun, ich kenne Ihre Vorzüge und Vorlieben. Es wird ein gutes Mündliches werden, machen Sie sich keine Sorgen, lieber junger Kollege!«

Damit war die Unterredung beendet. Es war spät geworden. Nachdenklich bahnte sich der junge Mann einen Weg durch die Scharen der Studierenden, die aus den Vorlesungssälen in ihre Seminarräume strömten, und stieg ins Untergeschoß hinab in die Mensa, wo das übliche billige Mittagessen auf ihn wartete. Wäre das dumpfe Unbehagen als Nachklang seiner Unterhaltung mit Müller nicht gewesen, hätte er Georg bestimmt viel herzlicher die Hand gedrückt. Und das vertraute Lächeln seines Freundes mahnte ihn zudem an eine Verwicklung, die er mit gutem Grund als ernster und bedrückender empfinden mußte als Müllers Tiraden.

Georg sah müde und abgespannt aus. Hans nahm unverzüglich die ihm wohlvertraute Sorgenfalte über dem linken Auge wahr.

»Ärger?« fragte er und wußte zugleich, daß gerade er nicht nach den Gründen forschen sollte. Es könnte etwas mit Gerda zu tun haben, und diesen Namen wollte er jetzt von Georg weder hören noch vor ihm aussprechen. Um seine Gedanken in eine andere Richtung zu zwingen, berichtete er rasch über seine Unterhaltung im Sprechzimmer des Professors. Er mußte dabei seine Stimme immer mehr heben, um den auf sie eindringenden Lärm lauter Gespräche und durchdringenden Geschirrklapperns in diesem viel zu kleinen, schlecht gelüfteten kellerartigen Raum zu übertönen.

»Vielleicht will er dich als Assistent«, meinte Georg.

Hans empfand keineswegs nur Freude bei dem Gedanken an ein derartiges verlängertes Abhängigkeitsverhältnis mit seinen voraussehbaren menschlichen Spannungen. Eine solche Unterordnung als Preis für einen Trittbrettplatz zu einer möglichen akademischen Laufbahn wollte er nicht gern zahlen. Aber er sagte nur leichthin: »Um so besser, dann werden du und ich Kollegen.«

Georg musterte ihn ironisch. »Könnte dich das wirklich reizen? Dann sei wenigstens vorsichtiger als ich in der Wahl deines Themas für die Antrittsvorlesung.«

Hesse wußte, daß sein Freund, der in seiner Vorliebe für einen etwas abwegigen Problemkreis aus der mittelalterlichen Geschichte schwelgte, einen Gegenstand gewählt hatte, der nur Spezialisten interessieren konnte.

»Du könntest zum Beispiel über die Rolle der Erotik in der Minnedichtung reden, oder über Dichtung als sexualpsychologischen Verdrängungs- und Sublimierungsakt. Damit würdest du einen ebenso großen krachend vollen Hörsaal haben wie unser berühmter Kollege von dem neuen Fach Soziologie, der gerade über das nur scheinbar unschuldige Thema ›Die Familie als Potenzherrschaftsstruktur‹ liest. Die moderne Jugend und die Damen aus dem Westend laufen ihm die Bude ein.«

Hans sah seinen Freund mit wachsender Unruhe an. In stillschweigendem Einverständnis hatten sie beide schon lange Universitätsfragen im Gespräch gemieden. Die offene Bitterkeit, die Georgs sarkastische Ausdrucksweise eher noch betonte als verschleierte, schien Hans nicht recht zu diesem Freund zu passen, der in seiner Arbeit und Geistesart eigentlich immer hoch über kleinlicher kollegialer Eifersüchtelei zu stehen schien.

»Du bist ja nicht gerade gut gelaunt«, bemerkte er.

»Ich bin wirklich etwas nervös. Schlafe wahrscheinlich nicht genug. Du weißt doch, das Theater ... Es ist auf die Dauer etwas anstrengend, sie jeden Abend abzuholen und dann noch bis lange nach Mitternacht mit ihr auszugehen. Natürlich habe ich Verständnis dafür, daß sie nach ihrem Auftritt etwas Abwechslung braucht. Aber meine eigene Arbeit leidet darunter.«

»Schönes Romanthema«, kommentierte Hans mit einem schwachen Versuch zum Scherzen, »›Die Schauspielerin und der Gelehrte‹, oder auch ›Die weltläufige Dame und der verbohrte Stubenhocker‹.«

Georg sah ihn musternd an. Hans glaubte in diesem Blick schon Mißtrauen zu lesen und fühlte sich gar nicht wohl. »Ich muß mein Buch bis Monatsende fertighaben. Der Verleger will nicht mehr warten«, erklärte Georg die Lage. »Du weißt doch, es wird meine große Veröffentlichung.«

Sie schwiegen eine Zeitlang. Hans schämte sich seiner übertriebenen Befangenheit, vor allem aber seines Verdachts, der Freund habe ihn mit seinen Worten listig auf die Probe stellen wollen. Auch hatte er etwas Angst, bereits durch sein Benehmen die Verwirrung verraten zu haben, die seit Beginn der Ära Gerda in sein Leben gekommen war.

»Du würdest mir wirklich einen großen Gefallen tun«, fuhr Georg endlich fort, »wenn du sie bis Monatsende vom Theater abholen und zurückbegleiten könntest, falls du nichts Dringlicheres zu tun hast. Heute abend, zum Beispiel. Du weißt, ich schätze gewisse ihrer Kollegen nicht als Begleiter für sie«, fügte er mit einem nach Verständnis heischenden Lächeln hinzu.

Hans suchte unverzüglich nach einer Ausrede. Er war fast böse darüber, daß sein Freund offensichtlich nicht den geringsten Argwohn ihm gegenüber hegte. Gleichzeitig war er nur zu bereit, einer unwiderstehlichen Versuchung zu erliegen. »Du willst sie mir also anvertrauen«, sagte er mit der naheliegenden Betonung auf »mir«. Das sollte leichthin und unverfänglich klingen und dennoch eine Warnung darstellen. Könnte man sich doch immer ohne Worte verstehen! »Warum denn nicht?« fragte Georg erstaunt. »Ich könnte dir eines Tages beschwerlichere Freundschaftsdienste abverlangen.«

»Selbstverständlich tue ich es gern«, versicherte Hans eilig. »Ich wollte heute abend sowieso ins Theater gehen. Auf Pressefreikarte, natürlich.«

»Nun, das trifft sich glänzend«, meinte Georg sichtlich erleichtert.

»Also abgemacht«, bestätigte Hans und fühlte, wie er rot wurde. Er blickte seinen Freund nachdenklich an. Er suchte vergeblich in diesen feinen Zügen, diesem etwas blassen Gesicht mit den schwermütig wirkenden Augen, in denen jedoch viel männlicher Ernst stand, nach einem Alarmsignal. »Es ist, als ob ich ihm ins Gesicht schlüge«, dachte Hans, denn er konnte seine selbstquälerischen Gedanken, die nun wieder, wie seit langem, um Gerda kreisten, nicht mehr abschütteln.

Inzwischen hatten sie ihre Bestellung gemacht. »Man wird vielleicht denken, ich betreibe Popularitätshascherei«, bemerkte Georg, weil die Serviererin von seinem Anblick hier unten überrascht schien und etwas zögernd eine Wahl erwartete, die es in diesem Lokal doch kaum gab. »Dabei esse ich jetzt hier, um zu sparen.«

»So geht es uns allen«, sagte Hans. Aber er war doch ziemlich überrascht. Georg lebte schließlich in sehr annehmbaren Verhältnissen. »Übrigens steht ihr der neue Pelzmantel wirklich prächtig«, fügte er mit einem kaum unterdrückten Lächeln hinzu.

Georg lachte sichtlich geschmeichelt auf. »Dir entgeht auch gar nichts«, meinte er.

Ihr Gespräch wandte sich anderen Dingen zu. Sie wurden darin durch Lärm am Nebentisch gestört. Da saßen vier couleurtragende Studenten. Ihre bunten Mützen waren unerwartet nachlässig nach hinten geschoben. Unzählige geleerte Biergläser standen vor ihnen. Sie spielten Skat, das hörte man ohne hinzugucken. Sie hatten sich offenbar schon lange diesem landesüblichen Männerzeitvertreib hingegeben. Wahrscheinlich hatten sie heute einmal ausnahmsweise früh an der Universität zu tun gehabt. Man fand sonst ihresgleichen eigentlich nur, und dann besonders zahlreich, in der sogenannten Ehrenhalle, dem Foyer, wo sie ihre Steh-Convente abhielten, Steh-C nannten sie das, und sich je nach den gesellschaftlichen Verfeinerungsansprüchen ihrer Verbindungen herablassend höflich oder rücksichtslos lärmend gaben. Man sah diese Herren nur selten in den Hörsälen und noch seltener in der Mensa, die einer längst in Vergessenheit geratenen Stiftungsbestimmung zufolge eigentlich nur weniger bemittelten Studierenden zur Verfügung stehen sollte, die ihre Groschen zählen mußten oder gar Essensmarken für den Mittagstisch hatten. Die Abzeichen, die die Kartenspieler am Rockaufschlag trugen, zeigten zweifelsfrei, daß sie größten Wert darauf legten, ihre streng nationale Gesinnung offen zur Schau zu stellen.

Nun aber war eine Serviererin an ihren Tisch getreten und hatte sie gebeten, ihr Kartenspiel zu beenden, da sie decken mußte, um Platz für die hungrigen und eiligen jungen Leute zu schaffen, die jetzt in die gar nicht so gastlichen Kellerräume strömten. Die Skatspieler ließen sich durch die Aufforderung nicht im geringsten beirren. Sie kloppten, anscheinend unbewegt, munter weiter Karten, ostentativ in ihre anstrengende Tätigkeit vertieft, reizten jetzt jedoch brüllend mit unverkennbar herausfordernder Betonung, was sich mit der üblichen zurückhaltenden Sachlichkeit dieser Ansagen kaum in Einklang bringen ließ. Die Bedienung ließ nicht locker und gab nicht nach. Sie bestand auf der Räumung des Tisches. Das machte einen der Skatbrüder besonders wütend. Er trug in einem von Schmissen geradezu gespickten Gesicht Monokel, als wolle er den Beweis erbringen, die Rasse Mensch, der er anzugehören sich so deutlich rühmte, existiere auch außerhalb der Karikaturen immer noch. Er knallte erbost die Karten auf den Tisch und brüllte: »Platz machen für die Bettelsuppe der Bettelstudenten!«

Georg erbleichte und sprang auf. Als die bemützten Couleurstudenten, die provozierend selbstgefällig dem Ausgang zustrebten, einen Hochschullehrer erkannten, flüsterten sie unbehaglich miteinander und beschleunigten ihre Schritte. Hans war auch aufgesprungen und sah, daß man an vielen Tischen dasselbe tat. Am Ausgang waren einige Tische von einer Gruppe Studenten belegt, die lebhaft aufeinander einsprachen, was einige von ihnen aber nicht von der geradezu gierigen Lektüre der Tageszeitungen abhalten konnte, die hier auslagen. Hans kannte die meisten vom Sehen und wußte, daß sie jener kleinen, aber sehr aktiven Minderheit angehörten, die um Anhänger für marxistische Arbeitsgemeinschaften warb. Zwei Mitglieder dieser Gruppe hatten sich ebenfalls erhoben, ein dritter konnte diese beiden nur mit Mühe davon abbringen, sich auf die Beleidiger zu stürzen. Hesse erkannte in ihm einen Zimmernachbarn, mit dem er bisher nur höflich gleichgültige Grüße ausgetauscht hatte. Georg und Hans eilten hinzu. Der erste wollte kraft seiner Autorität, über die er sich allerdings keine übertriebenen Illusionen machte, eine Schlägerei verhindern, der zweite war eher vom gegenteiligen Wunsche beseelt. Die Gemeinheit der Beleidigung hatte ihn aufs tiefste empört, und auch ohne nach politischer Ursache und Wirkung zu fragen juckte es ihn einfach in der Faust, dem Monokelträger mit höchst unakademischen Argumenten beizukommen. Aber die Buntbemützten hatten sich schon davongemacht. In seiner noch anhaltenden Aufregung fühlte sich Hesse sogar bereit, der Bemerkung eines jungen Mannes zuzustimmen, dessen Aufzug deutlich den Nationalsozialisten verriet und der an die Adresse der Kommunisten ausrief: »Denen hättet ihr ruhig eins in die Fresse hauen können. Mit solchen Leuten haben wir nichts zu tun.«

Die Angesprochenen blickten ihn zweifelnd und auch ziemlich spöttisch an. »Hat der nicht euer Abzeichen getragen?« fragte kalt und schneidend der Student, in welchem Hans den Mieter von nebenan erkannt hatte.

»Leider ja«, gab der junge Nazi zu. »Aber das sind nur die Mitläufer, die von uns profitieren wollen. Die wahrhaft revolutionären Elemente unserer Partei lehnen solche Leute ab. Wir werden auch die schon noch auf Trab bringen, wenn wir an der Macht sind.«

»Na, dann beeilt euch mal ein bißchen mit eurer Machtergreifung«, wurde ihm aus der Gruppe Bescheid. »Erst müßt ihr sie mal haben. Vielleicht schenken euch Thyssen und die ostelbischen Junker wirklich eines schönen Tages diese Macht, wenn sie eure Knüppel brauchen, um auf die Proleten einzudreschen.«

»Müßt ihr denn immer alles verdrehen«, erhitzte sich der Braunbehemdete, der es hier diskreterweise aber nur unter der Anzugsjacke war. »Wir kennen keine Klassenunterschiede. Für uns gibt es nur Volksgenossen.«

Der Sprecher sah eigentlich sympathisch aus. Er war hochgewachsen und kräftig von Statur. Auch sprach er ohne jede Verlegenheit, wie einer, der seiner Sache sicher ist, weil er an sie glaubt.

»Wenn Sie das wirklich glauben, was Sie sagen«, meldete sich wieder der, den Hans nur als einen noch namenlosen Zimmernachbarn kannte, »tun Sie mir leid. Sie gehören dann zum Bund der betrogenen Volksbetrüger. Eigentlich schade!«

»Ich gehöre der Partei an, die Deutschland von der Schande der letzten vierzehn Jahre reinwaschen, dem Arbeiter seine Würde und dem Land Arbeit und Brot geben wird.« Hesse fand diese Erklärung doch etwas zu formelhaft, trotz der glühenden Überzeugung, die in dieser Stimme schwang.

»Amen!« rief einer aus der gegnerischen Gruppe. Die beiden Freunde hatten keine Lust mehr, sich das Streitgespräch weiter anzuhören, und kehrten an ihren Tisch zurück. Die Weißebohnensuppe mit Wursteinlage war inzwischen kalt geworden.

»Ich kenne einen dieser bemützten und bebänderten Esel«, schoß Georg plötzlich los. »Er ist einmal in meine Vorlesung geraten. Hinterher hat er mich mit ›Herr Professor‹ angesprochen. Ich dachte erst, er wolle mich auf den Arm nehmen, und sagte ihm barsch, er müsse mich ›Herr Geheimrat‹ titulieren. Und er hat's auch getan!« Georg berichtete den Vorfall wiederum mit dem bei ihm ungewohnten verächtlichen Unterton. »Stell dir vor, diese Heuochsen kommen an die Macht! Dann ist es mit allem aus ... wieder einmal, hierzulande, muß ich als Historiker hinzufügen. Und das wollen unsere Vaterlandsretter sein!«

»Es scheint schließlich auch andere zu geben«, warf Hans ein. »Der junge Mann eben ...« »Den kenne ich auch«, gestand Georg. »Er sitzt in meiner Vorlesung und einer meiner Übungen. Tatsächlich habe ich schon ganz interessante Gespräche mit ihm geführt. Er scheint in seiner Partei sogar eine gewisse Rolle zu spielen. Ich könnte euch miteinander bekanntmachen, wenn dir daran gelegen ist.« »Warum nicht?« erwiderte Hesse. »Ein Nazi, der in deine Veranstaltungen kommt, dazu noch regelmäßig ... Allerdings habe ich für Romantiker nicht viel übrig.«

»Vielleicht sollten wir uns viel mehr um unsere heutige Geschichte kümmern«, bemerkte Georg plötzlich, und seine Sorgenfalte vertiefte sich stärker als sonst, als er seinen abwesend wirkenden Blick über die Tischreihen schweifen ließ. »Komm doch heute abend zu uns rauf! Du holst Gerda doch sowieso ab. Ich möchte dir das letzte Kapitel vorlesen. Wollen wir noch woanders Kaffee trinken?«

»Ich muß zur Zeitung«, erwiderte Hans ausweichend. Er hatte beim Zahlen daran gedacht, daß er auf der Redaktion noch ein kleines Honorar ausstehen hatte, und er wollte Gerda davon Blumen in ihre Garderobe schicken lassen. Natürlich anonym. Hans wußte, daß es ihr gefiel, als Schauspielerin viele Verehrer zu haben. Sie war beruflich sehr ehrgeizig. Und Georg war im Grunde noch stolz über derartige Huldigungen. »Manchmal könnte man meinen, er wisse gar nicht, was Eifersucht ist«, dachte Hans wieder einmal. Doch hatte er diese Art von Selbstlosigkeit noch nie ernsthaft ins Auge gefaßt, dies schien ihm viel zu verwegen. Dennoch wollte ihm Georgs Blick beim Abschied voller Unruhe, Fragen und heimlicher Trauer vorkommen.

II

Das Zeitungsgebäude mit der unauffälligen Fassade lag im Zentrum der Stadt. Vorbeihastende Passanten ahnten nichts von der Modernität der Druckereihallen und der Bequemlichkeit der Redaktionsräume. Der Bau befand sich am Rand der Altstadt mit ihren sichtbar erhaltenen, noch stattlichen Spuren der achtunggebietenden und bewegten geschichtlichen Vergangenheit einer Freien Reichsstadt. Die ehrwürdigen Fachwerkhäuser in ihren engen verwinkelten Gassen zeugten für die stets zahlreichen Touristen von der einstigen Gediegenheit einer selbstbewußten Bürgerschicht. Der heutige Bürger war immer noch auf sein »Weltblatt« stolz, das sich nicht nur aus Traditionspflege eine Stadtbeilage zugelegt hatte. Diese vornehmste aller Zierden des deutschen Blätterwaldes erschien in zwei Ausgaben, morgens und nachmittags. Aus Gründen, die dem wirtschaftlich unkundigen Durchschnittsleser unerfindlich bleiben sollten, konnte sich diese auf ihre vornehme Gediegenheit nicht ganz zu Unrecht stolze Zeitung sowohl eine begrenzte Abonnentenzahl wie den Luxus eines nach strengen Auswahlkriterien bestimmten Anzeigenteils leisten. Sie besaß dennoch, oder gerade deswegen, Einfluß und Macht, wie eben ein »Weltblatt«. Das zeigte schon die betont einfache Aufmachung und der betont hohe Preis. Auch das sollte Klasse beweisen. Man lief nicht jedem Leser hinterher.

Hans Hesse war übrigens besonders von der großzügigen Honorierung der freien Mitarbeiter beeindruckt. Seine pekuniäre Lage erleichterte ihm die Wertschätzung einer Vornehmheit, die sich für ihn in Münzen und Scheinen ausdrückte. Außerdem schmeichelte es ihm, nicht nur über die Hintertreppe Zugang zum Allerheiligsten der Redaktion zu haben. Heute, wo er hier vorstellig wurde, um ein Honorar einzustreichen, das er auf zärtliche Weise zu verschwenden bereit war, löste er sich mit dem Gefühl einer besonderen Genugtuung aus dem dichten Gewühl der Passanten. Viele hatten verfrorene, die meisten sorgenvolle Gesichter, andere trugen die Maske jener unzugänglichen Gleichgültigkeit zur Schau, hinter die sich zu flüchten die unübersehbare Schar von Bettlern und Straßensängern gebot.

Hans, auch er auf dem Herwege einige Zeit ein solcher Maskenträger, betrat die angenehm geheizte Vorhalle. Der Portier, in einer Standeslivree und mit einer unbeweglichen Haltung, die beide diskret die Solidität des Hauses unterstrichen, dem er pflichtgetreu wachsam diente, begrüßte ihn, wie er es bei allen Mitarbeitern gewohnt war, mit seinem unnachahmlichen Kopfneigen, etwas vertraulich zwar, aber dennoch leicht respektvoll. Das hinderte einen kleinen Laufjungen nicht daran, Hesse fast umzurennen, um noch vor diesem den Aufzug zu erwischen. »Extrablatt!« rief der Kleine ihm sozusagen als Entschuldigung zu, setzte den Fahrstuhl in Bewegung und ließ Hans einfach unten stehen. Der Portier blieb unbewegt. Er hatte in seinem Leben schon viele Extrablätter erlebt. Eine Sonderausgabe, die für ihn wirklich einen Schicksalsschlag anzeigte, war nun fast schon vergessen: 1. August 1914. Schon im September war sein Ältester gefallen, drei Jahre später der Jüngste zurückgekehrt, schwer verwundet und verstümmelt. Damals war die Zeitung eingesprungen. Ihre Privatinitiative hatte den versprochenen, aber ausgebliebenen Dank des Vaterlandes ersetzt. Der arbeitsunfähige Invalide bekam eine leichte, einigermaßen anständig bezahlte Stelle als Bürodiener. Und jetzt drohte doch kein Krieg, daran dachte doch keiner. Der Portier konnte den außenpolitischen Artikeln seiner eigenen Redaktion nur zustimmen, die auf den Ton der Völkerversöhnung eingestimmt waren. Bürgerkrieg, ja, den schon eher, den hatte man im Grunde längst schon alle Tage. Nachts, und mitunter auch tagsüber, schoß man einander in den Straßen über den Haufen. Aber schließlich gab es die Polizei, die dazu da war, ehrliche Menschen und friedliche Bürger zu schützen. Ein bißchen mehr Ordnung konnte dem Lande sowieso nicht schaden . . .

Natürlich konnte man dem Portier diese schlichten Gedanken nicht von seinem gleichbleibend ruhigen Gesicht ablesen. Seine wahre Aufmerksamkeit galt der Eingangstür. Man mußte die Herren von der Redaktion nach Möglichkeit vor lästigen oder zudringlichen Besuchern bewahren. Zu diesen unliebsamen Gästen gehörte die ganze Palette von Versicherungsvertretern, gelegentlichen Mitarbeitern, die als gefürchtete Vorschußjäger verrufen waren, und sonstiges bettelhaftes Literatenvolk, und die waren alle um Vorwände, Ausreden und aus der Luft gegriffene Behauptungen über Verabredungen nicht verlegen. Gleichzeitig und noch mehr galt es aber, immer willkommene hochstehende und einflußreiche Besucher mit der gebührenden Ehrerbietung und im besten Stil des Hauses zu empfangen. Bei diesen mitunter delikaten Beschäftigungen verdiente man seine zweihundert Mark im Monat und noch ein paar Groschen dazu, die als Trinkgelder nicht in die Steuererklärung kamen und die man seiner Alten auch nicht immer voll ablieferte. Und dann kamen mitunter auch noch etliche Extrasächelchen, die man einem guten Tip aus der Sportredaktion oder auch gewissen Gefälligkeiten für die Herren vom Nachtdienst verdankte. Mein Gott, man brauchte sich über sein Los nicht zu beklagen oder sich unnütze Gedanken über den Lauf der Welt zu machen! Schon gar nicht in einer Zeit, wo niemand seiner Stellung sicher sein und man nicht wissen konnte, was morgen kommen würde.

Hans Hesse, der sich mehr für sein besonderes journalistisches Aufgabengebiet, Universitätsfragen und Jugendprobleme, als für politischen Tagesjournalismus interessierte, war seinerseits ebenfalls kaum von der Ankündigung einer Extraausgabe beeindruckt, zu der es, in der Tradition des Weltblattes, im eigentlichen Sinne auch gar nicht kommen sollte: Laufjungen machen sich gern mal wichtig. Er wünschte sogar, es handle sich wieder einmal um einen Regierungswechsel und nicht um eine jener schrecklichen Naturkatastrophen mit Hunderten oder gar Tausenden von Opfern. Aus seiner eigenen Erfahrung hatte hierzulande ein Regierungswechsel noch nie eine Anzahl von Toten verursacht, die sich mit derjenigen eines Grubenunglücks oder Erdbebens auch nur annähernd vergleichen ließe. Und was geschichtliche Erinnerungen anbetrifft, gehören diese eben der Geschichte an. Sie betreffen also Dinge, die sich in Raum und Zeit woanders oder früher einmal abgespielt hatten. »Woanders« und »Einst« schlossen für einen jungen Mann von nicht gerade hellwacher politischer Geistesart wie Hesse einfach und schlicht die Möglichkeit aus, daß »so etwas« jemals »bei uns« möglich sei, womit er nicht nur Deutschland, sondern auch Europa und »in unserer Zeit« meinte. Man muß gestehen, daß er sich mit diesen Vorurteilen und dieser Beharrlichkeit des Irrtums in bester Gesellschaft befand.

So ging er, einer schon alten Gewohnheit folgend, durchaus unbeschwerten Geistes zuerst zum Umbruchredakteur Blum, mit dem ihn ein besonders gutes Verhältnis gegenseitigen Zutrauens verband, das bisher auch noch keinen Schaden daran genommen hatte, daß Hans anfangs die Gutmütigkeit des kleinen Redakteurs schamlos zur Anpumperei ausgenutzt hatte und seinen Schuldverpflichtungen nur unregelmäßig und überhaupt recht lax nachgekommen war. Er wußte, daß er Blum um diese Stunde bei einem vorzüglichen selbstgebrauten Kaffee finden würde und daß der Redakteur dann immer besonders zu einem Schwätzchen aufgelegt war. Bei ihm konnte man nämlich ungefähr alles erfahren, was man über die Interna der Zeitung wissen mußte, also den täglichen Klatsch, auch Kleinkram. Aber es war mitunter im eigenen Interesse recht nützlich, auch da auf dem laufenden zu sein. Um so unliebsamer war der junge Mann überrascht, der innerlich völlig auf das gewohnte idyllische Kaffeeplauderviertelstündchen eingestellt war, als er bei seinem Eintritt ins Zimmer, zu dem er nicht aufgefordert worden war, weil man sein Klopfen offenbar überhört hatte, von ungewohnter lärmender Betriebsamkeit empfangen wurde. Blum, mit aufgekrempelten Hemdsärmeln, stand schweißbedeckt hinter seinem Schreibtisch, sprach erregt abwechselnd – es schien wie gleichzeitig – in zwei Telephone. Mit vor Aufregung und Erschöpfung heiser gewordener Stimme, der er dennoch die letzte Lautstärke abforderte, schrie er in die eine Leitung: »Die ganze Seite freihalten! Jawohl, richtig verstanden! Die Ministerliste muß jeden Augenblick durchgegeben werden. Natürlich Großüberschrift – aber nicht zu groß: ›Hitler mit der Regierungsbildung beauftragt‹ ...«

Nun hatte auch Hans verstanden, was los war und fühlte sich doch leicht beunruhigt. Er empfand nicht die geringste Sympathie für diese Hakenkreuzbewegung. Ihre Ziele schienen ihm ebenso verworren wie die brutale und anmaßende Haltung ihrer Anhänger ihm einfach zuwider war. Plötzlich blitzte eine Szene wieder vor seinen Augen auf, als wohne er ihr noch einmal bei: Der gemeine Angriff der Braunhemden auf die Universität. Sie waren nicht einmal gewaltsam in das von der Polizei ungeschützte Gebäude eingedrungen. An Zahl den wenigen weit überlegen, die sich ihnen in den Weg zu stellen versuchten, hatten sie dann rücksichtslos andersdenkende und vor allem rassisch verdächtig aussehende Studenten und sogar Studentinnen mit Knüppeln und Schlagringen niedergeschlagen und die Wehrlosen noch mit Fußtritten mißhandelt.

»Nein, bloß keine Kommentare, nur die offiziellen Verlautbarungen, und für die Spätausgabe nichts, was für die neue Regierung unangenehm sein könnte ... Und Vorsicht mit dem Leitartikel des Chefs für die morgige Frühausgabe! Ja, weg damit, schneiden, streichen, je mehr rausfliegt, desto besser! Na schön, verstehen Sie endlich, was jetzt gespielt wird?«

Hesse verstand, daß Blum, der ihn, ohne sich zu unterbrechen, mit einem Augenblinzeln begrüßt hatte, verzweifelt versuchte, in letzter Minute die Bremse zu ziehen. Aber kaum hatte der Redakteur den Hörer aufgelegt, schrillte das Telephon schon wieder, und er mußte noch einmal in den Kampfstand: »... ja, ich war leider gezwungen, Ihre Mittagsruhe zu stören«, hörte Hans und merkte nicht ohne geheimes Vergnügen, wie der kleine Redakteur sich leicht verneigte und unwillkürlich Haltung annahm.

»Ja, ja, die Ticker spucken nur so Nachrichten. Offenbar ist die Liste noch nicht ganz fertig. Aber bestimmt wird es eine konservative Mehrheit geben. Papen, na klar ... also auf gleich, Herr Direktor!«

Mit einem Seufzer ließ sich Blum in seinen Sessel fallen. »Es ist mit allem aus«, sagte er, »nicht nur mit dem guten Kaffee. Aus. Jetzt geht der große Umbruch überall los.«

»Bißchen unerwartet, die ganze Sache«, kommentierte Hesse. »Ich hätte nie gedacht ...«

»Armes Dummchen! Was verstehen Sie schon von den Untiefen der Politik? Dazu fehlen Ihnen die elementarsten Vorkenntnisse. Unerwartet? Unerwartet?« wiederholte Blum wie außer sich. »Seit zwei Jahren schon erwarte ich diesen Teufelstritt in den Allerwertesten. Ich habe immer einen Riecher dafür gehabt. Kein Wunder bei meiner Nase, die mich, nebenbei bemerkt, schön in die Patsche bringen wird. Und nun ist es soweit!«

Hesse sah den Redakteur verlegen an. Er erkannte den kleinen, immer so lebhaften und lustigen Blum nicht wieder, der jetzt vor Erregung zitterte, obwohl er sich alle Mühe gab, seinen Zustand hinter einem zynischen Grinsen zu verbergen.

»Ist doch erst mal nur ein Regierungswechsel wie schon viele andere. An denen hat es ja letzthin nicht gefehlt«, wollte Hesse beschwichtigen. Dabei war er doch nicht ganz davon überzeugt, in diesem Falle zu solcher Gleichgültigkeit berechtigt zu sein.

»Spielen Sie bloß nicht den Naiven!« erwiderte Blum mit krampfhaftem Lächeln. »Aber Sie können ja lachen: bei Ihrer Figur, blondes Haar, blaue Augen, die Uniform von morgen! Aber ich, verehrter Herr Studiosus, ich bin Jude, falls Ihnen diese Tatsache bisher entgangen sein sollte.«

»Sie glauben doch nicht, daß diese Brüder mit ihrem antisemitischen Gequatsche Ernst machen wollen?«

»Hören Sie mal«, antwortete Blum, »ich glaube wahrscheinlich nicht an Gott und nicht einmal an die Gottähnlichkeit unseres Herausgebers. Aber daß diese Burschen gerade damit Ernst machen werden, und daß unsereiner im Eimer ist, daran glaube ich ganz und gar.«

Ein Bürobote kam herein. »Das ist eben gekommen«, sagte er und überreichte dem Umbruchbewacher einen langen gerollten Bandstreifen voll Tickerschriftzeichen. Noch ehe Blum die neuen Nachrichten zu Ende lesen konnte, stürzte der Chefredakteur ins Zimmer.

»Ist die Liste da?« fragte er ohne zu grüßen und riß Blum die Telegraphenstreifen aus den Händen.

Der etwas beleibte, in den sogenannten besten Jahren stehende Mann war außer Atem, er mußte es eilig gehabt haben. Auch er zitterte leicht vor Erregung, gab sich auch keine Mühe, es zu verbergen. Hesse kannte ihn nur flüchtig, er war ihm einmal vorgestellt worden. Schließlich war es sogar für die festen Mitarbeiter nicht immer leicht, in das von mißtrauischen Bürodienern und Sekretären eifersüchtig bewachte Heiligtum des Zeitungsdirektors vorzudringen, der zugleich dem Redaktionskomitee vorsaß. Bei dieser Entrücktheit rankten sich um ihn manche verklärende, aber auch ein paar respektlose Legenden. Hans Hesse, der einen gewissen Sinn für Hierarchie besaß und sich unter einem »Chef« so etwas wie »unnahbar, unzugänglich, ferne thronend« vorstellte, fand es fast geschmacklos, daß der

Zufall es ihm gestattete, diesen Allmächtigen gleichsam hautnah zu beobachten. Denn in den Zügen dieses Olympiers, der nun die Depeschen fast mit dem Ausdruck eines gehetzten Tieres las, spiegelten sich ganz deutlich Unsicherheit und sogar eine gewisse Angst, etwas wie Schrecken vor bestimmten kommenden Dingen, deren Widerhall sich bisher in dem würdevoll abstandsvollen Ton seiner Leitartikel nie hatte vernehmen lassen. Endlich entspannten sich seine Züge leicht. Er las die letzte Meldung schon ruhiger.

»Der konservative Einfluß bleibt doch noch immer sehr stark«, kommentierte er und fügte zögernder hinzu: »Alles bleibt sozusagen im Rahmen der Rechtsstaatlichkeit. Reichstagsauflösung, Neuwahlen, nichts davon verstößt im wohlverstandenen Sinne des Wortes gegen die Verfassung. Der Mann hat schon, wie ich es betrachte, eine ganze Masse Wasser in seinen Wein schütten müssen, finden Sie nicht auch?«

Aber Blum schwieg. Es war ein beredtes Schweigen. Seine Stellung erlaubte ihm keinen offenen Widerspruch. Gerade sein stummes Ausweichen schien den Direktor zu beeindrucken.

»Ist die Spätausgabe schon gedruckt?« fragte dieser plötzlich besorgt. »Und mein Leitartikel für morgen ...«

»Schon gekillt«, antwortete Blum lakonisch. »Ich glaubte, in Ihrem Sinne zu handeln, als ich die Anweisung gab.«

Hans sah mit Erstaunen, wie einen Moment lang ein feindseliger und geradezu verächtlicher Ausdruck in Blums Augen aufzuckte.

»Sie haben richtig gehandelt«, bestätigte der Vorsitzende des Redaktionsstabes. Dabei musterte er seinen Untergebenen mißtrauisch prüfend. »Man darf sich jetzt nicht leichtsinnig Angriffen aussetzen, keinen Vorwand liefern. Wir müssen zunächst einen vorsichtigen Kurs steuern.«

»Also das Steuer herumwerfen?« fragte Blum. Seine Stimme klang zögernd und dennoch höhnisch.

»Das ganz bestimmt nicht«, erwiderte der Chef mit Würde. »Unsere Haltung muß wie bisher auch weiterhin durch ihre aufrechte Ausgewogenheit Respekt einflößen. Wir sind keine Abtrünnigen.«

»Noch nicht«, murmelte Blum Hans boshaft zu, während der Herr Direktor zum Telephonhörer griff. »Ich habe Kirchburg schon gebeten, heraufzukommen«, sagte Blum mit einer Beflissenheit, die für Kenner einen versteckten Spott kaum verhehlen konnte. »Falls Sie ihn anrufen wollen, brauchen Sie sich nicht mehr zu bemühen.«

»Aber wo steckt er bloß?« fragte der Chef ungeduldig.

»Er wird vielleicht gerade mit Berlin telephonieren«, meinte Blum ironisch. »Mit dem Ministerium ... dem neuen natürlich. Sie wissen doch, er hat ausgezeichnete Beziehungen.«

»Um Himmels willen, ersparen Sie mir wenigstens heute Ihre kleinlichen kollegialen Stänkereien«, rief der große Mann unwillig. »Sie wissen schließlich, wie hoch ich Kirchburg schätze. Die Zeitung hat gerade an ihm einen unschätzbaren und schlechthin unersetzlichen Mitarbeiter.«

Blum hatte nur zu gut verstanden. Seit er sich von einer viel schlimmeren Katastrophe bedroht sah, wollte er sich nicht mehr die Leviten lesen lassen. Aber seine Entgegnung wurde durch die Ankunft des erwarteten Kollegen überflüssig. Der Haltung Kirchburgs konnte man nichts von der hier herrschenden Aufregung anmerken. Der in den Vierzigern stehende Redakteur hatte bereits eine erkennbare Neigung zur Korpulenz, die sich auch in einem schon leicht aufgeschwemmten Gesicht verriet, das früher einmal markanter gewesen sein mußte. Hesses etwas neiderfüllter Beobachtung entging es nicht, daß auch Kirchburg mit vorbildlicher Eleganz gekleidet war. Ein diskretes Parfüm von sehr männlicher Note umspielte ihn. Sein kaltes und aufgesetztes, betont zurückhaltendes Lächeln wollte Hesse gerade heute etwas fehl am Platze scheinen, weil er wußte, daß dieser Mann für den innenpolitischen Teil des Blattes verantwortlich zeichnete. Man konnte diesen etwas maskenhaften Gesichtsausdruck vielleicht aber auch als Zeichen seines diplomatischen Ehrgeizes deuten. Seit über einem Jahr ging hartnäckig das Gerücht um, dieser vielbegabte Journalist wolle in den Auslandsdienst des Außenministeriums überwechseln. Blum sah darin lediglich einen Versuch, den Zeitungsinhabern ein noch höheres Gehalt und noch weitgehendere Machtbefugnisse abzuringen, obwohl Kirchburgs Position schon jetzt für alle seine Kollegen schwer erträglich war.

»Was tun, Kirchburg?« begrüßte ihn der Chef wie erleichtert. Der Angeredete zündete sich umständlich eine Zigarette an, nachdem er allen anderen in kaum ernstgemeinter Andeutung auch eine aus seinem goldenen Etui angeboten hatte, wobei sein Blick allerdings mit einem deutlichen Ausdruck des Tadels auf Hans Hesse traf, den er nicht kannte und dessen unerklärliche Anwesenheit ihm, eigentlich verständlicherweise, zu mißfallen schien.

»Sie wissen«, sagte er langsam und sehr betont, »daß meine persönlichen politischen Ansichten immer nach rechts tendierten, oder, um es würdiger auszudrücken, vornehmlich eine Sicht der Dinge aus nationaler Perspektive beinhalteten. Bei der jetzigen Ausrichtung unserer Zeitung durfte ich das nicht immer öffentlich zum Ausdruck bringen.«

Der Direktor trommelte nervös mit den Fingern auf dem Schreibtisch. Er schien verlegen. Blums Lächeln verzerrte sich zu einer Grimasse der Verachtung, zeigte aber auch unverhohlene Genugtuung. Der Chef fand seine Fassung wieder.

»Der Augenblick für ein öffentliches Bekenntnis scheint mir schlecht gewählt«, sagte er spitz. »Ich habe meinen Mitarbeiter, nicht den Privatmann oder Bürger um Rat gebeten.«

»Ich bitte um Verzeihung«, nahm Kirchburg geschickt seinen Vorteil wahr. »Wenn Sie mir nach diesem offenen Wort die Leitung meines Ressorts entziehen wollen, steht Ihnen das vollkommen frei.«

»Ist Ihre Parteikarte auch in Ordnung?« fragte Blum herausfordernd.

»Herr Blum!« rief der Direktor unwillig tadelnd aus.

Hesse spürte, wie peinlich die Auseinandersetzung wurde, aber blieb doch aus Neugier da, zumal nun niemand mehr von ihm Notiz zu nehmen schien.

»Obwohl ein Abschied unter so peinlichen Umständen mich natürlich mit tiefstem Bedauern erfüllen würde«, fuhr Kirchburg unbeirrt fort. »Schon angesichts meiner langen Verbundenheit mit diesem Haus und meiner Verehrung für Ihre Person, Herr Direktor.«

Dabei wußte Blum – Hans allerdings nicht –, daß die beiden Herren sich privat beim Vornamen nannten. Der Chef fühlte sich durch die Schmeichelei besänftigt und deutete das auch mit einem versöhnlichen Lächeln an.

»Welche Generallinie sollten wir nun beziehen?« drängte er wieder.

»Ich habe mich schon mit Berlin in Verbindung gesetzt«, erklärte Kirchburg und nahm den offenbar mangelnden Sinn des Direktors für das Gebot der Stunde gelassen hin. »Selbstverständlich, wenn Sie statt meiner nach Berlin fahren wollen ... Aber darf ich mir die Bemerkung erlauben, und ich bitte sehr um Verzeihung, diese Dinge vor Ihnen zu erwähnen, die uns allen peinlich sein könnten ... kurz und gut, diese Herren sind nicht ganz ohne Vorurteile ... wie soll ich es ausdrücken? ... Dieser primitive Antisemitismus ...«

»Natürlich, gewiß«, beeilte sich der Direktor zu versichern. »Ein Ministerbesuch meinerseits ist jetzt nicht ganz opportun.

Ein Richtungswechsel kommt allerdings unter keinen Umständen in Frage. Denken Sie an unsern Leserkreis, an unsere Tradition! Natürlich zunächst eine gewisse Zurückhaltung ... Mein Gott, wenn ich an meine Verantwortung denke, Hunderte von Arbeitern und Angestellten, die brotlos werden könnten, wenn wir einen aussichtslosen Kampf auf uns nehmen ...«

»Gerade dies alles vergesse ich nicht«, beruhigte ihn Kirchburg. »Ich empfehle strikte Zurückhaltung. Keine unbedachten Angriffe. Wir dürfen uns auch nicht den großen Dingen verschließen, die meiner innersten Überzeugung nach aus den heutigen Ereignissen erwachsen können. Denken Sie einmal an die positive Seite: Ein nationaler Wiederaufstieg, das Wort wäre schon angebracht, unseres armen, niedergedrückten Volkes, das dennoch so groß ist. Sie werden sehen, die elenden Waffen der intellektualistischen Kritik werden nichts dagegen vermögen.«

»Deutschland erwache!« rief Blum aus. Er schien in angriffslustiger Laune. Kirchburg musterte ihn mit einem Blick, in dem schon der feste Wille stand, so rasch wie möglich den Sturz des kleinen Redakteurs herbeizuführen. Die beiden Männer waren einander seit langem spinnefeind.

»Blum, Sie sind ein unverbesserlicher Zyniker«, rügte ihn der Chef. »In diesen Tagen, die für uns alle zwar schwer genug sind, aber wo schließlich mit ehernem Griffel Geschichte geschrieben wird ...«

Hans Hesse wartete das Ende nicht ab und machte sich endlich unauffällig davon. Er hatte genug gehört, um sich seine Gedanken zu machen. Wenn überall der »Männerstolz vor Fürstenthronen«, von dem in dieser einst so freien Stadt und in gewissen Kreisen, in denen Hesse verkehrte, so viel die Rede war, sich so bewährte wie bei der eben erhaschten Szene, dann würden sich Blums düstere Vorahnungen erfüllen. In solcherlei Überlegungen versunken ging er draußen im Korridor auf und ab. Bald danach sah er den Direktor und seinen ihm so wichtigen Mitarbeiter Blums Büro verlassen. Sie unterhielten sich lebhaft. Der Chef hatte Kirchburg leicht untergefaßt und geleitete ihn mit sanftem Druck zu einem unbelauschteren Gespräch in sein strenger behütetes Büro.

»Dieser tumbe Tor hat mich einen Zyniker gescholten«, sagte Blum, als Hesse wieder hereingekommen war. »Weil ich die Dinge beim Namen nenne und ihm nichts vormache. Und in seiner Ratlosigkeit möchte er nur zu gern getäuscht und in trügerischer Sicherheit gewiegt werden. Nennt mich zynisch, weil ich ihm das zeige, was diejenigen, die er für seine Freunde hält, ihm verbergen. Er belügt sich im Grunde selbst. Wie sagte er vorhin noch? ›Kein Kurswechsel. Durch unsere aufrechte Ausgewogenheit Respekt einflößen!‹ Daß ich nicht lache! Lauter schöne Worte. Er wird sie bestimmt nicht in die Tat umsetzen. Schließlich ist er persönlich mitbedroht, wegen seines etwas gemischten Stammbaums. Haben Sie's nicht gemerkt: dieser Kirchburg, ganz schön aalglatt und giftträufelnd. Wenn ich nur daran denke, daß er vor ein paar Jahren noch Sachen geschrieben hat, die ihn eigentlich bei den neuen Herren schon morgen ins Kittchen bringen könnten, wissen Sie, damals, als Rot noch Modefarbe war. Ja, der weiß immer, woher und wohin der Wind weht, der Bursche ist mit allen Wassern gewaschen und doch nicht ganz sauber. Er wird noch einflußreicher werden, wenn man mich erst rausgeschmissen hat. Denn ich fliege als erster. Der Chef wird so viel Ballast abwerfen, wie er nur kann, um sich selbst auf dem lecken Dampfer zu halten. Ich bin Jude. Ein zersetzendes Element. Das hat man mir heute schließlich nicht zum ersten Mal zu verstehen gegeben.«

»Sie sehen heute alles zu schwarz«, wollte Hesse ihn beschwichtigen. »Beruhigen Sie sich erst einmal, Sie sind jetzt viel zu nervös, überreizt.«

»Da man mich sowieso nicht umbiegen kann, werde ich auch nicht mehr Umbruchredakteur bleiben können«, sagte Blum mit einem nicht ganz überzeugenden Versuch zum Scherzen. Er stützte den Kopf in die Hände. Sein sorgenvoller Blick irrte unbestimmt umher. Endlich faßte er sich wieder. »Heute gibt's keinen Kaffee«, sagte er bedauernd.

»Schade«, meinte Hans, »daß die Geschichte so schöne Gewohnheiten unterbrechen kann.«

Blum blickte auf, als habe er ein Stichwort erhalten. »Ach Quatsch«, erwiderte er, »die meisten Leute werden ihre Gewohnheiten überhaupt nicht unterbrechen. Das tägliche Leben geht natürlich weiter, der sogenannte Alltag. Aber eben nicht für alle. Die Geschichte? Sehen Sie sich das mal richtig an, das kann Ihnen gar nichts schaden, wie man Geschichte macht, und das wird eine schöne Geschichte werden, sage ich Ihnen. Zum Beispiel die Geschichte der Gewohnheiten, die man nicht aufgibt. Übrigens spielt Gerda Lesser doch heute abend im ›Götz‹, nicht wahr? Da wollen Sie gewiß eine Karte für die Vorstellung haben.« Er schaute seinen jungen Besucher mit nachsichtiger Ironie an und lächelte nun wieder ein wenig. »Machen Sie von der guten Gelegenheit Gebrauch, solange sie noch dauert. Denn die Gelegenheit Blum wird nicht wiederkommen.«

»Sie sind heute wirklich ganz schön bitter«, sagte Hans und dankte dem Geber. »Wie kommen Sie überhaupt darauf, daß ich mich gerade für diese Vorstellung interessiere?«

»Wozu ist man an der Zeitung?« antwortete Blum geheimnistuerisch. »Auf jeden Fall haben Sie guten Geschmack.« Hans war alles andere als erfreut. War die Sache schon so ruchbar, daß man darüber klatschte?

»Also, auf Wiedersehen, alter Zyniker!« verabschiedete er sich mit dem schwachen Versuch, die Beunruhigungen, die dieser Tag gebracht hatte, mit einer Blödelei abzuschütteln. Blum zwinkerte ihm melancholisch zu. »Ich habe eine Frau und drei Kinder, ›die ohne mich verderben‹, wie der Dichter sagt.«

»Sie sehen die Dinge wirklich zu schwarz«, wiederholte Hans.

Dann ging er zur Kasse. Als man ihm das Honorar aushändigte, dachte er schon an den Abend und an Gerda. Diese nun schon nicht mehr ganz neue Gewohnheit ließ ihn völlig vergessen, daß er gerade einem historischen Augenblick beigewohnt und der nette Blum schlimme Sorgen hatte.

Hans machte sich auf den Heimweg. Er führte ihn durch das Menschengewühl in den Gassen der Altstadt. Zeitungsverkäufer schrieen aufgeregt die Nachricht vom Regierungswechsel aus. Um mehr konnte es sich für Hesse noch nicht handeln. Schon ganz bestimmt nicht um eine Revolution, ein radikales Hinwegfegen des Bestehenden. Schon ganz und gar nicht um den Anbruch eines neuen, tausendjährigen Reichs. Im Grunde teilte er die Ansicht des Zeitungsdirektors, der aus der Verteilung der Ministersessel beruhigende Schlußfolgerungen gezogen hatte. Die stürmische Aufnahme der Extrablattmeldung der »Braunen Post« durch die Passanten stimmte ihn jedoch bedenklicher. Sie rissen den Verkäufern die noch druckfeuchten Blätter aus den Händen und blieben trotz der Kälte stehen. Leute, die einander gar nicht kannten, bildeten spontan kleine Gruppen und redeten erregt aufeinander ein. Dabei konnte man die politischen Ansichten der einzelnen schon an ihren Gesichtszügen und ihren Gesten ablesen. Mienenspiel und Gestikulieren waren beredter als ihre Worte, die im Tumult untergingen. Die Trennung nach feindlichen Lagern war keineswegs an Alter, Geschlecht oder Stand erkennbar. Die Mehrheit schien allerdings die Nachricht freudig zu begrüßen. In ihren Augen standen Triumph und Hoffnung. Sie hoben unentwegt den Arm und riefen »Heil Hitler!« Dabei warfen sie schon drohende Blicke auf Mantelaufschläge, die ohne Hakenkreuzabzeichen waren. Statt dessen trugen viele noch die verachteten Embleme der gegnerischen Parteien. Es gab auch eine kleine Anzahl sichtlich teilnahmsloser Bürger, die sich vor dem Dauerelend der letzten Jahre in Gleichgültigkeit und Schicksalsergebenheit geflüchtet hatten. Hingegen machte sich eine andere Gruppe, an Zahl fast gleich stark wie diejenige der Sieger des Tages, doch noch sehr deutlich und keineswegs zaghaft bemerkbar. Allerdings hätte ein aufmerksamer Beobachter auch eine Spur von ohnmächtigem Zorn bei ihnen erkennen können, als ahnten sie schon die Drangsal, die ihnen bevorstand. Aber Hesse war kein solcher Beobachter. Er hatte sich nie sonderlich um Politik gekümmert. Für einen Werkstudenten in diesem von Wirtschaftskrise und bürgerkriegsähnlichen Zuständen zerrütteten Lande vielleicht eine erstaunliche Haltung, die ihm bisher jedoch keinerlei Anlaß zu Selbstvorwürfen geboten hatte. Ein Einzelgänger war er deshalb noch lange nicht. Menschliche Bande, Freundschaft und Liebe, dazu seine Arbeit, an der er hing, füllten ihn da viel zu sehr aus. An die schreierisch verkündeten Patentlösungen der rechts wie links blind fanatischen politischen Parteigänger vermochte er einfach nicht zu glauben.

In diesem Augenblick jedenfalls war Hesse weit davon entfernt, die Nachricht, Deutschland habe eine neue Regierung, als Gottesurteil für das Land oder gar als Schicksalswende für seine Person aufzufassen. Er war nicht völlig unkritischer Geistesart und auch zu feinfühlig, um Verlogenheit und Brutalität nicht abzulehnen. So hatte er im Grunde auch das unbehagliche Gefühl, daß ihm liebgewordene Weltvorstellungen durch mancherlei Unannehmlichkeiten bedroht sein könnten. Diese würden fast zwangsläufig von einer nunmehr an der Macht beteiligten Partei ausgehen, deren blutige Ausschreitungen, deren haßerfüllter Vernichtungswille seit Jahren schwer auf diesem Lande lasteten. Aber wenn er mit Ablehnung und Beunruhigung an mögliche kommende Dinge dachte, beruhte das eher auf Widerwillen als auf Panik. Zu dieser glaubte er keinen Grund zu haben. Trotz der erregten Menschenmenge in den Straßen, trotz aller Unzulänglichkeiten und Leiden des täglichen Lebens in Deutschland wähnte er sich hier zu Hause und durchaus in Sicherheit, eingebettet in die schützende Hülle einer Gesittung, die dagegen sprach, daß sich, wie Hesse vorhin schon einmal gedacht hatte, »solche Dinge« hierzulande, »bei uns«, zutragen konnten. Und unter »solchen Dingen« verstand er vor allem die Auslöschung einer ihm lebenswichtigen geistigen Atmosphäre, die er bisher in seiner privaten Geborgenheit unantastbar gewähnt hatte.

Endlich kam er nach Hause. Dieses Zuhause erweckte aber kein Gefühl der Geborgenheit. Das lieblos möblierte Zimmer in einer der Verwahrlosung anheimgefallenen Villa bot wirklich kein Heim. Zu seiner Überraschung wurde er sofort von seinem Vermieter gestört.

Herr Feldberg kam aufgeregt in sein Zimmer gestürzt. Er hielt das Extrablatt in der Hand, über dessen Inhalt Hesse schon alles wußte, und erklärte etwas umständlich den Zweck seines Besuches, der mit den Tagesereignissen in keinem Zusammenhang stand. Der Anlaß war selbst für diese Wohngemeinschaft merkwürdig, in der gewiß etliche merkwürdige Existenzen hausten. Es handele sich keineswegs um den geringfügigen Mietrückstand, begann Feldberg. Der eher kleine als mittelgroße Mann war von der Natur nicht vorteilhaft bedacht worden. Eine Glatze unterstrich den raubvogelhaften Schnitt eines Gesichts, in dem die verkniffenen schmalen Lippen auffielen. Er wolle sich nur erkundigen, ob sein dreistes Dienstmädchen die Unverschämtheit besessen habe, auch ihn, Herrn Hesse, mit ihn, den Vermieter, betreffenden Anschuldigungen und Behauptungen zu belästigen, die sich auf einen Vorgang bezögen ...

Hier hielt der Mann inne und suchte verlegen nach den richtigen Worten.

»Auf Ihre nächtlichen Besuche«, ergänzte Hans ungerührt.

Diese offenbar total hysterische Person habe ihn angezeigt, fuhr der nun doch etwas außer sich geratene Vermieter fort, und sie habe dazu noch die Stirn gehabt zu behaupten, er habe sie mit Gewalt ... wo sie doch selbst ... Hesse, in diesem Haus an allerlei gewöhnt, konnte seine Empörung kaum verbergen. Das ginge ihn doch alles gar nichts an, bemerkte er trocken. Auch verstehe er nicht, was Herr Feldberg eigentlich von ihm wolle.

Die Lage sei leider etwas bedenklich für ihn, beharrte der Vermieter, denn er müsse zugeben, in einem schwachen Augenblick, nun ja ... und sein Mund verzog sich zu einem angedeuteten Grinsen, das den zynischen Lebemann markieren sollte. Denn während der Inflation hatten die Feldbergs durchaus zu leben verstanden. »Als wir in meinem Bugatti nach Italien reisten«, »Beim Ausritt im Stadtwald« bildeten formelhafte Standardausdrücke nachgenießerischer Aufschneiderei, die der tiefgefallene einstige Spekulant in jede Unterhaltung einfließen ließ, um mit einer im Grunde gar nicht so astreinen Vergangenheit zu protzen.

Selbstverständlich habe er, Feldberg, sich unter den gegebenen Umständen bereits seiner Gattin anvertraut, das sei ja nicht zu schwierig gewesen. Das wiederum zum Grinsen geratene Lächeln, das seine eigentlich wenig sinnlichen Lippen umspielte, wollte seinem Mieter den Eindruck vermitteln, die Feldbergs führten eine in jeder Hinsicht großzügige höchst moderne Ehe.

Endlich ging der Vermieter geradewegs auf sein Ziel los: »Unter uns, unter Männern«, sagte er und wollte die ihm offenbar vertraute alkoholgeschwängerte und zotenträchtige Atmosphäre gewisser Herrenabende herstellen, »kann man doch offen über alles reden.« Anna, dieser bis auf den Grund verdorbenen Kreatur, geschehe es nur recht, wenn man sie bei ihrem losen Treiben einmal erwischen würde. Mehrere Herren, Mieter dieses Hauses, hätten sich schon bereit erklärt, unter Eid auszusagen, Anna habe ihnen deutliche Avancen gemacht, und zwei hätten sogar tatsächlich mit ihr ... Das würde die Glaubwürdigkeit von Annas Beschuldigungen gegen Feldberg bestimmt erschüttern. Kurzum, ob er, Hesse, nicht auch bereit wäre, im Notfall ... Er wolle zwar nicht unterstellen, Annas auffallend langes morgendliches Verweilen in Hesses Zimmer, aber immerhin ... man müsse doch Annas schamloses und lüsternes Betragen in Betracht ziehen. Übrigens sei die Kleinigkeit mit der noch geschuldeten Mietsumme wirklich nicht der Rede wert, obwohl man natürlich bei diesen Zeiten, zumindest vorübergehend, eigentlich darauf angewiesen sei, mit regelmäßigen Zahlungen zu rechnen.

Hans wollte seinen Ohren nicht trauen. Er wurde vor Ärger rot. Er war sehr irritiert, und das verschlug ihm zunächst die Stimme. Im Grunde verspürte er jedoch eine gewisse Erleichterung. Er konnte nun endlich einen schon viel zu oft und zu lange verschobenen Entschluß fassen. Er informierte seinen Hausherrn also kühl, er werde ihm die Restsumme unverzüglich auszahlen und zum nächstmöglichen Kündigungstermin ausziehen, also in vierzehn Tagen. Im übrigen sei er der Ansicht, Herr Feldberg kenne sein eigenes Haus gut genug, um die Tür ohne Beistand zu finden.

»Ein Mißverständnis, das ist doch ein totales Mißverständnis«, beschwor Feldberg ihn, vom Mißerfolg seiner Demarche und dem möglichen pekuniären Ausfall durch einen so raschen Auszug dieses Mieters betroffen. Aber bevor er verlegen und unter peinlichen Verbeugungen aus dem Zimmer gelangt war, donnerten rücksichtslos Schläge gegen die Tür, und man hörte draußen Annas Stimme rufen: »Ist Herr Feldberg hier drin? Ich will endlich mein Zeugnis. Ich bleibe nicht eine Minute länger in diesem Saustall.«

Feldberg bezeugte wenig Lust, Anna gegenüberzutreten. So mußte Hans wohl oder übel aufmachen.

»Unverschämtheit!« murmelte der Vermieter. Aber sofort verstummte er.

Anna war nicht allein. Ein kräftiger junger Mann in brauner Uniform war mit ihr gekommen.

»Darf ich Ihnen meinen Verlobten vorstellen, Herr Feldberg«, sagte sie herausfordernd.

»Habe die Ehre!« sagte der junge Mann seinerseits. »Wir sollten uns mal in aller Ruhe unterhalten.« Er lachte brutal auf.

»Machen Sie das bitte draußen ab«, gebot Hesse. Er war nun wirklich wütend, nötigte die unerwünschten Besucher mit einer unmißverständlichen Geste hinaus und schlug die Tür hinter ihnen zu.

Es war ihm aber nicht lange Ruhe vergönnt. Aus dem Erdgeschoß drang der Lärm einer heftigen Auseinandersetzung zu ihm herauf. Dann klopfte es schon wieder, diesmal etwas schüchterner, und Anna kam herein. Sie trug ein böses und doch zufriedenes Lächeln zur Schau, wurde aber unter Hesses noch immer mißmutigem Blick etwas verlegen.

»Na, was habe ich Ihnen gesagt?« begann sie. »Jetzt wird sich alles ändern. Das hat der gute Herr Feldberg wohl nicht erwartet. Das hat ihn direkt umgehauen. Mein Verlobter hat ihn ganz schön zur Sau gemacht. Klein und häßlich ist er geworden, noch mehr als sonst sowieso schon ... Komm nur rein!« rief sie plötzlich, »Herr Hesse wird es dir schon erlauben, nicht wahr, Herr Hesse?« sagte sie, halb schon der Tür, halb noch ihrem Lieblingsmieter zugewandt.

Der SA-Mann kam zum zweiten Mal ins Zimmer.

»Mein Verlobter«, erklärte Anna überflüssigerweise noch einmal.

»Sehr erfreut«, antwortete Hans mit unfreundlichem Unterton. »Ich hatte bereits den Vorzug Ihrer Bekanntschaft.«

»Entschuldigen Sie«, sagte der Nazi. »Aber wer eine Verlobte hat, muß sich auch um sie kümmern. Schade, dem Sittenstrolch hätte ich gern die Fresse poliert! Aber das gibt's bei uns nicht. Immer Disziplin halten! Und Privatsache ist Privatsache.«

»Klar«, stimmte Hans betont zu. Er wußte nicht, worauf der Besucher hinauswollte.

»Sie also sind Herr Hesse«, stellte der SA-Mann fest und sah sich ungeniert im Zimmer um. »Sie sind nicht in der Partei?« fragte er hinterhältig. »Sag mal, du räumst aber nicht sehr ordentlich auf, Anna«, fuhr er mit einem verschlagenen Lächeln fort und stand schon direkt vor dem Schreibtisch. »Sind ja Berge von Papier! Aber der Herr erlaubt dir wohl nicht, dich daran zu vergreifen? Kann ich schon verstehen.«

»Und was verschafft mir die Ehre Ihres Besuches?« fragte Hesse mit kaum unterdrücktem Unwillen. »O, nichts weiter. Bloße Neugier. Müssen Sie schon verstehen. Anna hat so viel von Ihnen geredet. Sie hechelt mit mir alle Mieter durch. Ein richtiges Plappermaul. Die Weiber sind nun mal so. Immer nur quatschen. Anna hat Sie richtig gern, darauf können Sie sich verlassen. Eine echte Vorliebe hat sie für Sie, die Kleine, stimmt doch, Anna? Ich will mich ja nicht in Sachen einmischen, die mich nichts angehen. Aber jetzt, wo wir dran sind, ich meine an der Macht, kommen andere Zeiten. Bessere, natürlich. Also Sie sind wirklich nicht in der Partei?« fragte er erneut mit unverkennbarer Dringlichkeit.

Hesse teilte ihm kurz und bündig mit, er habe auch nicht die Absicht einzutreten.

»Schade«, meinte der Verlobte, »jammerschade! Sie sollten sich das gut überlegen. Bald wird man die Mitgliederaufnahme einschränken, und dann haben die alten Parteigenossen, wie meiner Mutter Sohn einer ist, eine noch bessere Chance. Überlegen Sie es sich noch mal. Wenn Sie einen Bürgen brauchen, denken Sie an Walter Schmidt. Der wohnt ab heute auch in diesem Haus. Sie sehen, ich gehöre sozusagen schon zur Familie«, erklärte er kichernd. »Herr Feldberg hat mich so eindringlich gebeten, von ihm ein Zimmer umsonst anzunehmen, damit ich besser über Annas Tugend wachen kann. Haha! Gar nicht so übel eigentlich, dieser Feldberg. Schade, Anna, daß du ihn schon verpfiffen hast. Etwas voreilig, meinen Sie nicht auch, Herr Hesse? Also, behalten Sie Walter Schmidt lieb! Der ist jetzt schon Ihr Freund. Wie du das hier alles in Unordnung läßt, Anna!« rief er mit gespieltem Tadel. »Sieh dir nur mal diesen Schreibtisch an! Und diese Masse Bücher . . . Nun, ich selbst lese ja nicht viel. Der Dienst, verstehen Sie? Aber Ordnung muß sein, Anna, aus diesem Haus läßt sich noch was machen, das kann ich dir jetzt schon sagen. Und Donnerwetter, die vielen Bücher ...«

»Wenn Sie mal Unterhaltung und Belehrung brauchen«, meinte Hans Hesse, »steht Ihnen meine kleine Bibliothek zur Verfügung.« Er spürte jedoch, daß diesem unbehaglichen Besucher mit Ironie nicht beizukommen war. »Jetzt habe ich aber keine Zeit mehr.« Er hielt den beiden die Tür auf.

»Ja, die viele Arbeit der Herren Intellektuellen«, brummelte der Nazi. »Aber, Herr Hesse«, fügte er hinzu und tippte sich auf die Stirn, »wir sind auch nicht auf den Kopf gefallen, wir von der Partei, ganz und gar nicht.« Er ging mit einem Blick, der noch nach Kameradschaft suchte und doch schon die Möglichkeit andeutete, ganz andere Töne anzuschlagen.

Hesse war nachdenklich geworden. Er beglückwünschte sich bei dem Gedanken, daß die Besuche dieser kurzen Stunde ihn endlich zu dem Entschluß vermocht hatten, ein Haus zu verlassen, das nunmehr in mancherlei Hinsicht nur noch höchst ungewisse Sicherheit bot. Er war sogar leicht beunruhigt. In den Worten und Gesten des Braunbehemdeten, der sich schon als Herr des Hauses aufspielte, hatten unbestimmte Drohungen mitgeschwungen, die den Studenten allerdings noch kalt gelassen hatten, da er sich nicht als ihre Zielscheibe betrachtete. »Wie kann Feldberg wohl vor dem bestanden haben?« fragte er sich plötzlich, übrigens ohne Mitgefühl, da beide Gegner ihm gleich unsympathisch waren. Waren sie übrigens wirklich Widersacher? Eines stand jedenfalls fest, er würde ausziehen. Damit würde die ganze Geschichte dann ihr Ende haben. Sein Entschluß erfüllte ihn geradezu mit Übermut. Fast hätte er sich Vorwürfe gemacht, sich heute überhaupt Befürchtungen hingegeben zu haben. Die Schuld daran schob er auf die unheilkündenden Unkereien Blums und auf die lästige politische Wendung aller seiner heutigen Gespräche.

Nebenan im Zimmer klapperte eine Schreibmaschine. Hesses Zimmernachbar, dessen Existenz ihn bisher nicht sonderlich interessiert hatte, war jener junge Mann, der ihm heute mittag bei dem Zwischenfall in der Mensa aufgefallen war. Auch er dürfte sich nicht gerade über die große Nachricht des Tages gefreut haben. »Soll ich ihn aufsuchen?« fragte sich Hans. Kurz entschlossen klopfte er an der Tür des Nebenzimmers. Man antwortete ihm nicht gleich. Das Schreibmaschinengeklapper verstummte jäh, man hörte Papierrascheln, das Knarren von Schubladen. Endlich fragte Franz Heldt, der Name stand auf der an der Tür angehefteten Visitenkarte, wer da sei? Hans nannte seinen Namen. Er war leicht amüsiert über die Vorsichtsmaßnahmen, die ihm nun allerdings nicht mehr ganz grundlos erscheinen wollten.

»Entschuldigen Sie bitte«, sagte Heldt, »ich dachte, dieser üble Vermieter käme noch einmal. Ich habe ihn vorhin rausgeschmissen, weil ...«

Hesse winkte ab: »Bei mir war er auch schon. Haben Sie schon die Zeitung gelesen?«

»Selbstverständlich«, antwortete Hesses Zimmernachbar ruhig.

»Das muß doch ein schöner Schlag für Sie sein«, kommentierte Hans taktlos.

»Ich wußte gar nicht, daß Sie sich für Politik interessieren«, sagte Heldt ausweichend. In seinen Augen stand nun wachsames Mißtrauen. »Auf jeden Fall suchen Sie sich einen merkwürdigen Zeitpunkt aus, um mit mir darüber zu reden.«

»Heute tut es mir auch besonders leid, mich in diesen Dingen nicht allzugut auszukennen«, gestand Hans zögernd. »Ich vermute, daß für Sie und Ihre Partei jetzt böse Tage kommen werden.«

Heldt lächelte ein wenig, nicht nur ironisch, auch ungemein selbstsicher: »Diese Möglichkeit haben wir schon lange vorausgesehen«, begann er etwas dozierend. »Was jetzt geschieht, ist nur eine Etappe auf dem unaufhaltsamen Weg unserer Revolution, nichts weiter. Diese Sache kann die revolutionäre Entwicklung in Deutschland nur beschleunigen. Wir sind jedenfalls auf alle Eventualitäten gefaßt. Ohne die klassenverräterische Sabotage der Sozialdemokratie würde die Einheitsfront des Proletariats diesen faschistischen Spuk rasch hinwegfegen. Aber die Einheitsfront wird nun unter dem verstärkten Druck spontan zustandekommen. Unter unserer Führung wird sie dann auch mit dem braunen Terror fertigwerden, der sich jetzt natürlich verstärken wird. Es gibt schließlich Dinge, mit denen sich der deutsche Prolet nie abfinden wird. Jedenfalls bleiben wir erst einmal allen Provokationen gegenüber ruhig und wachsam.« Er betonte das letzte Wort und warf seinem Besucher einen nicht gerade vertrauensvollen Blick zu. »Außerdem sind unsere Chancen bei den nach der Reichstagsauflösung notwendig werdenden Wahlen ausgezeichnet. Das wird der Reaktion zu denken geben. Und wenn man uns in die Illegalität zwingt, sollte man sich erinnern, daß gerade sie für uns schon immer der beste Nährboden war. Denken Sie nur an Rußland!«

Hesse war von der unerwarteten Beredsamkeit seines Zimmernachbarn und der Deutlichkeit seiner Erklärungen schon ein bißchen beeindruckt. Aber sein Besuch verfolgte schließlich einen anderen Zweck, als einer politischen Aufklärungsrede zu lauschen.

»Macht Anna auch Ihr Zimmer?« fragte er daher übergangslos. Heldt sah ihn verständnislos an.

»Ihr Verlobter hat mich nämlich gerade verlassen«, erklärte Hans. »Er hat sich ganz besonders für die Unordnung in meinen Papieren auf dem Schreibtisch interessiert. Annas Verlobter, Herr Heldt, ist in der SA und wohnt jetzt hier im Hause.«

»Dann allerdings vielen Dank«, sagte Heldt sichtlich betroffen. Aber er riß sich sofort wieder zusammen. »Ich bin kein Verschwörer, auch kein Hitzkopf«, stellte er gelassen fest. »Bei mir fliegen keine Papiere rum. Aber vielleicht sollte ich doch für alle Fälle das Nötigste zusammenpacken«, murmelte er wie für sich. »Sympathisieren Sie denn mit uns?«

Hesse sah unentschlossen vor sich hin.

»Ich gehöre zu einer Menschenart, die auch Sie partout nicht ausstehen können, der des unpolitischen Kleinbürgers«, bekannte er schließlich. »Aber glauben Sie mir, ich habe nicht die geringste Sympathie für die Biertrinker, die Sie heute mittag vor einer verdienten Tracht Prügel bewahrt haben, und ich habe auch wenig Freude an Annas Verlobtem.«

III

Der Weg zum Theater war durch eine endlos scheinende Marschkolonne versperrt. Die Braunhemden trugen Fackeln und zogen Kampflieder singend zum altehrwürdigen Rathausplatz, um dort mit einer Massenkundgebung ihren Triumph zu feiern. Auf den hatten sie lange gewartet. Wenn ihnen ihre eigenen Kampfrufe nun wie Donnerhall zu brausen schienen, waren manche unter ihnen doch etwas überrascht, denn sie hatten sich die ganze Sache anders vorgestellt. Mit einem Marsch auf Berlin.

Dieser Tag hatte aber gewiß nicht die geheimen Wünsche jener erfüllt, die mit eher düsterer Miene den Bürgersteig säumten. Sie drängten hart gegen die Absperrketten grimmig blickender Polizisten und die Jubelrufer, die am Straßenrand unermüdlich die Arme zum neuen Gruß reckten. Die hinteren Ränge gehörten nicht zum Jubelchor. Sie hielten die Hände demonstrativ in den Taschen vergraben und schauten uneingeschüchtert, einige sogar mit spöttisch herausforderndem Ausdruck, auf den Begeisterungstaumel. Die Männer in der Kolonne schienen den Haß und die Ablehnung zu spüren, die ihnen über die Köpfe ihrer Sympathisanten in der vordersten Reihe hinweg entgegenschlugen. Kaum hörten sie auf zu singen, skandierten die Braunhemden aufreizende Sprechchöre, die von Galgen, Tod und Rache nur so gellten. Aber die Antwort ließ nicht auf sich warten. Da vereinzelte Gegenrufe den Tumult nicht übertönen konnten, donnerte plötzlich die Internationale auf. Da gingen auch schon die Schlägereien los. Die Polizei griff unverzüglich ein und durch. Aus den Wagen des Überfallkommandos, die den Marsch der braunen Bataillone gesichert hatten, sprangen Polizisten, Gummiknüppel schwingend und mit gezogener Dienstpistole. Sie warfen sich auf die Kämpfenden und knüppelten sie auseinander. Dabei zeigten sie keinerlei Parteilichkeit. Sie hieben völlig leidenschaftslos auf alle ein, die sich gerade in Reichweite befanden. Nebst einem dicken Fell hatten sich die Polizisten während der letzten Jahre in ihrem Dienst auch eine gleichgültige Routine zugelegt. Man hatte sie so oft gerufen, daß sie im Grunde allen Ruhestörern gegenüber eine Art von automatischem Groll empfanden, der ihnen den Griff zum locker sitzenden Schlagstock leicht machte.

Übrigens dauerte dieser Zwischenfall, unter diesem Stichwort berichtete das Weltblatt am nächsten Tage in seinem Lokalteil an versteckter Stelle, nicht lange. Es wurden einige Verhaftungen vorgenommen. Man stieß ein paar abgerissene Arbeitslose in ein Polizeiauto, nahm aber ebenfalls einen der Braunen fest. Er wehrte sich verzweifelt und schrie seinen Kameraden zu, ihn doch zu befreien. Aber die rührten sich nicht. Sogar noch an diesem Tag empfanden sie einen gewissen Respekt vor der Polizei. Dem wahrscheinlich nur vorübergehend seiner Freiheit beraubten, aber bestimmt um seine Teilnahme am Siegesfest gebrachten Opfer blieb nichts anderes übrig, als mit wuttränenerstickter Stimme auszurufen: »Und das muß mir am schönsten Tag meines Lebens passieren!«

Auf die Polizei machte das keinen Eindruck. Sie tat ungerührt ihre Pflicht und legte in Erwartung neuer Weisungen noch immer Wert auf strenge Unparteilichkeit.

Vor dem Theater erstrahlten die Lampen in festlicher Helle. Das hatte mit der Siegeskundgebung auf dem Rathausplatz mit den Fackeln, Reden und Hochrufen nichts zu tun. Hier am Schauspielhaus war die Polizei unbewaffnet und betont liebenswürdig. Sie erteilte nur Auskünfte. Als Hesse die zahlreichen Besucher sah, die sich vor den Kassenschaltern drängten, dachte er mit einem Gefühl der Überlegenheit und geradezu des Mitleids an Blum und dessen Aufgeregtheit. Hans fand es tröstlich und beruhigend, daß Hunderte von Personen genau wie er selbst heute der Politik sozusagen den Rücken kehrten und ins Theater gingen. Er empfand eine spießgesellige Verbundenheit mit jedem Zuschauer, als handele es sich um einen geheimen Gesinnungsgenossen. Ohne in den Spuren berühmter Vorbilder wandeln zu wollen, war Hans Hesse von Kindheit an leidenschaftlich dem Zauber der Bühne verfallen. Es gab für ihn nichts Schöneres, als wenn die Lichter im Saal zögernd verloschen, die Gespräche im Zuschauerraum verstummten und alles in verhaltene Spannung überging. Dann das erste gesprochene Wort auf der Bühne und wie es ihn völlig in Bann schlug. Die Bühne war eine zweite Ebene der Welt, sozusagen eine höhere Wirklichkeit. Hier ging es Hans nicht um Flucht und Entkommen vor einem kläglichen Alltag. Er suchte im Theater ein gesteigertes Lebensgefühl. Die Handlung hinter der Rampe, der er in wohliger Dunkelheit von seinem Sitz aus folgte, schien sich immer auf ihn, auf sein Leben, auf seine eigenen Gedanken zu beziehen, schien Bestätigung oder Verwerfung seines Wesens und Strebens zu sein. Hier im Saal fiel die Maske, die man draußen in der Welt tragen mußte. Hier fielen die Fesseln der Verstellung, hier verflüchtigten sich Mißtrauen und Abwehr gegenüber jeder Verzauberung, hier wurden einem aber auch die Blöße und die Unvollkommenheit des eigenen Lebens und die Unzulänglichkeit der eigenen Ausdrucksmittel bewußt. Im Theater wurden alle unterdrückten oder zurückgedrängten Gefühle freigesetzt. Man konnte wie im Traum alle Risiken eingehen, wunschdenkend das erfüllen, was Hesse, der sonst große Worte und jedes Pathos verabscheute, in solchen Augenblikken, aber eben nur in diesen, ein Schicksal nannte.

Natürlich hatte er Blumen geschickt. An der Portiersloge des Theaters hatte er ein Kärtchen für Gerda abgegeben, worin er ihr mitteilte, er werde sie nach der Vorstellung am Schauspielerausgang erwarten. Er wollte sie vorher nicht stören. Jetzt hatte er für sie Lampenfieber. Als sie auf der Bühne erschien, spürte er, wie sich seine Hände verkrampften. Aber die Anspannung wich gleich wieder. Welche Adelheid, stolz und leidenschaftlich, kokett und hingerissen! Wie natürlich es war, für diese Frau, für *sie* den Freund zu verraten. Gerda war in dieser Rolle großartig. Hellsichtig, wohl auch selbstsüchtig beunruhigt, erkannte er, daß eine solche Begabung dieser Verführerin alle Möglichkeiten öffnete, ein noch ganz anderes Publikum, das verwöhnte großstädtische gar, mit ihrem Spiel hinzureißen, daß ihr der Weg zum Aufstieg vorgezeichnet war. Sie setzte sich durch, riß alle mit und hin, nicht etwa nur ihn, den verliebten Bewunderer, sondern eben alle, wie er es rings um sich spürte. Sie würde dieser Stadt entschwinden, die ja schließlich doch nur Provinz war.

Er liebte Gerda. Das glaubte er nun, wo ihn die Drohung anfiel, sie zu verlieren. »Welche Schauspielerin!« dachte er. Aber jäh kam ihm der bisher noch nie gedachte Gedanke, der ihn unerbittlich der Verzauberung der Scheinwelt der Bühne entriß und immer mehr bis zur quälenden Verstörung von ihm Besitz ergriff: »Und wenn sie nur schauspielerte? Nur eine Rolle spielte, eine schöne Rolle zwar, vor mir und vielleicht auch vor Georg?«

Er verwarf unverzüglich die lästerliche Überlegung. Er wußte, woher sie stammte. Er kannte Gerda noch nicht wirklich. Sie war ihm noch fremd und verwirrend. Vielleicht würde sie es auch bleiben. Er spürte das Verlangen, ihre Rätselschrift zu entziffern. Bisher hatte er sich nur ein romantisches, überspanntes Bild von ihr gemacht.

Aus diesen Gedanken aufgeschreckt, merkte er verwirrt, daß er der Handlung auf der Bühne nicht mehr gefolgt war. Das Stück kannte er natürlich. Das Schauspiel versetzte einen mit Augen, Ohren und Herzen in einen traurigen Abschnitt deutscher Geschichte, voller Not und Entzweiung, in Bürgerkrieg und Parteienhader. Der Bezug auf den gegenwärtigen Augenblick sprang in die Augen. »Und wenn unser Blut anfängt, auf die Neige zu gehen ... was soll unser letztes Wort sein?« donnerte der Ritter mit der eisernen Faust, unvermittelt und wohl gegen alle Regieanweisung direkt ins Parkett hinein.

Und das Herzwort der Replik auf der Bühne, das hatte man hier wohl noch nie erlebt, wurde von allen Rängen des Hauses spontan aufgenommen. Man sah und hörte plötzlich Zuschauer aufspringen, genau wie die Schauspieler in der Szene die Arme mit geballten Fäusten hochreißen und laut und andauernd »Freiheit!« rufen. Diese Selbsteinverleibung eines Teils des Publikums in das Theatergeschehen stiftete auf der Bühne wenig Verwirrung. Aber der Vorhang fiel doch sofort, die Lichter gingen stufenweise wieder an, und der langanhaltende rauschende Beifall, auf offener Szene ausgebrochen, beruhigte sich erst allmählich. Hesse schämte sich seiner aufsteigenden Tränen nicht.

Bewegt und gedankenschwer näherte er sich nach der Aufführung dem Schauspielerausgang, um auf Gerda zu warten. Sie kam als letzte. Sie hielt seine Blumen im Arm. Sein Herz schlug heftig. Ihre feingeschnittenen Gesichtszüge hielten nicht nur mit Schminke dem Rampenlicht stand. Auch hier draußen im schon trüben Schimmer der Straßenlaternen wirkte ihr Antlitz strahlend. Ihre Augen leuchteten auf, als sie Hans erblickte. Mit ungeduldiger Handbewegung verabschiedete sie den Ersten Liebhaber, der den Weislingen gespielt hatte und nun in Worten und Gesten nicht übel Lust zu verspüren schien, die Rolle, wenn nicht mit gleicher Leidenschaft, so doch mindestens so gut gemimt wie eben weiterzutreiben, natürlich ohne das tragische Ende.

Die Lesser, so nannten sie viele schon, nahm seinen Arm mit einer Selbstverständlichkeit, die Hans wohltat.

»Es ist so kalt«, sagte sie und schmiegte sich an ihn. »Und ich habe dich so lange warten lassen.«

Er wußte, daß er noch viel länger gewartet hätte, und schwieg. Aber er sah sie die ganze Zeit verstohlen an. Sie war klein und zierlich. Man wunderte sich, wie sie auf der Bühne einen so majestätischen Eindruck machen konnte. Auch ihre Stimme schien ihm jetzt auf eine rührende Art schüchtern.

»Habe ich dir gefallen?« fragte sie. Er drückte ihre Hand. »Du bist besser denn je gewesen.« Sie duckte sich vor dem kalten Wind tiefer in ihren Pelzmantel. »Sagst du das nur aus Freundschaft?« Das Wort kam zögernd, schon die Betonung forderte Widerspruch heraus. »Aus Freundschaft?« fragte er auch gleich mit kaum unterdrücktem Vorwurf. »Ja, ich weiß«, sagte sie und gab fest den Druck seiner Hand zurück. »Und er hat dich geschickt ...« »Du weißt doch, seine Arbeit, sein Buch. Er wird in seinem Fach noch weit kommen, wie du in deinem«, fuhr er fort und dachte an ihre Karriere, die sie ihm zu entreißen drohte. »Du solltest mir nicht immer Blumen schikken«, sagte Gerda unvermittelt. Hesse sah verlegen weg. »Woher weißt du das denn?« fragte er überrascht. »Ich kenn' doch das Geschäft, du Naivling. Eine kleine Frage ... Aber es macht mir doch große Freude«, bekräftigte sie mit Nachdruck. Sie wandte ihm voll ihr Gesicht zu, er sah, wie ihre Lippen leicht bebten. Hans kannte dieses wohlvertraute Zittern ihres Mundes. Das hatte sie immer, wenn sie besonders zärtlich oder sehr traurig war, es gab ihr einen melancholischen Ausdruck. In ihren Augen war eine Zärtlichkeit, die ihn beglückte und dennoch beunruhigte. In seiner Panik vor einer Entdeckung, die seine sehnsüchtigen und doch angstvollen Vorahnungen bestätigte, hätte er sich fast brüsk aus der Umklammerung ihrer Hand gelöst.

»Er ist mein bester Freund«, sagte er leise.

»Ich weiß«, antwortete sie, »und der beste Mensch, den ich kenne.« Aber sie sagte das mit einem seltsamen Vertrauen und ohne jede Niedergeschlagenheit.

»Und nun?« fragte er.

Sie schüttelte unmerklich den Kopf. »Glaubst du wirklich, wir könnten vor uns selbst weglaufen?«

Er wußte, daß sie recht hatte. »Und ich habe doch Angst.«

»Angst?« fragte sie erstaunt und wich unwillkürlich einen Schritt zurück. In ihren Augen stand ungläubige Überraschung.

»Nicht um mich«, erklärte Hans. »Um dich, um ihn, um uns alle ...«

Sie lächelte wie entrückt. »Das verstehe ich nicht. Ich weiß nicht, was Angst ist. Ich weiß nur ...« Sie hielt jäh inne.

Er wußte, was sie sagen wollte. Er fühlte ihre Selbstsicherheit und kam sich vor ihrer Unbefangenheit wie gedemütigt vor. Er fühlte, daß er ihr erliegen würde.

»Gehen wir doch noch wohin«, bat sie.

Auch Hans wollte Georg nicht gleich gegenübertreten. Sie gingen in eine kleine Bar, die sie kürzlich in der Nähe des Theaters entdeckt hatten. Im Grunde hatten sie beide im voraus geahnt, daß sie hier landen würden, »wie Verbrecher, die es an den Tatort zurückzieht«, dachte Hans. Sofort schämte er sich dieses kleinlichen Skrupels. In dieser Bar, die meistens nur schwach besucht war, hatte die eigentliche Ära Gerda begonnen. Hier hatte Hans sie beim Tanzen, von ihrer Nähe verwirrt, zum ersten Mal auf die Stirn geküßt, während Georg abwesend in den Rauch seiner Zigarette gestarrt und ihnen von Zeit zu Zeit einen eher zerstreut wirkenden ermutigenden und freundschaftlichen Blick zugeworfen hatte. Georg tanzte nur selten und dann ohne besonderes Vergnügen.

Heute war Georg nicht dabei. Und seine Blicke hätten weder ermutigend noch freundschaftlich sein können, dachte Hans, sondern ernst und prüfend wie die eines Richters. Dennoch war Hesse glücklich, Gerda jetzt wieder beim Tanz in seinen Armen zu halten. Da sie nur Augen für einander hatten, wähnten sie sich den Blicken des Barmixers und der paar zechenden Gaffer ebenso entrückt wie sie sich vor denen Georgs sicher wußten. Sie hatten Mokka bestellt, als wollten sie hellwach diesen kurzen Augenblick ihres Zusammenseins genießen, an dem schon der Gedanke an Aufbruch und Trennung nagte.

Sie tanzten noch einmal zu gedämpfter Musik. Sie hatten eigens ihren Lieblingsschlager gewünscht. Hans spürte ihren Körper. Ihm schwindelte vor Verlangen.

»Was soll aus uns werden?« hörte er Gerda flüstern. Sie sah zu ihm auf. »Das kann so nicht weitergehen.«

»Wenn sie doch schwiege«, dachte er gequält. Er biß sich auf die Lippen und spürte wiederum, wie er sie begehrte. »Wir müssen nun wirklich gehen«, mahnte er.

Sie nickte und wand sich aus seinen Armen. Voller Verwirrung blickte er sie an, wie sie da vor ihm stand. Mit gesenktem Kopf, die Arme ergeben hängenlassend, schwach und hilflos schien sie ihm. Er hob sanft ihr Gesicht empor. Ihre Augen standen voll Tränen, ihre Lippen bebten heftig. Erst im Park auf dem Weg zu Georgs Wohnung, die auch ihre war, küßte er sie.

An Georg dachte Hans aber erst wieder, als sie vor der Haustür standen.

»Bleib bitte noch lange«, murmelte Gerda auf der Treppe, »so lange es irgend geht.«

Er nickte zustimmend, noch wie benommen. Er verspürte tiefe Mutlosigkeit, als er sich fragte: »Und nun?« Dieses »Was soll nur aus uns werden?« schien ihm eine Verantwortung aufzuerlegen, der er sich nicht gewachsen fühlte. Georg blickte von dem Manuskript auf, das vor ihm lag, als sei er unerwartet in die Wirklichkeit zurückgerufen worden. Hans kämpfte gegen seine Verlegenheit an. Er erwartete, sein Freund würde Gerda mit dem üblichen Begrüßungskuß empfangen. Diesen Anblick hätte Hans jetzt nur schwer ertragen können. Das blieb ihm jedoch erspart, denn Georg reichte beiden nur zerstreut die Hand. »Mein Buch ist fast fertig«, rief er. Aber seine Miene verdüsterte sich gleich wieder. »Die ganze Arbeit ist nun vielleicht umsonst gewesen«, fügte er nachdenklich hinzu. »Ab heute wird Geschichte wohl nach anderen Kriterien als meinen geschrieben werden. Den Kollegen nach uns wird es nicht an bemerkenswerten Gegenständen der Forschung und Deutung fehlen. Wenn kein Wunder geschieht, erleben wir jetzt den Beginn eines Zeitabschnitts, in dem wir uns alle verdammt unbehaust fühlen werden.« Bei diesen Worten sah er beide mit zärtlicher Sorge an. »Auf jeden Fall müssen wir auf manches gefaßt sein«, fügte er hinzu, wobei er sich einzig an Hans zu wenden schien.

Aus seinen Grübeleien aufgescheucht, die um ganz andere Probleme kreisten, verspürte dieser jedoch wenig Neigung, sich mit jenen fatalen politischen Verstrickungen zu befassen, die ihn, ganz gegen seine Gewohnheit, schon den ganzen Tag über bedrängt hatten. Er war in Gedanken ganz woanders. So hörte er nur mit mühsam erheuchelter Aufmerksamkeit seinem Freund zu. Sein Blick suchte verstohlen immer wieder Gerda, und immer wieder quälte ihn die gleiche Frage »Was nun?« Dabei war er eigentlich über seine Selbstbeherrschung erstaunt und beschämt. Er hätte nie von sich gedacht, Georg so unbefangen antworten zu können und mit ihm zu plaudern, ohne daß das geringste Zittern in seiner Stimme seine Aufregung verraten würde. Auch mit Gerda konnte er eine betont belanglose Unterhaltung führen.

»Du hättest sie heute abend sehen sollen«, wagte er sogar zu sagen. »Sie ist eine unwiderstehliche Verführerin.«

»Ich kenne sie in dieser Rolle«, erwiderte Georg und blätterte wieder in seinem Manuskript.

»Ich mache Kaffee«, erklärte Gerda und ging in die Küche.

»Na, war es wirklich so schlimm, sie abzuholen und noch ein bißchen mit ihr zu bummeln?« fragte Georg unvermittelt mit freundlichem Spott. »Aber du bist müde, ganz rot im Gesicht. Ich bin wirklich ein Egoist. Der Kaffe wird dir guttun.«

»Wir haben schon welchen getrunken«, wich Hans aus.

»Dann habt ihr eben zuviel getanzt«, bemerkte Georg.

»Stimmt wohl schon.«

Sie schwiegen. Gerda kam wieder herein. Als Dame des Hauses hatte sie eine Programmänderung vorgenommen. Statt des angekündigten Kaffees brachte sie eine Flasche Wein und Gläser.

»Schließlich gibt es was zu feiern«, sagte sie mit einer besonderen Betonung, die Hans nicht entging, denn er wollte sie auf ihre neue Vertrautheit beziehen. Aber Gerda ging zu Georg und streichelte ihm das Haar. Der junge Gelehrte hatte noch immer sein zerstreutes Lächeln. Hans blickte weg. Einen Augenblick lang glaubte er zwischen den beiden ein Einverständnis zu spüren, das ihn ausschloß. Er war sehr verwirrt und konnte Gerda nicht verstehen. Sekundenlang kam ihm sogar wieder der Verdacht, Gerda spiele nur mit ihnen beiden.

»Schön bist du wieder«, sagte Georg jetzt zu ihr. »Du mußt schon zugeben«, wandte er sich an Hans, »daß sie schön ist und jede Liebe wert.«

Gerda hatte ihren Hausanzug angezogen und hockte sich im

Schneidersitz auf den Teppich. »Man hat mir ein Angebot für die nächste Spielzeit nach Berlin gemacht«, gestand sie unvermittelt. »Soll ich das Engagement annehmen? Es wäre eigentlich eine gute Sache«, fügte sie nachdenklich hinzu.

Hans erschrak. Er war noch bestürzter, als Georg sich zu ihr herunterbeugte und leise zu ihr sagte:

»Es ist bestimmt eine gute Sache, Gerda. Wir können dich hier nicht halten. Wir haben kein Recht dazu.«

Hans war über das »wir« befremdet. Seine Blicke richteten sich fragend auf Georg. Aber der reagierte nicht. Gerdas Augen, die so beredt sein konnten, baten jetzt stumm Hans um seine Antwort. Er glaubte zu träumen. Er verstand sie überhaupt nicht mehr, weder Gerda noch Georg. Zwischen diesen beiden schien eine geheime und unmittelbare Übereinstimmung zu bestehen, in der für ihn kein Platz war, und dies trotz der gerade verronnenen Stunde, wo er sich Gerda so nahe geglaubt hatte. Er spürte sich von den beiden wieder einmal als zu leicht befunden.

Von draußen, der sonst so ruhigen Straße, kam auf einmal wüstes Gegröle. Es brach roh das Schweigen, das ein paar Minuten lang auf ihnen gelastet hatte.

»Betrunkene«, sagte Georg stirnrunzelnd und ging zum Fenster. Gerda und Hans folgten ihm.

»Juda verrecke!« hörten sie eine Stimme brüllen.

Georg zuckte erst schmerzlich getroffen zusammen, dann stand Verachtung und zuletzt nur noch Abscheu in seinen Zügen. Er war kein Jude. Keiner der drei war es, und dennoch empfanden sie Empörung, als seien sie selbst gemeint. Georg öffnete das Fenster. Drei stinkvolle Studenten, an ihren Farben im Licht der Straßenlaternen als Corpsbrüder zu erkennen, torkelten unflätig lärmend durch die Straße. Einer hielt mit einem Arm einen Baum umschlungen, erhob schwerfällig den anderen zum neuen Gruß, der nicht ganz gelang, und rief mit besoffenem Pathos: »Zittert, ihr Juden, euer Herr und Meister steht vor euch!«

Sie konnten über die kläglich komische Szene nicht lachen. Dafür hatten sie heute schon zuviel gesehen, ahnten schon zu sehr, was sich da zusammenbraute. Gewisse Ereignisse dieses Tages waren noch zu frisch in ihrer Erinnerung. Hans spürte, wie Georg, der dicht neben ihm stand, sich einen Augenblick lang duckte, sich dann aber wieder wie kampflustig aufrichtete. Gerda stand hinter ihnen.

»So ein Pack!« sagte sie aufgebracht.

Hans spürte den leichten Druck ihrer Hand auf seiner Schulter – Trost oder Verheißung? Aber der Freund wandte sich ihm jetzt zu. Der leidende Ausdruck in Georgs Gesicht wich allmählich einem tiefen Ernst. Er hielt sich jetzt sehr aufrecht, geradezu militärisch. Dann sagte er, und nahm dabei einen ungewöhnlich feierlichen Ton an: »Da siehst du es. Begreifst du es auch in seiner ganzen Tragweite?« Die Sorgenfalte über seinem Auge war auffallend tief. »So weit ist es also schon gekommen«, fuhr er fort. »Jetzt wird sich zeigen, ob wir noch Anrecht auf die Bezeichnung Mensch haben. Es wird hart werden, sehr hart. Nur noch kurze Zeit und wir sitzen hier wie auf einer einsamen Insel.« Er blickte sich im Zimmer um. »Auch wir drei ...«, erklärte er mit trauriger und sorgenvoller Stimme.

Sein Blick schweifte über die Köpfe seiner Vertrauten hinweg ins Leere.

IV

In den zwei Wochen, die es noch in der Feldberg-Villa auszuharren galt, geschah nichts Ungewöhnliches. Kein neues schwerwiegendes Ereignis zwang Hans Hesse, der Politik mehr Rechte als zuvor über sein Leben einzuräumen. Allerdings las er jetzt aufmerksamer die Zeitung. Etliche Nachrichten konnten einen da schon stutzig machen. Die Zahl der Opfer nächtlicher Schießereien nahm in erschreckendem Maße zu. Die Gleichförmigkeit dieser zum Frühstück servierten Berichte hatte schon viele abgestumpft. Man durfte sich auch über die Vorsicht wundern, mit der sogar das Weltblatt, das übrigens sonst seine Haltung nicht geändert zu haben schien, über diese zu Vorfällen heruntergespielten Verbrechen berichtete. Alle Zeitungen hatten eine merkwürdig zurückhaltende Art, den Ablauf der Tat zu schildern und die Personenbeschreibung der Täter unbestimmt zu lassen. Die Opfer waren fast ausschließlich Anhänger von Linksparteien. War das vielleicht ein Vorgeschmack kommender Dinge? Man konnte seine eigenen Schlußfolgerungen ziehen, wenn man die Methoden zur Kenntnis nahm, mit denen unliebsame politische Gegner beseitigt wurden. Es läutete nachts oder am frühen Morgen an der Haustür. Kam das vorgesehene Opfer zum Fenster oder gar die Tür öffnen, krachten ein paar Schüsse. Das stand dann als Vorfall in der Morgenzeitung. Häufig waren äußerst dringlich gehaltene Telephonanrufe unter Berufung auf einen guten Bekannten zwecks einer wichtigen sofortigen Verabredung an möglichst abgelegener Stelle, von der das Opfer eines solchen Anschlags nicht zurückkehrte. Gelegentlich wurden dann im Wald eine Leiche oder auf Eisenbahnschienen unidentifizierbare Leichenteile gefunden. Daran konnte man erkennen, mit welcher Zuverlässigkeit gewisse Aufträge erledigt wurden. Polizeibeamte handelten sich seitens der neuen Aufsichtsbehörden, die oft noch die alten waren, für unpassenden Diensteifer nur Rügen oder Suspendierungen ein, wenn sie pflichtgemäß auf frischer Tat ertappte Angreifer von Volksbildungsheimen oder Arbeitersiedlungen stellten.

Außer bei den Angehörigen der Betroffenen und einigen unverbesserlichen Moralisten lösten diese Vorkommnisse keine allzugroße Empörung mehr aus. Seit Jahren war die Bevölkerung an Informationen dieser Art gewöhnt. Die nahmen längst schon mehr Platz ein als Berichte über Verkehrsunfälle und damit immer weniger Platz in der Anteilnahme der Leser. Gewöhnung, Elend, Selbstsucht hungriger Bäuche hatten die Menschen schon lange abgestumpft. Und die große Menge der Sympathisanten der neuen nationalsozialistischen Bewegung, die mit so viel Hoffnung und so viel Haß auf ›ihren Tag‹ gewartet hatten, schwelgte selbstherrlich in ihrem Siegesrausch. Um das plötzliche Verschwinden von Gegnern aus Alltag und Leben gutzuheißen, bedurfte es für sie gar nicht mehr der täglich wiederholten Behauptung ihres Parteiblattes, die Angreifer hätten in Notwehr gehandelt, seien selbst feige in einen Hinterhalt gelockt oder unerträglich provoziert worden.

Im übrigen maßen die Zeitungen in ihren Berichten dem nun in vollem Gang befindlichen Wahlkampf die größere Bedeutung bei. Die Parteien, die die neue Regierung ablehnten, sahen in den Wahlen das einzige Mittel, das Steuer herumzureißen. Das Wort ging um: »Wir werden sie mit dem Stimmzettel schlagen!« Wenn man Franz Heldt Glauben schenken durfte und sogar dem inzwischen wieder viel selbstbewußter gewordenen Umbruchredakteur Blum, wenn man Augen und Ohren für Auftreten und Meinung der Menschen auf der Straße hatte, die noch immer nicht für die braunen Bataillone freigemacht worden war, wo sich auch sogar deren Gegner recht militant mit Flugblättern und Agitationsreden bemerkbar machten, wenn man das alles wahrnahm und bedachte, blieb die Schlußfolgerung erlaubt, das »Dritte Reich« sei noch lange nicht ausgebrochen.

Alle diese Symptome bestärkten Hesse natürlich in der Meinung, er habe recht gehabt, die Bedeutung eines Regierungswechsels nicht zu überschätzen. Andere schienen da mit ihm übereinzustimmen. Da war beispielsweise die völlig neue Einstellung von Annas Nazi-Verlobtem, Walter Schmidt. Er belästigte den Studenten nicht mehr mit seinen Besuchen, benahm sich im Haus ganz erträglich, schien sogar zu Feldberg ein weniger gespanntes Verhältnis zu haben und verhielt sich in einer Weise manierlich, die man als vorsichtig und duckmäuserisch bezeichnen konnte.

Der einzige, dessen Verhalten Anlaß zur Beunruhigung bot, war Georg. Man sah ihn seltener als sonst. Er widmete sich mit einem selbst bei ihm ungewöhnlichen Eifer seinen Studenten, unterhielt sich lange und eingehend mit ihnen in den Gängen. Das Gespräch schien vor allem darin zu bestehen, daß er ihnen zuhörte. Hans sah oft den jungen Nazi in dieser Gesellschaft, dessen Auftritt in der Mensa ihm im Grunde sympathisch gewesen war. Außerdem besuchte Georg mit schlechthin besessenem Eifer und geradezu wissenschaftlicher Systematik alle erdenklichen Wahlversammlungen. Oder man fand ihn im Café in die Lektüre der Tageszeitungen versunken, die haufenweise auf einem Stuhl neben ihm lagen. Auch war er unverhohlen enttäuscht, als Hesse sich eines Tages einfach weigerte, ihm bei diesem Treiben dauernd zur Seite zu bleiben. Hans tat sogar noch mehr. Er versuchte seinen Freund dieser Hektik zu entreißen, die Hesse für eine fixe Idee hielt. Wenn er Gerda, was recht häufig geschah, vom Theater abholte, sprach er mit ihr darüber. Dabei hatten sie die Vertrautheit jenes denkwürdigen Abends nie wieder gefunden, der zum Schluß doch eine Schranke zwischen ihnen errichtet zu haben schien, die Gerda nun wieder einzureißen bestrebt war. Hans übte ihr gegenüber größere Zurückhaltung und war dennoch immer stärker von ihr angezogen. Dabei dachte er aber nicht nur an seinen Freund. Er konnte den Verdacht nicht loswerden, der ihn an jenem Abend beschlichen hatte, nämlich Gerda unterschätze seine Gefühle, denke zu gering von ihm, gehöre ausschließlich Georg. »Der beste Mensch, den ich kenne«, hörte er es noch immer in sich nachhallen, und übersetzte sich das mit »er ist besser als du«. Hans wollte nicht die Rolle des heimlichen Liebhabers spielen, weniger noch diejenige eines Freundesverräters, obwohl er sich einbildete, in dieser letzteren Eigenschaft schon erschreckende Fortschritte gemacht zu haben. Die Wirrnisse einer Freundschaft, aus der Liebe geworden war, machten ihm zu schaffen. Er fühlte unbehaglich den Zwang, sich entscheiden zu müssen. Und diese Entscheidung, das ahnte er schon, weil er seine Gefühle zu kennen glaubte, würde nicht unbedingt zugunsten des Freundes ausfallen.

Es blieb Hesse nicht erspart, in die Sache Anna Lemke gegen Lutz Feldberg verwickelt zu werden. Er hatte eine polizeiliche Vorladung als Zeuge erhalten. Schlecht gelaunt begab er sich ins Polizeipräsidium. Seine Stimmung wurde durch eine zweistündige Wartezeit in einem kalten Korridor nicht gehoben. Endlich rief man ihn ins Büro des Inspektors, der die Untersuchung leitete. Ein mürrischer Sekretär hockte hinter einer ungetümen Schreibmaschine. »Guten Tag!« sagte der Beamte mit Betonung, als Hans grußlos eingetreten war. »Sie sind gleich von beiden Parteien als Zeuge benannt worden«, begann er einleitend. Man verstand ihn schlecht, weil er unermüdlich an seiner Pfeife zog. Die Tabaksorte war nicht die beste. »Sie wohnen also in diesem netten Bordell.«

Der rüde Umgangston, offenbar unterschiedslos für Zeugen wie für Beschuldigte gebraucht, reizte Hesse nur noch mehr. Er sah sich verstohlen in diesem verqualmten Dienstzimmer um. Außer Tischen und Stühlen gab es nichts zu sehen als Akten in Wandregalen.

»Was haben Sie uns also zu sagen?« drängte ihn der Vernehmende grob und gab dem Protokollführer das Zeichen, sich an seiner Maschine bereit zu halten. »Na, schießen Sie schon los! Oder ist Ihnen der Mund zugewachsen? Meine Zeit ist wertvoll. Es gibt interessantere Bordellgeschichten als Ihre.«

»Ich weiß überhaupt nichts«, erklärte Hans unwirsch. »Man hat mich ohne meine Zustimmung vorladen lassen.« Die Derbheit in der Wortwahl dieses Verhörs, dem er sich wohl oder übel unterziehen mußte, übertraf mitunter einige dem Studenten durchaus geläufige Ausdrücke aus der Gossensprache. So konnte ihn die entscheidende Frage, die offenbar den Höhepunkt der Vernehmung darstellen sollte und vergleichsweise sogar zurückhaltend formuliert war, keineswegs mehr überraschen:

»Haben Sie mit der Klägerin geschlechtlich verkehrt?«

Hans wurde rot, nicht etwa aus Scham, denn die Tonart dieser Vernehmung hätte ein derartiges Gefühl längst abgetötet, sondern vor hilfloser Wut. Er bemühte sich, so verächtlich wie möglich mit »Nein!« auf die Frage zu antworten, die ihm scheinbar gleichgültig und wie von ungefähr, eigentlich unerwartet, gestellt worden war.

»Sie werden das später unter Eid bekräftigen müssen, falls die Sache vor Gericht kommt«, gab ihm der Inspektor zu bedenken und damit gleichzeitig zu verstehen, wie wenig Glauben er der Aussage des Studenten schenkte.

Jetzt verlor Hans doch die Selbstbeherrschung. Er übersah, daß der Beamte, durch manche Erfahrung abgebrüht, es für eine ganz natürliche Sache halten mußte, daß möbliert wohnende Studenten mit dem Dienstmädchen des Hauses Beziehungen unterhalten konnten, die über einen harmlosen Morgenplausch hinausgingen. Schließlich enthielt das Aktenstück, das der Vernehmende vor sich hatte, die Aussagen mehrerer Mieter, die Feldberg entlasteten, da diese die gleiche deutliche Frage bejahend beantwortet hatten.

»Es tut mir leid«, sagte Hans in einem Ton, der sich ironisch verstanden wissen wollte, »daß ich Ihnen damit nicht dienen kann.«

Er meinte, nach diesem Verhör auf Haut und Glied entlassen zu werden. Da aber war, offenbar durch Klingeln herbeigerufen, ein weiterer Kriminalbeamter aufgetaucht und hatte fast lautlos hinter Hesse Aufstellung genommen, während sein Kollege das Verhör nun in härterer Gangart fortsetzte.

»Wissen Sie über die Beziehung der Lemke zu anderen Mietern des Hauses Bescheid?« fragte er.

»Nur vom Hörensagen«, gab Hesse zu. »Sie verlangen doch wohl nicht von mir, im Privatleben meiner Mitbewohner herumzuschnüffeln.«

»Es ist unsere Pflicht, allen Hinweisen nachzugehen«, belehrte der vernehmende Beamte ihn streng. »Und Ihre Pflicht ist es, den Behörden bei ihren Erhebungen zu helfen. Glauben Sie denn, wir wühlen zu unserem Vergnügen in diesem Schmutz.«

Hesse fühlte sich versucht, herausfordernd mit »Ja!« zu antworten. Der elementarste Selbsterhaltungstrieb hielt ihn davon ab. Er erinnerte sich rechtzeitig, wo er war, bei wem er war und wie hilflos er hier war. Er hatte davon gehört, daß dieses Gebäude durch einen unterirdischen Gang mit dem Gefängnis verbunden war. Die vergitterten Zellenfenster, die er sogar von hier sehen konnte, mahnten ihn außerordentlich überzeugend an die Allmacht der Amtsstelle, mit der er es jetzt, sehr gegen seinen Willen, zu tun hatte. Er beherrschte sich also und spürte nur noch das ungeduldige Verlangen, der beruflichen Zudringlichkeit dieser gewissenhaften Beamten zu entkommen.

»Alle Mieter haben schon ausgesagt«, unterrichtete der Mann am Schreibtisch den Neuankömmling. »Ist aber merkwürdig, daß Feldberg ausgerechnet diesen, wie heißt er noch?« – er blätterte in seiner Akte – »diesen Heldt nicht als Zeugen angegeben hat. Sehr merkwürdig, finden Sie das nicht?«

Hesse wußte nicht, ob sich die Frage an ihn oder den Beamten hinter ihm richtete.

»Man muß ihn unbedingt vorladen«, rief der Inspektor dem Protokollführer zu, der sich hastig eine Notiz machte. »Kennen Sie diesen Herrn Heldt?« wandte sich der Vernehmende dann brüsk an Hesse und sah ihm voll in die Augen. Der neu hinzugekommene Beamte beugte sich gespannt vor.

»Wie man einen Zimmernachbarn so kennt«, antwortete Hans, »nur flüchtig.«

»Die Lemke behauptet, auch von ihm belästigt worden zu sein, und ihr Verlobter bestätigt, sie habe sich deswegen mehrfach bei ihm darüber beschwert. Was wissen Sie über diese Vorfälle?«

»Gar nichts«, erwiderte Hans mit fester Stimme. »Und ich glaube kein Wort davon.«

Der Inspektor lächelte selbstzufrieden und beugte sich lauernd vor. »Weshalb denn nicht?« fragte er mit Nachdruck und zwinkerte seinem Kollegen zu.

»Herrn Heldts Lebensweise schließt einen derartigen Verdacht aus«, antwortete Hesse mit Überzeugung.

»Ich dachte, Sie wüßten überhaupt nichts von seiner Lebensweise«, bemerkte der Inspektor befriedigt. »Sie haben doch gerade gesagt, Sie würden Herrn Heldt kaum kennen. Lebt er denn so zurückgezogen?«

»Schon möglich«, erklärte der Student unwillig. »Soviel ich weiß, ist sein Zimmer das ruhigste im ganzen Haus.«

»So, so, ein ganz ruhiger Mieter. Er hat wohl kaum Besucher? Und dann meistens nur Männer, was?«

»Keine Ahnung«, versicherte Hesse.

»Natürlich, keine Ahnung. Sie kennen ihn ja auch gar nicht«, kommentierte der Inspektor spöttisch. »Sie haben ihn letzthin nur häufig in seinem Zimmer besucht.«

Das stimmte. Hans hatte sich inzwischen oft mit Franz Heldt unterhalten. Sein Nachbar gefiel ihm, obgleich sie wenig miteinander gemein hatten. Ihre Unterhaltungen endeten immer mit politischen Auseinandersetzungen, in denen eigentlich nur einer das Wort führte, denn Hesse begnügte sich erzwungenermaßen meistens mit der Rolle des Zuhörers.

»Warum auch nicht?« gab er zu. Er war über die Genauigkeit der Überwachung vom Kommen und Gehen der Feldberg-Mieter nicht gerade begeistert. Er glaubte die Quelle dieser Auskünfte zu kennen. Aber weshalb die Polizei Interesse an diesen Schnüffeleien hatte, war ihm unklar. »Sie wissen doch, daß Heldt ein Politischer ist und zu den Staatsfeinden gehört?« mischte sich jetzt der Beamte hinter Hesse ein.

Der Student drehte sich um und merkte, daß er sich eines neuen Angreifers zu erwehren hatte. Er zwang sich zur Ruhe, denn er hatte nun begriffen, daß seine Aussage für Heldt Folgen haben könnte.

»Der Zusammenhang zwischen Politik und Bettgeschichten ist mir in diesem Fall nicht einsichtig«, sagte er kalt und scharf. »Mir scheint, wir verlassen hier den eigentlichen Gegenstand meiner Befragung.«

»Achten Sie auf Ihre Worte, Herr Hesse«, warnte ihn der Inspektor. Er schien dennoch etwas verlegen. Er wußte sich im Unrecht. Aber er wußte auch, daß die Politische Polizei jetzt in diesem Hause allmächtig war, bestimmt viel mehr als früher.

»Gehören Sie einer politischen Partei an?« fragte der andere Beamte, ohne sich von Hesses Einspruch beirren zu lassen.

»Nein«, antwortete Hesse. »Und ich habe auch nicht die mindeste Absicht, das zu ändern.«

»Wir können die Richtigkeit Ihrer Aussage jederzeit überprüfen«, bemerkte dieser gefährlichere Befrager mit drohendem Unterton.

»Aber bitte«, sagte Hesse kühl.

»Sie scheinen noch nicht gemerkt zu haben, daß sich der Wind gedreht hat«, meinte der von der Geheimen, so nannte Hesse ihn für sich. »Nun, dieser Feldberg-Puff ist schon ganz interessant für uns, Herr Kollege«, bemerkte er und verschwand ebenso grußlos aus dem Zimmer, wie er gekommen war. Der Inspektor forderte Hesse auf, das Protokoll zu unterzeichnen. Der Student bestand darauf, daß der letzte Teil seiner Aussage gestrichen würde. Er verfügte über ein paar angelesene Rechtskenntnisse. Im Falle einer Weigerung würde er sich beschweren. Schließlich lebte man noch in einem Rechtsstaat. Der Inspektor erfüllte seinen Wunsch jedoch ohne Widerrede.

»Sie hätten sich ruhig höflicher verhalten können«, sagte er etwas liebenswürdiger zur Verabschiedung. »Glauben Sie mir, man kann nie vorsichtig genug sein, wenn man es mit der Polizei zu tun hat.«

Hans schloß sich dieser Auffassung vorbehaltlos an und verließ den Raum.

Zufällig traf er Franz Heldt auf dem Heimweg. Er berichtete

brühwarm über seine Vernehmung. »An Ihrer Stelle würde ich der Lagebeurteilung Ihrer Partei ein gewisses Mißtrauen entgegenbringen und erst einmal, unbekannt wohin, schleunigst abhauen«, riet er dem jungen Kommunisten, der ihm zunächst mit eher amüsierter als erschrockener Überraschung zuzuhören schien. »Übrigens ziehe ich morgen auch aus.«

Heldt wirkte nun doch nachdenklich. Einen Augenblick lang schien er sogar seine Fassung zu verlieren. Ein gehetzter Ausdruck kam in seine Augen.

»Da sehen Sie wieder, wen man jagt und wen man fürchtet! Ich glaube, Sie werden sich auch nicht viel länger aus diesem Kampf raushalten können«, fügte er hinzu und sah seinen Gesprächspartner voll an. »Sie gehören eigentlich zu uns, Hesse«, meinte er mit dem Anflug eines Lächelns, »denn Sie sind schon einige Zeit dabei, unsereinem unter die Arme zu greifen.«

»Es würde mir tatsächlich leid tun, wenn Ihnen was zustieße«, wehrte Hesse ab. »Denn Sie sind mir sympathisch.«

»Es geht hier nicht um mich«, erwiderte Heldt leise, »ganz und gar nicht. Aber auf jeden Fall, herzlichen Dank!« sagte er zum Abschied. Er drückte Hans lange und kräftig die Hand, als wolle er ihn zu sich herüberziehen.

Kaum war Hans in seinem Zimmer, da klopfte Anna an die Tür. Sie kündigte mit vorwurfsvoller Stimme und beleidigter Miene einen Damenbesuch an. Schon kam Gerda herein und stand wie eine Erscheinung vor ihm. Er war zu verwirrt, um sie zu begrüßen.

»Du bist es!« sagte er überrascht und wollte seinen Augen nicht trauen.

Sie legte wie selbstverständlich Mantel und Hut ab.

»Hier wohnst du also«, sagte sie dann.

»Mein letzter Tag in dieser Bude«, antwortete er verlegen. Die Unordnung im Zimmer, fürchtete er, würde ihr nicht entgehen.

»Ist doch ganz nett hier«, meinte sie, aber es klang nicht überzeugt.

»Meinst du wirklich?« fragte er. »Ich hätte dich lieber in einem würdigeren Rahmen empfangen.«

»Hältst du mich für eine verwöhnte Abenteurerin? Du hast mir nicht einmal richtig guten Tag gesagt.«

Sie stand ganz nah vor ihm. Die Versuchung war gewaltig, sie einfach in die Arme zu nehmen. Aber er tat es nicht. Statt dessen bot er ihr einen Stuhl an. Diese Bude eignete sich sogar nach Meinung der Polizei nur für Beziehungen mit Dienstmädchen. Die peinliche Erinnerung an Ton und Gangart seiner Vernehmung machten es ihm leichter, Gerda jetzt und hier nicht zu begehren, einem Verlangen nicht nachzugeben, das im Munde jedes Angehörigen der Sittenpolizei zu einem Sachausdruck von beleidigender Roheit wurde. Das Zimmer in diesem Hause war wirklich keine Stätte für ihre Umarmung, die er noch immer ersehnte. Diese heruntergekommene Studentenbude war ihrer Liebe unwürdig. Schon der Gedanke an Anna, an Feldberg, an die ganze Kläglichkeit seiner Existenz als ausspionierter möblierter Herr lähmten ihn. Außerdem spürte er nur zu gut, daß diese Besucherin, deren Lächeln einen unverhofften Lichtschein in eine bedrückende und klägliche Umgebung brachte, einfach nicht hierher paßte. In ihrem enggeschnittenen Kostüm schien Gerda hier wie eine zartblaue, sehr verletzbare fremdartige Blume, von einer böswilligen Laune der Natur in ein rauhes und schädliches Klima versetzt, eine Blume, deren Anblick allein zarte Rücksichtnahme und pflegerische Hut nahelegte. Nein, und nochmals nein, das war kein Ort für eine Zärtlichkeitsbekundung, keine Einladung zu einem gestohlenen Augenblick liebender Vereinigung, der dazu noch hinterhältig einem anderen gestohlen werden würde. »Warum bist du gekommen?« fragte er besorgt. »Muß es denn noch schwieriger zwischen uns werden?«

»Ich soll die Dinge schwieriger machen?« fragte sie erstaunt. »Ich?« Sie sah ihn verständnislos an.

»Weißt du denn nicht, daß Georg schon oft hier bei mir gewesen ist?« fragte er nicht ohne Heftigkeit. »Und daß er hier auftauchen kann, ohne sich vorher anzumelden?«

Sie senkte den Kopf. »Er ist jetzt beschäftigt. Ich mußte dich sehen.« Sie sprach nun sehr leise.

»Und gerade hier?« fragte er fast erbittert.

Sie wandte ihren Blick von ihm ab und musterte das Zimmer.

»Du mußt dich hier sehr einsam fühlen«, sagte sie endlich. »Hier, und nicht nur hier ...« Ihre Stimme verriet Anteilnahme und Zärtlichkeit.

»Aber gar nicht«, behauptete er, »meine Arbeit ...«, und er deutete mit einer unbestimmten Handbewegung auf seinen Schreibtisch.

»Du also auch«, bemerkte sie. »Immer die Arbeit, hinter der man sich versteckt. Oder ausrückt.«

Er widersprach: »Es gibt ja nicht nur die Arbeit. Da sind die Gedanken ...« Er schaute sie bedeutungsvoll an.

»Bin ich da eingeschlossen?«

Er nickte heftig. »Viel zu sehr, vielleicht. Du weißt es ja. Du hättest nicht hierher kommen sollen.«

Sie ergriff seine Hand. »Hast du noch immer Angst? Kannst du nicht mal Vertrauen haben?«

»Darum geht es nicht«, wehrte er sich. »Du bist nicht die erste beste. Ich liebe schließlich in dir nicht die Gelegenheit. Sondern dich. Aber ich will nicht den Liebhaber spielen, der Hausfreund aus der Posse sein, verstehst du? Und ich will auch keine milden Gaben«, fügte er nach einer Pause mit fester Stimme hinzu. »Denn im tiefsten Grunde deines Wesens liebst du Georg.«

»Aber anders«, sagte sie. »Wir sind seit langem vertraut und verbunden. Aber du und ich, wir wissen doch, wie es um uns steht.«

»Und was zwischen uns steht«, ergänzte er traurig.

Sie schüttelte den Kopf. »Du kennst ihn vielleicht doch nicht so gut, wie du meinst«, sagte sie nachdenklich. »Wir drei gehören zusammen, Hans, verstehst du. Wir sind drei Menschen, die viel, sehr viel für einander übrig haben. Sei doch nur dir selbst gegenüber aufrichtig, und damit uns gegenüber, dann kann sich nichts zwischen uns dreien ändern. Ich liebe euch nun einmal beide. Siehst du, ich bin nicht auf eure Freundschaft eifersüchtig. Ich will auch nicht, daß er leidet. Aber du bist immer voller Vorbehalte. Dauernd große Worte, und inzwischen ...« sie zögerte kurz, »inzwischen leiden wir alle drei!«

»Aber was denkt er? Er!« rief Hans erregt. »Hast du jemals, seit du mit ihm lebst, mit einem anderen ... Verzeih die Frage, aber ...«

Sie lehnte sich nicht einmal auf. Sie blickte ihn nur prüfend an. Dann glitt ein verstehendes Lächeln über ihr Gesicht.

»Nein!« sagte sie schlicht. »Aber darauf sollte ich eigentlich nicht antworten.«

»Also muß ich es sein«, sagte er düster. »Ausgerechnet ich.«

Sie schwiegen.

»Das ist es also«, murmelte Gerda endlich, wie zu sich selbst. »Warum quälst du dich so unnütz? Er hat ganz andere Sorgen.« Ihr Ausdruck wurde ernster. »Und diese Sorgen solltest du mit ihm teilen. In der Hinsicht ist dein Platz jetzt bei ihm. Ich kann ihm dabei nicht helfen. Seit neulich abend, du erinnerst dich wohl noch, nimmt er sich alles zu Herzen, nimmt es wirklich tragisch. Diese Politik ...«

»Und da wollen wir ihm noch neue Leiden zufügen«, antwortete Hans.

»Du kennst ihn wirklich nicht«, wiederholte Gerda erstaunt und enttäuscht. »Hast du schon ein neues Zimmer?« fragte sie dann übergangslos.

»Ich muß heute noch eines suchen«, antwortete er.

Tatsächlich hatte er diese unangenehme Aufgabe bis auf den letzten Augenblick hinausgeschoben. An Angeboten fehlte es in diesen Zeiten ja nicht.

»Nun, hoffentlich wirst du dich in deinem neuen Zimmer mehr über meinen Besuch freuen«, meinte Gerda spitz.

Nach kurzem Zögern erhob sie sich aus dem abgenutzten Sessel. Wieder stand sie nahe vor ihm. Diesmal wollte er sie in seine Arme nehmen. Aber nun entwand sie sich ihm mit einer Entschiedenheit, die ihn doch etwas verletzte.

»Nicht jetzt. Nicht hier«, sagte sie. Er verstand sie nur zu gut. »Auf bald, auf sehr bald!« sagte sie leise zum Abschied.

V

Das Zimmer hatte Hesse sofort gefallen. Der günstige Eindruck überdauerte Einzug und Eingewöhnung. Es war groß, hell, bequem und sogar geschmackvoll eingerichtet. Auch der Preis schien angemessen. Der Student empfand eine leicht bedenkliche Genugtuung, sich jetzt dank seiner verbesserten finanziellen Lage diese Verwöhnung leisten zu können. Während seiner schwierigen Anfänge in dieser Stadt war ihm so etwas unerreichbar und unvorstellbar vorgekommen.

In einem Anfall von Selbstzufriedenheit konnte er es sich nicht versagen, an die möblierten Zimmer zurückzudenken, die er in seinen Studentenjahren bewohnt hatte. Nicht alle waren menschenwürdige Behausungen gewesen. Mit greller Deutlichkeit tauchte zunächst die Erinnerung an die erste dieser Buden auf, eine lichtlose Mansarde in einem Arbeiterviertel. Sie war eigentlich nur ein Bodenverschlag mit einer undichten Luke gewesen. Das Mobiliar bestand aus einem wackeligen, durch untergeschobene Bücher notdürftig im Gleichgewicht gehaltenen Tisch, einem harten Stuhl, einem eisernen Bettgestell mit durchgelegener Matratze und ausgefransten Wolldecken. Das Loch war nicht einmal beheizbar. Nach dem ersten Schneefall mußte Hans diese Bruchbude fluchtartig verlassen und in das winzige möblierte Zimmer einer Eisenbahnerwitwe einziehen.

Diese Frau Lehmann nutzte ihren noch unerfahrenen Mieter weidlich aus. Sie ließ ihn Brandlöcher auf Möbeln und Zierdekken bezahlen, die seine Vorgänger hinterlassen und wahrscheinlich ihrerseits schon berappt hatten. Das hinderte die gute Wirtin nicht, ihrem neuen, damals noch aus Schüchternheit viel zu geduldigen Mieter stundenlang mit sentimentalen Erinnerungen an die Glanzstücke aus der Hesse wenig interessanten Lebensgeschichte ihres verblichenen Gatten, der bei einem Eisenbahnunglück ums Leben gekommen war, in den Ohren zu liegen. Als sei dies noch nicht genug, überschwemmte die Vermieterin den ihr hilflos ausgelieferten jungen Mann mit frommen Traktätchen und versuchte ihn zu bekehren. Sie gehörte zu einer Sekte, deren Mitglieder, »vom Geiste ergriffen«, das unmittelbar bevorstehende Ende der Welt und damit nicht ohne eine gewisse Schadenfreude für sündhafte Nachbarn das unverzügliche Jüngste Gericht voraussagten. Erstaunlicherweise verstand es die Witwe Lehmann jedoch, ihre religiösen Anschauungen mit der einträglicheren Tätigkeit einer Kartenleserin und Wahrsagerin aus Kaffeesatz zu vereinbaren.

Danach hatte der rasch vergraulte Student unbekehrt ein Zimmer in einer zwar universitätsfernen, sonst aber bequemen Wohnsiedlung gefunden. Die neue Bude hätte so sauber und hell sein können, wie hier von außen auf den ersten Blick alles wirkte, wäre nicht diese Anhäufung überflüssiger Möbel und gräßlicher Zierstücke gewesen, die unbedingt zu schonen man Hesse ans Herz gelegt hatte. Diese Möblierung paßte gewiß nicht zu dem neuen Lebensgefühl durch den neuen Wohnstil, der dem Vernehmen nach hierorts walten sollte. Die neuen Bewohner hatten ihre alten Nippessachen, ihre kitschigen Bilder und moralisierenden Wandsprüche einfach in die neue Wohnwelt mitgeschleppt. Trotz dieser Beengungen verbrachte Hesse hier ein recht glückliches Semester, das im Zeichen der beginnenden Freundschaft mit Georg stand, der ihn häufig besuchen oder zu Spaziergängen in einem nahen Waldstück abholen kam.

Das nächste Zimmer war in der Vorstadt. Es war schon etwas teurer und dementsprechend angenehmer. Hesse hatte nun regelmäßigere Einnahmen aus seiner journalistischen Tätigkeit. Sein Vermieter, ehemaliger Berufsoffizier, war jetzt seiner Visitenkarte, aber nur dieser zufolge, Vertreter einer Weingroßhandlung. In Wirklichkeit war er schon lange arbeitslos und, da er selbst offenbar gern jedem Tropfen und nicht nur einem guten zusprach, auch längst arbeitsunfähig. Er stammte aus einer nach dem Friedensvertrag an Polen abgetretenen Gegend im

Osten. Der neue Staat, behauptete er, habe ihm jede gerechte Entschädigung verweigert. Seine Frau war schwächlich und kränkelte. Sie konnte sichtlich nur mühsam die allernotwendigsten Hausarbeiten verrichten. So wagte Hesse es nicht, sich über die mehr als gelegentliche Unordnung in seinem Zimmer zu beklagen. Es machte ihn verlegen, ihr ins Gesicht zu sehen, in dem noch Spuren einstiger Schönheit standen. In ihren dunklen Augen schien oft eine wilde Auflehnung aufzuflammen, vor allem, wenn sie auf ihre drei schlecht gekleideten Kinder blickte. Ihre Kinder hatten immer Hunger. Noch unerträglicher wurde es, wenn ihre Augen vorwurfsvoll den unfreiwilligen Zeugen dieses Elends anfielen. Die Miete, die Hesse zahlte, sowie geringfügige Beihilfen des fehlbenannten Wohlfahrtsamtes und gewisse Einnahmen aus einer anderen Quelle, deren Natur Hesse lange unbekannt blieb, bildeten den unsicheren materiellen Schutzwall dieser Familie gegen die völlige Verelendung. Jeden Tag erschien ein Freund des Hauses, ein älterer ehemaliger Major, der selbst noch in abgetragenem und fadenscheinigem Zivil einen recht martialischen Eindruck machte und seiner Umgebung offenbar großen Respekt einflößte. Er küßte der Dame des Hauses jedesmal die Hand und näselte dabei immer gleichbleibend: »Aber mit dem größten Vergnügen, gnädige Frau«, wenn man ihn zum Abendessen nötigte, was immer geschah. Hesse wußte längst, daß zum Abendbrot dünner Tee und dünngeschnittene, dünngeschmierte Margarinebrote gereicht wurden. Merkwürdigerweise fand sich aber für die Herren anschließend immer etwas zum Trinken und zum Rauchen. Der Student mußte oft wohl oder übel von seinem Zimmer aus die Auswirkungen des Alkoholkonsums der beiden Herren akustisch wahrnehmen. Diese waren während der ersten Tage des Monats besonders vernehmlich, wenn Hesse die Miete bezahlt und der Major seine kleine Pension erhalten hatte. Die Zecher stimmten dann vaterländische Gesänge, oft aber auch derbe Soldatenlieder an. Einmal hörte Hesse den älteren der beiden einstigen Offiziere einen Hochruf ausbringen: »Seine Majestät der Kaiser, unser Oberster Kriegsherr, hurra!«

Wenn die Herren derart beschäftigt waren, ging die Frau aus der Wohnung und kehrte mitunter erst in den frühen Morgenstunden zurück. Eines Abends sah Hesse sie in einem Hauseingang in einer übelbeleumdeten Gasse stehen. Die unauffälligen Gesten, mit denen sie die Aufmerksamkeit der männlichen Passanten zu erregen suchte, waren eindeutig. Aus Furcht, sie habe ihn erkannt, zog er sofort aus.

Seinem Aufenthalt gerade in dieser Wohnung hatte es übrigens nicht an privatem Reiz gefehlt. Hier hatte ihn Ursula besucht. Sie war zwei Semester lang seine feste Freundin gewesen. Das lebhafte und lebenstüchtige Mädchen arbeitete in einem Modeladen. Sie hielt nicht nur Hesses Wäsche instand. Sie weihte ihn auch in die Kunst der Liebe ein. Seine mangelnde Erfahrung hatte dieser Unterweisung durchaus bedurft. Ursula war nur hinsichtlich der Zeit anspruchsvoll, die Hans ihr widmen sollte. Ihr größter Kummer war, daß er sie nie die Nacht über dabehielt, worin er unrecht tat, denn diese Vermieter hätten noch ganz andere Dinge als nächtlichen Damenbesuch hingenommen, um einen zahlungsfähigen Mieter zu halten. Das Verhältnis zwischen Ursula und Hans war unbeschwert. Hesse glaubte jeden Grund zu haben, dieses Verhältnis mit Ursula den für ihn weniger einfachen Beziehungen zu Studentinnen vorzuziehen. Diese schienen oft nur deshalb ins Bett zu steigen, um sich selbst gegenüber zu demonstrieren, mit dieser Hingabe auch wirklich den richtigen Emanzipationsgrad erreicht zu haben. Außerdem schienen ihnen gewisse unverdaute Psychologievorlesungen über Libido und sonstiges Unterbewußtes sehr zugesetzt zu haben. Ausgerechnet dann, wenn man von ihnen ein zerebrales Abschalten erwarten durfte, mußten sie geradezu zwanghaft jedes belanglose Wort oder jeden verliebten Seufzer des Lustpartners auf die Relevanz dieser wissenschaftlichen Theorien hin abklopfen und überprüfen. So war es Hesse auch schon passiert, daß ihm eine höchst attraktive junge Kommilitonin übergangslos noch im Bett auf den Kopf zugesagt hatte, er sei in sexueller Hinsicht ganz offensichtlich ein ausgesprochen mutterfixierter Typ.

Eines Tages fand die Idylle mit Ursula ein Ende. Sie wollte heiraten. Sie war schon längere Zeit verlobt. Ihr Zukünftiger, der seiner Arbeitsstelle wegen in einer entfernten Stadt lebte, konnte jetzt daran denken, ein Heim zu gründen. Ursula hatte Hans beim Abschiednehmen die überschwenglichste Zärtlichkeit gezeigt und geschworen, ihn nie zu vergessen. Dabei zeigte sie ihm die Photographie des Mannes, dem sie von nun an fürs Leben angehören würde. Natürlich fand ihn Hans einfach unmöglich und völlig unbedeutend.

Dann kam die Feldberg-Villa, wo es Hans zu seiner eigenen Überraschung am längsten ausgehalten hatte.

Hier in der neuen Wohnung brauchte er nicht zu fürchten, das Dienstmädchen, übrigens kanonischen Alters, würde sich zu ihm aufs Bett setzen. Seine Vermieter sah er kaum. Sie betrieben ein Feinkostgeschäft in der Hauptstraße. Die Sterns waren Juden. Das hätte Hesse normalerweise gleichgültig gelassen, aber unter den jetzigen Umständen flößte ihm das eher Sympathie ein. Er war über die nunmehr offen ausgebrochene antisemitische Hetze empört. Außerdem waren seine Vermieter Weltblattleser, was ihre Zugehörigkeit zum kultivierten Bürgertum betonte. Hans verdächtigte sie zunächst, sich eher für den Wirtschaftsteil zu interessieren als etwa für Beiträge aus seiner eigenen Feder, die er als schöngeistige Äußerungen einstufte und somit als höherrangig empfand. Aber er entdeckte, daß dieser Verdacht unberechtigt war. Denn die Interessen der Sterns beschränkten sich nicht nur auf feine Lebensmittel und das leibliche Wohlbefinden einer anspruchsvollen Kundschaft.

Den 27. Februar hatte Hesse schon längst als einen besonderen Tag vorgemerkt. Um diesen würdig zu begehen, beschäftigte er sich abends mit der vertrackten Aufgabe, seiner Smokingschleife den erwünschten korrekten und zugleich nachlässigen Schwung zu geben. Er rüstete sich für den Ball, der in dieser Stadt alljährlich die Welt der Zeitungen, des Theaters, der Universität und der Börse zu einer Galaveranstaltung zusammenführte. Der hiesige Presseball sollte denjenigen von Berlin nachahmen und vielleicht in den Schatten stellen. Bei dieser Fingerübung an einer widerspenstigen Schleife hörte Hesse ungewollt ein paar Worte, die ihn in gewisse Sorgen seiner Vermieter einweihten, weil seine Zimmertür aus Versehen nur angelehnt war. Wahrscheinlich erfaßte Hesse nicht sofort die Tragweite des Gehörten. Leo, der vierzehnjährige Sohn des Hauses, war auf dem Heimweg von der Schule von einer Gruppe gleichaltriger Gymnasiasten beschimpft worden. Man hatte ihn Judenschwein genannt. Als er die Beleidiger zur Rede stellen wollte, hatten diese ihn, viele gegen einen, übel verprügelt. Aus der feindseligen Gruppe hatten jedoch nicht alle an der einseitigen Schlägerei teilgenommen. Einige hielten sich heraus, indem sie höhnisch behaupteten, sie würden ein Judenschwein nicht anfassen, nicht einmal, um es zu züchtigen. Die Eltern versuchten mit liebevollen Worten, aber ihrer Ohnmacht eingedenk, den Jungen zu trösten. Nachdem Leo das Zimmer verlassen hatte, er weinte aber nicht, hörte Hesse, wie das Ehepaar Stern aufgeregt darüber sprach, wie man derartige Vorkommnisse verhindern und sich sein Recht verschaffen könne. Der Mann schien entschlossen, die Schuldigen feststellen zu lassen und möglicherweise auf dem Gerichtswege gegen sie vorzugehen. Die Frau, schon länger durch einen sicheren Instinkt alarmiert, hatte Angst vor neuen Weiterungen und riet entschieden von derartigen Schritten ab, obwohl ihr mütterlicher Stolz tief verletzt war. Die Auseinandersetzung wurde immer lebhafter. Hesse hörte, wie der Mann erregt im Nebenzimmer auf und ab ging und plötzlich ausrief: »Recht muß Recht bleiben. Schließlich leben wir in einem zivilisierten Land. Wir sind doch Menschen wie die anderen, wir haben die gleichen Rechte!«

Auch Hesse konnte eigentlich nicht verstehen, daß es Leute gab, die sich weigerten, derart eindeutigen und einleuchtenden Wahrheiten zuzustimmen. Aber er wußte nur zu gut, daß es eben solche Leute gab und ihre Zahl jetzt rasch immer größer wurde.

Als er zur Toilette gehen wollte, begegnete er Leo auf dem Korridor. Hesse erschrak über den haßerfüllten Blick, den der Junge ihm zuwarf. Doch er versuchte, sich in die Lage dieses Knaben zu versetzen. Er stellte sich vor, wie er selbst unter einer solchen Demütigung gelitten hätte.

In sein Zimmer zurückgekehrt, hörte er Leo nebenan rufen: »Ich will keinen Goi in unserem Haus!« Die Eltern waren über seinen Ausbruch erschrocken. Sie schalten ihn und schickten ihn auf sein Zimmer.

Hesse nahm sich vor, bei der ersten sich bietenden Gelegenheit mit Leo zu reden. Er wollte ihm klarmachen, daß man, wenn man auch wie ein Goi und sogar wie ein nun als Vorbild in Mode geratener hellblonder Nordling aussah, noch lange kein Judenfresser zu sein brauche. Als er noch einmal nicht ohne Anerkennung sein Spiegelbild musterte, klopfte die Hausangestellte und meldete Besuch an. Gerda und Georg waren gekommen, um ihn abzuholen.

Keiner der beiden war hier bisher zu Besuch gewesen. Hans hatte sich hinter dem bequemen Vorwand des Umzugs und Einräumens verschanzt, um sich weiterhin in eine unentschiedene Haltung flüchten zu können. Er wußte natürlich, daß er sich nicht mehr viel länger um eine Aussprache und damit eine Entscheidung herumdrücken konnte. Und doch waren gerade diese beiden Menschen die liebsten Besucher, die er erwarten durfte. Nach der Begrüßung herrschte eine gewisse Verlegenheit. Sie war nur zum Teil auf die ungewohnte Festkleidung zurückzuführen. In seinem tadellos geschnittenen Frack wirkte Georg noch weltmännischer und distinguierter als sonst. Seine Kluft unterstrich eine gewisse aristokratische Haltung, die

Hans bei ihm immer als natürlich empfunden hatte. Dr. Georg von Schilsky führte tatsächlich das bescheidenste aller deutschen Adelsprädikate im Namen. Das »von« war noch nicht allzulange in der Familie. Schon der Name deutete darauf hin, daß die Nobilitierung, vor den Gesetzen des jetzigen Staates sowieso mit keinerlei Privileg verbunden, verhältnismäßig jungen Datums war. Die Erhebung in den Adelsstand stammte aus jener Zeit, als die preußischen Könige verdienstvolle Untertanen und insbesondere tüchtige Beamte eher mit Orden und Adelstitel auszeichneten als sie mit angemessenen Bezügen und Pensionen zu dotieren. Begüterte von Schilskys hatte es nie gegeben. Die Familie hatte immer gute Verwaltungsbeamte, Konsistorialräte, Gelehrte und, eher seltener, Offiziere vorzuweisen gehabt.

Gerda war ihrer Vorliebe für blaue Töne treu geblieben. Ihr königsblaues Abendkleid mit kleiner Schleppe war von einfacher, raffinierter Eleganz. Ihr Pelzcape, das sie trotz der angenehmen Zimmerwärme fröstelnd um die Schultern geschlagen hielt, unterstrich die Feinheit ihrer Züge. Da kein rechtes Gespräch zustande kommen wollte, und Hans schließlich nicht nur dauernd Gerda anbetungsvoll anstarren konnte, holte er Likörgläser und eine Flasche Benediktiner aus dem Schrank. Beim Kredenzen wollte er den Bann der Schweigsamkeit mit einem Allerweltswort der Aufmunterung brechen: »Heute abend wollen wir uns einmal richtig amüsieren!« Er blickte, bei verdeutlichender Hilfestellung des Spiegels, in dem er selbst, Narziß im Smoking, auch keine schlechte Figur zu schneiden glaubte, auf das gefällige Gruppenbild, das sie zu dritt darboten, und empfand auf einmal voll Freundschaft, Verliebtheit und Lebenslust, wie jung sie waren, wie prachtvoll sie aussahen, wie schön ihre Freundschaft trotz allem doch war, und wie unendlich schade es wäre, diese köstlichen Gaben zu verschmähen. Er merkte, wie unwiderstehlich es ihn auf einmal überkam, diesen Ball mit vollen Zügen zu genießen. Schließlich war ja auch Karneval! Beim Nachfüllen der Gläser zitterten seine Hände ein wenig in Erwartung des kommenden Rausches: die Musik, das Wogen der Tanzenden in festlicher Kleidung, und er mit Gerda in seinen Armen dabei, vom Buffet naschen, plaudern und flirten. In einem plötzlichen Elan küßte er Gerda die Hand und erklärte ihr, unbewußt Georgs Worte jenes denkwürdigen Abends nachahmend: »Wie schön du heute wieder bist!«

Georg lächelte, begnügte sich aber damit, auf die vorausgegangene Bemerkung seines Freundes einzugehen: »Uns amüsieren, wie man so läppisch sagt? Wir erfüllen doch nur eine gesellschaftliche Verpflichtung. Es gibt Leute, die ernsthaft behaupten könnten, es gäbe uns überhaupt nicht, wenn wir uns nicht bei dieser Gelegenheit zeigten. Eine derartige Denkweise bricht übrigens schon den Stab über eine gewisse Gesellschaft. In diesem Jahr«, fuhr er in noch ernsterem Ton fort, »scheint mir diese Veranstaltung etwas Unheimliches zu haben. Wir tanzen doch auf einem Vulkan, der jeden Augenblick ausbrechen kann. So kommt es mir wenigstens vor. Aber diese Leute, die sich heute abend da drängen werden«, kommentierte er und hatte einen verächtlichen Zug um den Mund, »diese Leute scheinen mir keineswegs auf der Höhe des ›Nach uns die Sintflut‹ zu sein.«

»Du wirst mir trotz alledem die beiden ersten Tänze geben«, sagte Gerda mit betonter Heiterkeit und sah Georg, so kam es Hans vor, zärtlich an. »Danach darfst du dich wieder deiner Gesellschaftskrittelei ergeben.«

»Bekomme ich wenigstens den dritten Tanz?« fragte Hans, schon enttäuscht.

»Vielleicht«, sagte sie leichthin herausfordernd. »Aber sicher ist er dir nicht. Ich habe schließlich berufliche Verpflichtungen, mein Herr: die Kollegen, mein Regisseur, die zahlenden Gönner der Bühne, die Kritiker, vor allem die Kritiker! Und es wird für dich nicht an Gattinnen und Töchtern von Professoren mangeln, denen du dich widmen mußt, das gehört doch sozusagen zu deiner Examensarbeit, und dann noch der weibliche Anhang deiner Brötchengeber in der Redaktion.«

»Du siehst«, sagte Georg amüsiert, während Hans irritiert nach den wirklichen Gründen für Gerdas schnippische Laune ihm gegenüber suchte, »wie ernst wir unsere Pflichten nehmen und wie weit unsere Zugeständnisse gehen. Nun, lange brauchen wir dieses Spielchen nicht mehr zu treiben. Wir werden bald eine ganz andere Gelegenheit haben, der Welt zu zeigen, was wir wirklich wert sind, und die anderen zu zwingen«, dabei sah er Hans tief in die Augen, »ihrerseits zu zeigen, wer und was sie sind. Die Fassade bröckelt ab.«

Hans hörte ihm unbehaglich zu. Immer diese Andeutungen! Man könnte glauben, Georg habe Blums Rolle übernommen. Er wollte sich seine Stimmung nicht verderben lassen, und ihm erschien diese Miesmacherei fehl am Platz. Übertreibung, Fehleinschätzung der Lage, Unkerei und Unglücksrabengekrächze! Der bisherige Ablauf eines schon längst nicht mehr normalen politischen Lebens schien diese Untergangsstimmung einfach nicht zu rechtfertigen. Er fand Georgs neue Leidenschaft für die Politik und seine ganze Art und Weise, diesen Problemen nachzugehen, merkwürdig, unbequem und ein bißchen verstörend.

»Heute abend solltest du lieber viel tanzen. Aber du tust es ja nicht gern. Dann halte dich wenigstens an die Flasche«, riet Hans dem Freund patzig. Seine gute Laune war im Schwinden. Und als er von Georg wieder zu Gerda schaute, wünschte er sich fast, die beiden würden sich sogar vor seinen Augen küssen, damit Georg sich darauf besänne, daß es in einer Welt, in der es eine Gerda gab, andere und schönere Dinge als Politik gäbe.

»Bei dir ist es aber wirklich nett«, bemerkte Gerda plötzlich.

Hans unterbrach sie rasch. Das hatte er schon einmal von ihr gehört. Er fürchtete, ein naheliegender unbedachter Vergleich könne ihren Besuch in der Feldberg-Villa preisgeben. »Die Verhältnisse bei den Feldbergs waren wirklich unerträglich geworden«, sagte er hastig.

Georgs Lächeln schien Hans vieldeutig. Er wurde sich wiederum der Unhaltbarkeit eines ganz anderen Verhältnisses bewußt. Mehr noch als Worte schien das Schweigen des Freundes den Gedanken nahezulegen, dieser habe schon einen Verdacht. Hesses Festtagsstimmung war getrübt worden. Er ging ein Taxi bestellen, das sie zum Presseball in der Messehalle bringen sollte.

Mit der gewagten Behauptung, noch eine ganze Gruppe von Bekannten zu erwarten, ergatterten sie einen günstigen Tisch. Sie saßen nahe der Tanzfläche und nicht weit von der improvisierten Bühne. Dort führten Mitglieder des Stadttheaters gerade einen klamaukhaften Sketch auf, dessen Repliken aber im allgemeinen Lärm untergingen. »Getrennt tanzen, vereint zahlen«, hatte Gerda entschieden, als die drei in Erwartung kommender Darbietungen des schon fortgeschrittenen Ballabends Platz genommen hatten. Sie versuchten mehrfach vergebens, einen der schwerbeladenen vorbeischwankenden oder eilig zurückhastenden Kellner für ihr trockenes Schicksal zu interessieren. Diese konnten unter ihrer Last nicht einmal die Achseln zucken, leierten jedoch wie automatisch ihr »Kollege kommt gleich« herunter.

Georg schien völlig vergessen zu haben, daß Gerda ihm sehr ausdrücklich ihre ersten beiden Tänze zugesagt und eigentlich aufgezwungen hatte, sehr zu Hesses Verzweiflung, der dem Augenblick entgegenbibberte, sich mit Gerda auf dem

Riesenparkett im Tanze wiegen zu dürfen, eine nicht ganz passende Vorstellung angesichts des Gedränges, das dort schon herrschte.

Die Stimmung im Saal war recht feuchtfröhlich, aber die Grenzen der Wohlanständigkeit wurden nicht überschritten. Die Eingeladenen stellten da eine gewisse Garantie dar. Die Bühnenkünstler und -künstlerinnen waren seit etlicher Zeit städtischen Beamten oder Angestellten gleichgestellt. Man dachte nicht mehr im Traum daran, sie als lustiges und phantasiebeschwingtes, aber eben doch lockeres Künstlervölkchen einzustufen. Die Journalisten, nur die kommunistischen Redakteure von der »Arbeiterfahne« waren nicht eingeladen worden, denn sie gehörten nicht zum Presseverein, gaben sich unter den prüfenden Augen ihrer Abonnenten besondere Mühe, als solide Bürger aufzutreten. Vielleicht wollten sie auf keinen Fall mit jener nicht nur freischaffenden, sondern mitunter auch recht frei lebenden literarischen oder pseudoliterarischen Boheme verwechselt werden, die von Zeit zu Zeit einmal einen kleinen Artikel, eine Buchbesprechung, einen Reisebericht oder eine Modeglosse plazieren durfte. Die Studenten zügelten ihren Überschwang und hielten ihn für ihre intimeren Budenfeste oder weniger strikte Maskenbälle in Reserve, wo sie unter sich sein konnten, weder den Blicken ihrer Professoren noch der traurigen Notwendigkeit des Absolvierens von Pflichttänzen mit deren Damen ausgesetzt. Das letztere konnte immerhin den Vorteil mit sich bringen, daß sich, so wurde jedenfalls gemutmaßt, durch ein gutes Wort seitens der von ihrem jungen Tänzer günstig beeindruckten Professorengattin eine anstehende Prüfung eher zum Guten wenden konnte.

Außerdem gab es einen weiteren gewichtigeren Grund, weshalb sehr viele sich hier und heute nicht ganz zügellos jenem unbedenklichen Vergnügungsdrang hingaben, auf den die Veranstalter, zumindest für Verzehr und Verschwendung, gesetzt hatten. Die Leute hatten Sorgen. Die ganze Lage, womit hauptsächlich die wirtschaftliche gemeint war, verbot es, heutzutage noch das Leben durch die verordnete rosige Brille zu sehen. Die nun schon jahrelang andauernde Wirtschaftskrise hatte zweifellos die Kaufkraft selbst der hier Versammelten angeknabbert und damit auch die üblichen pekuniären Bekundungen von überschäumender Fröhlichkeit beeinträchtigt. Das wäre notfalls noch hingegangen. Man hatte sich längst daran gewöhnt, den Gürtel enger zu schnallen. Aber auch die politische Lage lud nicht gerade zur Begeisterung ein. Die meisten im Saal, das konnte man wohl ohne Übertreibung sagen, hatten die Wende nur halbherzig hingenommen oder standen ihr ablehnend gegenüber. Sie betrachteten sich hier aus alter Gewohnheit noch immer als berufene Vertreter jener besitzenden und gebildeten Bürgerschicht, die im Laufe der letzten Jahrzehnte das Bild dieser Stadt alles in allem recht erfolgreich geprägt hatte. Immerhin schienen sich die Gewitterwolken, die mit dem beängstigenden letzten Regierungswechsel aufgezogen waren, vorerst nicht zu entladen. Es wurde sogar nicht ohne eine gewisse Erleichterung festgestellt, die neuen Herren in Berlin kochten auch nur mit Wasser, und schließlich glaubte man wohl doch auf die deutliche nationale und konservative Mehrheit in der neuen Regierung vertrauen zu dürfen. So sprach also nichts dagegen, sich hier zu vergnügen und sich durch gesellschaftliche Pflichten Ablenkung zu gönnen. Niemand verließ damit den Rahmen des Erlaubten und Ziemlichen, im Gegenteil, jeder erfüllte sozusagen mit einer standesgemäßen Verpflichtung seine Bürgerpflicht und verteidigte sogar noch das verbriefte demokratische Recht aller auf friedliche Zusammenkünfte. Hatte die neue Regierung nicht sogar ausdrücklich und nachdrücklich verlauten lassen, sie wolle im Interesse eines schwer darniederliegenden Zweiges der Volkswirtschaft, nämlich der Vergnügungsindustrie, den traditionellen Veranstaltungen der Faschingszeit ungehindert ihren Lauf lassen und lege sogar Wert darauf, daß die politische Entwicklung des Landes einem normalen Gang der Geschäfte nicht im Wege stehe. Das waren sehr vernünftige Vorstellungen und Ratschläge, denen einige der einflußreicheren Herren von Börse, Bank und Wechselstube, die unweit der drei Freunde vor einer Batterie von Sektflaschen an einem noch günstigeren Tisch saßen, nur voll und ganz zustimmen konnten.

Es fehlte dennoch nicht an Gründen für Mißtrauen und Unruhe, wenn man nur zwischen den Zeilen seiner Zeitung zu lesen vermochte und vor allem ausländische Gazetten las, die plötzlich reißenden Absatz fanden. Mitunter genügte auch eine persönliche Begegnung mit einem Mitglied der nationalsozialistischen Partei. Das geschah meistens unter unerfreulichen Umständen. Aber auch schon, wenn man Gefahr für sich befürchtete und ihr vorbeugen oder gar einen Vorteil für sich ergattern wollte. Heute abend schien es von dieser Seite nichts zu befürchten zu geben. Um dem neuen Stand der Dinge Rechnung zu tragen, war auch die Redaktion der »Braunen Post« eingeladen. Und siehe da! die Herren waren vollzählig angetreten, sichtlich stolz darauf, hier zum ersten Mal ganz offiziell vertreten zu sein und Zugang zur großen Welt gefunden zu haben. In ihrer Eigenschaft als Vertreter eines regierungsnahen Organs waren sie selbstverständlich sehr gesucht und prominent umgeben. Dieser wohlwollende Empfang schloß hie und da noch eine gewisse Zurückhaltung ein. Niemand wollte sich vor den entscheidenden Wahlen offen erklären, deren Ausgang noch keineswegs sicher schien. Die Journalisten von der »Braunen Post« trugen pflichtbewußt das Hakenkreuz am Smokingaufschlag. Einige von ihnen hatten sich jetzt gerade um Kirchburg geschart, der ihnen manches wohlwollende Lächeln gönnte und durch seine Weltgewandtheit Konversationsnachhilfe gewährte. In dieser Gruppe glichen die neuen Nazikollegen eher einem versprengten Trupp, der ungelenk mit den bekannteren Kollegen von den bürgerlichen Blättern ein Gespräch von gleich zu gleich suchte. Auf die Abonnenten des Weltblattes konnte ein derartiges Bild eine beruhigende Wirkung nicht verfehlen und selbst die ängstlichsten in der Meinung bestärken, die neuen Herren müßten tatsächlich sehr viel Wasser in ihren Wein gießen. So hatten die meisten Ballbesucher wiederum keinen Grund, mit diesem Festabend nicht zugleich die glänzende Zurschaustellung der eigenen Würde und Bedeutung zu genießen. »Wir sind da, und wir bleiben da!« schienen sich Fräcke und Roben ermutigend in einem unheimlichen Ballgeflüster zuzuraunen. Im Bombardement der sonoren Titel, die man respektvoll verteilte und gnädig empfing, wurde zusätzlich ein kollektives Selbstbewußtsein gestärkt: »Nicht wahr, Herr Geheimrat?«, »Aber gewiß, verehrter Herr Kammerpräsident«, »Ganz Ihrer Meinung, Herr Professor«, »Wenn sich Herr Stadtrat bemühen wollen«, all das unterstrichen vom Knallen der Sektpfropfen, heute abend wohl weniger vernehmlich als in früheren Jahren, aber doch gediegene Begleitmusik ehrbarer Gespräche.

Hans hatte rasch begriffen, Gerda würde ihn heute abend als Tänzer meiden. Er erinnerte sich an ihre patzigen Worte in seinem Zimmer. Er konnte nicht gut an Georgs Erstrechte rühren und Gerda einfach auffordern. Dabei dachte der Freund gar nicht daran, sein Vorrecht wahrzunehmen. So fühlte sich Hans mitten in der ihn umtosenden Ausgelassenheit traurig und verlassen. Unter den mißbilligenden Blicken Georgs widmete er sich in Gerdas Abwesenheit einzig der Flasche. Inzwischen hatten sie endlich eine erwischt. Mitunter erspähte er die begehrte Partnerin im Tanzgewühl. Sie tanzte tatsächlich mit Theaterkritikern, so meinte er wenigstens, denn die meisten dieser Herren waren ihm unbekannt und natürlich auf Anhieb unsympathisch. Danach schien sie sich nicht mehr von ihrem Kollegen trennen zu wollen, der ihr zur Seite den Weislingen, und den gewiß nicht schlecht, gespielt hatte. Das strahlende Lächeln des Ersten Liebhabers war auf Hochglanz poliert. Er schien sich eines Sieges sicher zu sein, der ihm heute vielleicht leichter als damals nach Theaterschluß zufallen würde. Professor Kunz, Lehrstuhlinhaber des Faches Geschichte, dem Georg noch unterstand, obwohl er nicht mehr sein Assistent war, ließ sich leutselig am Tische seines jungen Kollegen nieder. Kunz genoß weit über diese keineswegs zweitrangige Universität hinaus einen beachtlichen Ruf. In seinen Vorlesungen verriet er eine ebenso vornehm wie klug zurückhaltende monarchistische Gesinnung. Es war bekannt, daß er regelmäßig den ehemaligen Kaiser in Doorn zu einem Privatkolloquium aufsuchte. Er verwickelte Georg in eine kurze, aber lebhafte Fachsimpelei. Hesse, der sich dabei überflüssig fühlte, nutzte die Gelegenheit zu ein paar unerläßlichen Pflichttänzen. Dabei erfuhr er unter anderem von Frau Müller, die natürlich mit Frau Professor angeredet werden mußte, ihr Gemahl »habe eine sehr hohe Meinung von ihm«.

Nach dem Ordinarius setzte sich ein junger Mann zu ihnen an den Tisch, der Hans schon mehr interessierte. Es war der Nationalsozialist, den man letzthin so oft in der Begleitung des Freundes gesehen hatte. Dieser neue Tischgast war wohl der einzige Ballbesucher, der zu Ehren der Veranstaltung nur einen dunkelblauen Anzug statt der vorschriftsmäßigen Gesellschaftsschale trug. Er hieß Horst Stürmer, was Hans amüsierte, denn das klang nach den beliebten Heldennamen gewisser nationalistischer Romane, die Hesse aus fachlichen Gründen manchmal lesen mußte. Hans war übrigens erleichtert, den wenig schmeichelhaften Vergleich nicht weiter ausdehnen zu müssen, denn Horst Stürmer hatte weder die »kühn im Winde wehenden blonden Haare« noch »den festen treuen Blick blauer deutscher Augen«, die in jenen heroisierenden Schnulzen zum unerläßlichen Requisit der sympathischen Protagonisten gehörten. Als er Stürmer verstohlen musterte, fiel ihm eine ungewöhnliche Blässe in diesem knochigen und kantigen Gesicht auf. In den von hellgrau bis zu einer dunkleren Tönung spielenden Augen glomm mitunter harte Entschlossenheit, die übergangslos mit einem hingerissenen Ausdruck ekstatischer Begeisterung wechseln konnte, der eher auf einen hemmungslosen Gefühlsüberschwang schließen ließ. Natürlich war es ausgeschlossen, mit diesem Tischgast nicht über Politik zu reden, und Hans dachte schon daran, noch ein paar Pflichttänze auf sich zu nehmen. Aber sein Interesse an dem jungen Nationalsozialisten und seiner überraschenden Haltung unverkennbarer Verehrung für Georg war stärker. Stürmer hatte den angebotenen Wein abgelehnt.

»Sie folgen da einem Beispiel von höchster Stelle«, sagte Georg.

Die Anspielung war deutlich. Aber der junge Mann wehrte die ironische Erklärung ab: »Ich brauche einen klaren Kopf. Leider muß ich bald wieder aufbrechen.«

»Immer im Dienst?« fragte Georg, und Hans notierte innerlich mit Vergnügen die deutliche Spur von Ironie in der Stimme seines Freundes. »Weshalb sind Sie denn überhaupt gekommen? Wenn man das fragen darf, ohne an militärische Geheimnisse zu rühren. Für Sie muß diese Veranstaltung von semitischen Unzumutbarkeiten doch nur so wimmeln. Oder gehören Sie zur mondänen Brigade der Partei? Sonderauftrag: Horst Stürmer wird vom üblichen Dienst freigestellt, um bei der großen Welt von Börse und Bildung einen guten Eindruck für die Partei zu schinden.«

Stürmer lachte krampfhaft. »Ich weiß, Sie sitzen in der Spötterecke. Das betrübt mich. Sie wissen, wie sehr ich Sie ...« Er brach ab und schaute verlegen weg.

Georg ließ nicht locker. »Stimmt. Hier bei uns ist vielleicht die Spötterecke«, gab er zu und schloß Hans dabei ein, der sich freute, noch als Verbündeter zu gelten. »Ja, der Spott ist ein guter Panzer, glauben Sie mir. Er richtet sich nicht direkt gegen Sie persönlich.« Georg zögerte einen Moment lang und warf Hans nun einen eher mißtrauischen Blick zu. »Denn für Sie persönlich empfinde ich seit einiger Zeit Sympathie. Wenn wir unbefangener sein, unsere Herzen einander ohne Hintergedanken entdecken könnten, fänden wir vielleicht Gemeinsamkeiten, denn diese Leute hier«, er schien den ganzen Saal in seine umfassende Handbewegung einzuschließen, »diese Leute hier schätzen auch wir nicht allzusehr, obwohl auch die auf ihre Art ihren Mut haben, den, der im Alltagsleben nötig ist. Schauen Sie sich nur mal die eine oder andere Studentin hier an, die nur dem Tanz und dem Vergnügen hingegeben scheint. Ich kenne ein paar von ihnen und ihre Lage. Sie haben Sorgen, sehr große Sorgen. Das Leben geht bestimmt nicht sanft mit ihnen um. Wehe uns, wenn wir diese Alltagssorgen unterschätzen! Und dennoch: Sehen Sie nicht das Lächeln, das soviel verbirgt? Sehen Sie nicht, wie tapfer sie das Leben nehmen, wie es nun einmal ist? Man muß nur hingucken, um den Menschen hinter seiner Maske aufzuspüren, meine ich. Aber für Sie zählt das alles nicht, stimmt's? Nun, mein lieber Herr Stürmer, unser vermeintlicher Spott, unsere Verachtung für gewisse pathetische Posen sind vielleicht nobler, auf jeden Fall menschlicher als Ihre Volksbeglückung, denn der Kampf, den Sie lehren, heißt Haß und Zerstörung.«

Georg hielt inne. Stürmer rutschte nervös auf seinem Stuhl hin und her. Er erholte sich nur mühsam von dieser heftigen Attacke, die er ganz offensichtlich nicht erwartet hatte. »Daß ein Georg von Schilsky«, stammelte er, und sein Ton verriet Respekt nicht nur für den Titel, sondern besonders für seinen Träger, »daß ein Georg von Schilsky uns so fernsteht, sogar gegen uns ist . . .«

»Es freut mich, wenn ich Sie noch aus der Fassung bringen kann«, sagte Georg. »Das beweist, Sie sind noch lange nicht so total, so absolut, wie Sie meinen. Eines Tages«, fuhr er fort, »wenn auch Sie ein paar saftige Enttäuschungen erlebt haben, werden Sie mehr Verständnis für meine Skepsis aufbringen, und dann werde ich Ihnen Antwort und Erklärung nicht schuldig bleiben. Ich bin zwar selbst erst achtundzwanzig Jahre alt, aber Sie, Herr Stürmer, Sie sind wirklich noch etwas sehr unerfahren. Da Sie eine ebenso leicht mitzureißende wie aufrechte Natur sind, ja, ich weiß es. Man muß Angst um Sie haben. Sie können einfach nicht sehen«, er brach jäh ab.

Hans sah, wie sich Stürmers Züge anspannten, sein Blick wurde hart. »Schon elf Uhr«, sagte er. »Ich muß mich verabschieden. Glauben Sie aber ja nicht, ich wiche einem Streitgespräch aus. Wir werden es fortsetzen.« Seine Stimme klang nun herausfordernd.

Georg beugte sich vor und sah ihn durchdringend an. »Stürmer«, sagte er, »wenn heute nacht was Sensationelles passiert, was weiß ich, ein vereiteltes Attentat auf Ihren Führer, die Entdeckung einer Höllenmaschine in der Reichskanzlei, so in dieser Art, werde ich nicht die Lesart glauben, die Sie darüber verbreiten werden.«

Höchst erstaunt und völlig verständnislos sah Hans seinen Freund an.

»Das ist es ja gerade, Herr Doktor, was mich manchmal dazu bringen könnte, Sie richtig zu hassen«, sagte Horst Stürmer erbittert. »Ihr Mißtrauen, Ihre Unterstellungen!« Er hielt inne, fuhr dann aber noch entschlossener fort: »Diese ganze Art unredlicher Voreingenommenheit, das hat für mich geradezu etwas Zersetzendes. Sie sind nicht nur ein Zweifler, Sie sind gehässig und parteiisch, obwohl wir uns wirklich um Sie Mühe geben. Und deshalb«, seine Stimme wurde noch fester, hatte aber einen beschwörenden, fast flehenden Unterton, »deshalb habe ich oft Angst um Sie, denn die Dinge werden sich ändern, Herr von Schilsky, und dann heißt es Stahl gegen Stahl, Herr Doktor, und schon sehr bald, glauben Sie mir. Wir bleiben nicht auf halbem Wege stehen. Wir sind da aus anderem Holz.«

Horst Stürmer hatte sehr leidenschaftlich gesprochen. Nun aber senkte er die Stimme und fügte mit herzlicherem Ton wie beschwörend hinzu. »Ich bitte Sie sehr dringlich: Passen Sie auf!« Mit diesen Worten ging er.

»Warum kämpfst du gegen Windmühlen?« fragte Hans seinen Freund. »Er ist ein Idealist, ohne jede gedankliche Tiefe, was kann er dir schon bedeuten?«

Georg blickte noch immer zu Boden. Er schüttelte den Kopf. Seine Lider schienen krampfhaft geschlossen. Er wirkte erschöpft. »Du wirst bald sehen, weshalb, Hans«, sagte er endlich. »Wenn ich dich richtig kenne und du der bist, für den ich dich halte«, diese Redewendung verstörte Hans einigermaßen, er witterte hier wieder eine Anspielung auf seine Gefühle für Gerda, »wird auch dir nichts erspart bleiben. Du wirst mich schon verstehen, vielleicht etwas später. Du bist nur noch nicht völlig frei dafür.« Dabei blickte er den Jüngeren herzlich an, als bitte er um Vertrauen.

Diesmal wußte Hans, worum es ging. Klar, der Freund wußte alles, vermutete es bestimmt. Unmöglich, einem entscheidenden Gespräch auszuweichen. Um Zeit zu gewinnen, goß er Wein in ihre Gläser, leerte das seine mit einem Zug und war bereit zum Geständnis. Er suchte im Gewühl auf der Tanzfläche diejenige, die ihre Freundschaft auf diese harte Probe stellte. Hans konnte sie nicht erblicken, mußte, so glaubte er, ohne ihren ermutigenden Blick die peinliche Sache ausstehen. Plötzlich aber sah er sie, als man gerade den Saal verdunkelte. Auf der Bühne klärte eine Sängerin ihre Stimme, um die auf dem Programm angekündigte große Arie der Susanne aus »Figaros Hochzeit« vorzutragen. Ehe die für diese Rolle zu stattlich geratene Dame zu der Stelle kam, wo von der Begünstigung des Betruges durch die Dunkelheit musikalisch so schwungvoll die Rede ist, sah Hans, was auch Georg, der seinem Blick gefolgt war, sehen mußte. Der Erste Liebhaber, der im Leben kein Jugendlicher mehr war, und der Gerda die ganze Zeit über in Beschlag genommen hatte, beugte sich über sie und stahl ihr einen Kuß, den sie ihm sichtlich ohne Widerstand gewährte, und das ganz in der Nähe ihres Tisches. Dabei sah Gerda Hans voll an und lächelte noch dazu, als handele es sich um die nichtssagende Gewährung eines Karnevalsprivilegs.

Hans stieß unbeherrscht sein Glas weg und wollte aufstehen. Georg hielt ihn zurück, und er setzte sich widerstandslos wieder hin. Es fröstelte ihn. Der aus Kindertagen bekannte Kloß saß in seiner Kehle, und er mußte sich zusammennehmen, um nicht lauthals zu weinen.

»Liebst du sie?« fragte Georg leise. »Wirklich?«

Hans schluckte noch immer. Er fühlte sich durch die unverständliche Selbstbeherrschung seines Freundes gedemütigt.

»Und du?« stammelte er endlich. »Du hast es doch auch gesehen. Und du weißt ...«

Beim schwachen Lichtschein des halbverdunkelten Saales erkannte Hans undeutlich das Lächeln seines Freundes, schmerzlich zwar, aber doch ein Lächeln.

»Ich glaube nicht, daß diese Inszenierung mir zugedacht war. Sie war für dich bestimmt, mein lieber Freund. Kennst du die Frauen so wenig? Du würdest sie sehr kränken, wenn du sie nicht verstündest«, sagte er ironisch. Aber er schaute traurig; seine Sorgenfalte war wieder da. Hans glaubte sich in einem Traum. Die Worte seines Freundes hallten in seinen Ohren wider, aber er konnte ihren Sinn nicht begreifen.

»Ich verstehe dich nicht«, sagte er schließlich. »Und dennoch, du hast es genauso gesehen wie ich. Deine Ruhe, die Art, wie du das alles hinnimmst, die machen mir schon angst.«

»Vielleicht inszeniere auch ich etwas für dich«, meinte Georg. »Du bist wirklich sehr befangen, fast hätte ich gesagt, gefangen, Hans. Wir hätten schon längst miteinander darüber reden müssen. Aber alles unter Worten ersticken? Vielleicht hätten wir weiter schweigen sollen. Aber nicht gegeneinander, sondern in Übereinstimmung wie früher.«

Aber Hesse hatte nur stärker als je zuvor den Verdacht eines Einverständnisses zwischen Gerda und Georg, das ihm unzugänglich bleiben mußte. Zu seiner Beschämung konnte er das Rätsel einfach nicht lösen. Nun blitzte aber doch eine Anleitung dazu in ihm auf. Er erinnerte sich deutlich an sein letztes Gespräch mit Gerda in der Feldberg-Bude. Vor allem an seine feige Befragung, die im Grunde eine verwerfliche Suche nach einer früheren Verschuldung Gerdas gewesen war, an der er seine eigene Haltung ihr und Georg gegenüber hätte ausrichten können.

Auf einmal verstand er die Lehre, die ihm eben zuteil geworden war, und ihre Bedeutung, die er nicht gleich erkannt hatte. »Dann hat sie sich aber geirrt, so zu handeln«, murmelte er wie im Selbstgespräch.

»Das habe ich vielleicht auch gehofft«, sagte Georg. »Natürlich liebe ich sie. Aber ich will sie nicht unglücklich wissen, ihrer Freiheit verlustig. Das wird für sie übrigens nie der Fall sein. Aber du hattest deine Freiheit mir gegenüber verloren. Wie hast du unsere Freundschaft nur so kleinlich eng messen können? Gerda hat nie zwischen uns gestanden. Zwischen uns stand nur die Idee, die du dir über unsere Beziehungen gemacht hast. Und ich weiß, sie kann sich tiefinnerlich verweigern, wenn sie sich scheinbar hingibt. Aber ich weiß inzwischen noch mehr«, fuhr er unsicherer fort. »Ich habe sie nie so sehr geliebt, wie zu der Zeit, wo wir noch nicht zusammenlebten. Du weißt noch nichts von dem täglichen Kleinkram des Zusammenlebens, wo trotz Liebe und guten Willens vieles einfach zur bloßen Routine erstarrt. Daraus die Liebe zu retten, gelingt nicht jedem. Mit der Erfüllung des Wunsches, einander zu besitzen, ist die letzte Sehnsucht eben doch nicht gestillt. Ich stehe nicht zwischen euch. Auch ich muß frei sein für neue Forderungen, die an mich herantreten werden.« Bei diesen Worten des Freundes schnürte Hans neue Sorge die Kehle zu. »Unsere Sehnsucht ist immer größer als unsere Beglückung durch Erfüllung«, sagte Georg und blickte Hans dabei erwartungsvoll an. Hans fühlte, daß er blaß wurde. Er lehnte sich gegen die Deutung auf, die ihm hier angeboten wurde, gegen den möglichen Ausgang einer Liebesgeschichte, der ihm hier nahegelegt wurde, und für eine Weile sogar gegen den Ratgeber, dessen Gelassenheit ihm grausam gerade in dem Augenblick den Weg zu Gerda versperrte, wo er ihn frei geglaubt hatte. Er wehrte sich gegen diesen Mentor und seine Entsagungslehre.

»Laß mich bitte gehen«, sagte Hans. »Ich will jetzt allein sein. Das wirst du verstehen. Entschuldige mich bei Gerda.« Er gab Georgs Händedruck nur halbherzig zurück. Er kam aber nicht gleich zur Garderobenablage durch. Das Festgewühl war noch dichter und die Gäste noch ausgelassener geworden. In der Bar, durch die Hans hindurch mußte, herrschte angeheiterte Ausgelassenheit. Professsor Müller sah ihn und rief ihn zu sich. Müller bestand darauf, einen auszugeben, und redete den

Studenten abwechselnd mit »junger Freund« und »lieber Kollege« an.

»Wirklich ausgezeichnete Arbeit«, behauptete er in der Bemühung, dem Gespräch auch eine offizielle Note zu geben. »Natürlich ein paar gewagte Stellen, wenn man an die weltanschaulichen Bekundungen denkt, die jetzt in Schwung gekommen sind. Aber wir lassen uns nicht unterkriegen, nicht wahr? Niemand darf an der Freiheit von Forschung und Lehre rütteln! Wir müssen natürlich noch abwarten, was mein verehrter Kollege, der ja als Zweitgutachter fungiert, zu sagen hat. Er liest gerade Ihre Arbeit.« Hans war nicht sonderlich davon überzeugt, der besagte Kollege würde sein Manuskript mit ausgesprochenem Vergnügen zur Kenntnis nehmen. Dieser Gutachter, um den man nicht herumkam, war schon seit Jahren für seine stramm nationalen Ansichten bekannt, zu denen er sich in seinen Vorlesungen auch offen bekannte. Er ließ sich besonders gern unter dem begeisterten Beifallstrampeln einer auf ihn eingeschworenen Zuhörerschaft zu heftigen Ausfällen gegen das zeitgenössische Schrifttum hinreißen, und gerade von einem Themenkreis aus dieser modernen Literatur handelte Hesses Doktorarbeit. Hans fiel die jüngste Darbietung dieses alldeutschen Bardenverehrers ein: »Früher gab es wirkliche Dichter. Heute gibt es nur noch Papierbeschmutzer. Früher hatten wir einen Walther von der Vogelweide, und wen haben wir heute?« Die Beantwortung dieser Frage scheinbar offenlassend, hatte er seinen nächsten Satz, vorgegebenermaßen in einem anderen Zusammenhang stehend, mit dem Namen eines ihm besonders verhaßten Schriftstellers, Heinrich Mann, begonnen und so betont ausgesprochen, daß die in seine Spielchen eingeweihte Hörsaalgemeinde wiehernd über diesen gelungen dünkenden abfälligen Vergleich losbrach. Aber Hesse war mit seinen Gedanken nicht bei seiner Dissertation und möglichen Weiterungen mit dem Ritterepos-Recken. So wandte sich Müller enttäuscht von ihm ab und stürzte sich in eine viel angenehmere Unterhaltung mit einer vom Tanz reizend erhitzten Studentin.

Auch der Direktor des Weltblatts war kurz an der Bar aufgetaucht. Er war natürlich sehr begehrt. Sich seiner Protektionsmacht voll bewußt, gab er sich mit liebenswürdiger Herablassung. Sein gnädiges Lächeln war nicht nur auf die festliche Gelegenheit eingestimmt. Es war auch das Ergebnis der durchaus beruhigenden Nachrichten, die Kirchburg aus Berlin mitgebracht hatte. Das wenigstens war Blums Interpretation. Der mächtige Presseherr hatte sich nur eine kurze Stunde gegeben, um sich ein Bild von der Stimmung hier zu machen und nicht durch hochmütiges Fernbleiben aufzufallen. Er störte sich auch nicht an den Magnesiumblitzen aus den Kameras seiner eigenen Photoreporter. Morgen würden ihn die Aufnahmen im vertraulichen und Vertrauen einflößenden Gespräch mit Kirchburg zeigen, wobei man, zwar im Hintergrund aber doch deutlich identifizierbar, den Chefredakteur der »Braunen Post« erkennen würde.

Nach solcherlei Behinderungen drang Hesse endlich bis zur Garderobe vor. Die hübsche Garderobiere reichte ihm Hut und Mantel. Hesse bildete sich ein, sie sähe ihn mitleidig an. Es war erst kurz vor Mitternacht. Das Fest war noch lange nicht zu Ende. In der Vorhalle traf er auf Blum. Seine Pflichten als Umbruchredakteur ließen ihn erst so spät zum Ball kommen. Blum sah ganz und gar nicht vergnügungssüchtig aus.

»Nanu, Sie ziehen im richtigen Augenblick Leine! Sind Sie etwa Hellseher?« rief der kleine Meister des Umbruchs.

Hesse bemerkte, daß Blum blaß aussah und nervös wirkte. »Sie haben recht, jetzt abzuhauen«, fuhr Blum aufgeregt fort. »Schlafen Sie noch ein letztes Mal gut! Ich komme direkt von der Zeitung. Der Chef wird gucken. Jetzt geht es wirklich los.«

»Was gibt es denn nun schon wieder?« fragte Hesse ohne besondere Neugier. »Ich weiß, Sie sind Unheilskünder von Beruf. Also wo brennt's?«

Blum sah ihn verblüfft an. »Wissen Sie es denn schon?«

»Nichts weiß ich, absolut nichts«, erwiderte Hans ungeduldig.

»Jawohl, es brennt!« sagte Blum leise. »In Berlin brennt seit Stunden der Reichstag. Und man sagt, die Kommunisten hätten das Feuerchen angesteckt. Wer's glaubt, wird nicht selig und kommt ins Dritte Reich. Gute Nacht!«

Hesse erinnerte sich der Worte, die Georg vor kurzem an Stürmer gerichtet hatte. Merkwürdige Vorahnung! Alles an und um Georg wurde ihm unheimlich. Jetzt würde sich die Lage tatsächlich verschärfen. Daran konnte kein Zweifel mehr bestehen. Sollte er in den Saal zurückkehren und Georg benachrichtigen? Aber bei Blums Aufgeregtheit und der Anwesenheit zahlreicher Journalisten würde sich die Nachricht wie ein Lauffeuer verbreiten. Dem Fest würde das nicht zugute kommen.

Ein Taxi war leicht zu finden. Als es losrollte, fiel ihm ein, daß Georg die Zeche zahlen müßte.

VI

Hesse ließ sich ins Polster des Taxis sinken. Er war müde. Er verstand überhaupt nichts mehr. Statt des erwarteten Vergnügens hatte es nur verwirrende Enthüllungen und verletzende Enttäuschungen für ihn gegeben. Hans überließ sich widerstandslos einem bitteren Gefühl von Selbstzweifel. Ihm dämmerte, er habe sich selbst am meisten zu grollen. In trübe Gedanken versunken, beobachtete er automatisch den auf Nachttarif eingestellten Taxameter, der schon drei Mark anzeigte, obwohl noch nicht einmal die Hälfte der Fahrstrecke bewältigt war. Hesse vergewisserte sich mechanisch, ob er genug Geldstücke griffbereit hatte, und bedauerte bereits die Ausgabe.

Plötzlich fielen ganz in der Nähe Schüsse und scheuchten ihn aus seiner grämlichen Selbstumkreisung auf. Der Fahrer, bisher ruhig und aufmerksam am Steuer, zuckte zusammen und bremste hart. Die Reifen quietschten, der Wagen kam in letzter Sekunde vor einem unerwarteten Hindernis zum Stehen. Der Chauffeur hatte gerade in eine Nebenstraße abbiegen wollen. Drei junge Männer versperrten ihnen den Weg.

»Besetzt!« rief der Fahrer wütend. Aber sogleich änderte sich sein Verhalten. Er stieg eilig aus und rannte zum Bürgersteig. Ehe der verdutzte Student begriffen hatte, was los war, schubste der Fahrer zwei junge Burschen ins Taxi. Ihre Jacken waren zerrissen.

Der dritte, in dem Hans zu seiner Überraschung Franz Heldt erkannte, setzte sich neben den Chauffeur und befahl atemlos: »Vollgas! Weg hier! Nicht ins Krankenhaus. Du fährst zu ...« Er murmelte leise eine Adresse.

Jetzt erst bemerkte Hesse, daß einer der Jungen, fast noch ein Kind, auf dem Boden des Autos lag und blutete. Sein Begleiter versuchte ungeschickt, einen Notverband aus irgendeinem Stück Stoff an den Oberarm anzulegen.

»Sie müssen aussteigen!« rief der Chauffeur seinem Fahrgast zu. »Ein Verletzter hat Vorrang.«

»Fahr erst mal zum Bahnhof!« sagte Heldt. »Da fällt man weniger auf. Scheiße! Jetzt ist auch noch der Eimer mit dem Kleister umgekippt. So 'ne Schweinerei! Wir machen das morgen sauber.«

»Es tut nicht sehr weh«, antwortete der Verwundete auf eine Frage seines Betreuers. »Glatter Durchschuß, denke ich. Richtiger Mist!«

»Mich brauchen Sie nicht rauszuschmeißen, Heldt«, sagte Hans entschieden. Der Angeredete drehte sich überrascht um.

»Sie?« sagte er ungläubig. Aber man spürte seine Erleichterung. »Schon ein Glück, daß Sie es sind. Das macht bestimmt weniger Ärger. Ich muß Sie allerdings darauf aufmerksam machen, daß wir dicke in der Tinte sitzen und Sie in die Sache hineingezogen werden könnten, Hesse. Es wäre schon besser für Sie, auszusteigen.«

»Laß den Herrn Baron nur machen, was er will. Du mußt ihn ja schließlich kennen«, sagte der junge Mann, der sich um den Verletzten bemühte. Er lachte dabei breit auf und sah Hans abschätzig an, der sich jetzt in seinem Smoking nicht ganz wohl fühlte. »Auf jeden Fall ist alles geklebt«, bemerkte er, hielt aber jäh inne, als habe er schon zuviel gesagt. Er war nun doch argwöhnisch geworden.

»Geht's denn, Emil?« fragte Heldt.

Der Verwundete beruhigte ihn und versuchte zu scherzen: »Der Scheißkerl, der mich erwischt hat, pfeift wohl auf berufliche Solidarität. Lehrlinge eines Anstreichers schießen auf eine ehrbare Klebekolonne! Wir arbeiten doch auch nur mit Kleister. Aber den Brüdern werden wir ihren eigenen schon noch zu schlucken geben!«

»Halt dich ruhig!« sagte Heldt, dem es sichtlich nicht zum Lachen war. »Wollen Sie wirklich nicht aussteigen, Hesse?« fragte er nun noch einmal mit dringlicherem Unterton. »Am Bahnhof finden Sie leicht ein anderes Taxi.«

»Und Sie brauchen auch nicht die ganze Taxe zu zahlen«, fügte der Fahrer aufmunternd hinzu.

Hesse verstand durchaus, daß man ihn gern loswerden wollte. Dabei fühlte er sich doch ein bißchen verletzt, obwohl er sich eingestehen mußte, daß er hier eigentlich nichts zu suchen hatte.

»Du mußt es ja am besten wissen«, bemerkte der Verwundetenpfleger grob, »ob er imstande ist, das Maul zu halten.«

»Das tut er gewiß«, erwiderte Heldt. »Bleiben Sie also noch drin. Ist es weit bis zu Ihrer neuen Bude?«

Hans wunderte sich, mit welcher Gelassenheit er diesen Zwischenfall hinnahm. Im Verlauf dieser Nachtstunden hatte er schon zu oft einen Eindruck von Unwirklichkeit gehabt. Daher war er von der Ungewöhnlichkeit seiner neuen Lage nicht übermäßig beeindruckt. Er versuchte, seine unverhofften Gefährten näher zu mustern. Im schwachen Widerschein der Straßenlaternen konnte er nicht viel erkennen. Die Kleber wirkten verschlossen und abweisend. Dennoch flößten sie ihm keine Angst ein.

Die Direktheit ihrer Sprache störte ihn nicht. Er fand sie eher erfrischend.

Das Taxi fuhr nun über das Kopfsteinpflaster einer unbeleuchteten Vorortstraße. Trotz seiner tapferen Selbstbeherrschung konnte der Verletzte bei diesen ruckhaften Achsenstößen Klagelaute nicht mehr unterdrücken. Dann hielt der Wagen. Mit Hesses schüchternem und ungeschicktem Beistand halfen Heldt und sein unverletzter Begleiter dem Verwundeten aus dem Auto.

»Soll ich einen Arzt holen?« fragte der Fahrer besorgt.

»Blödsinn«, murmelte der Verletzte leise. »Ist doch nur 'ne Fleischwunde. Und wo kriegt man gleich einen her, der auch dichthält und kein Geld nimmt.«

Hesse stand verlegen auf dem Bürgersteig herum. Plötzlich fiel ihm ein, daß er eine Nachricht hatte, die für Heldt wichtig sein konnte.

»Ich komme gleich wieder«, rief sein ehemaliger Zimmernachbar ihm zu. Wollen Sie bitte auf mich warten?«

Hesse nickte.

»Rot Front!« rief der Fahrer zum Abschied, als die Gruppe in einem dunklen Hauseingang verschwand. Ein Licht ging an. Gleich darauf hörte man aus dem Haus den kurzen Aufschrei einer Frau. Durch ein Fenster sah man die Schatten von aufgeregt hin und her laufenden Gestalten. Endlich kam Heldt zurück. Er spähte vorsichtig ringsumher und schwang sich mit einem Satz in den Wagen.

»Ich kann Sie nach Hause bringen«, sagte Hesse. »Das ist kein zu großer Umweg. Es ist sowieso egal, wann ich ins Bett komme.« Dabei blickte er auf seine Uhr.

Heldt nahm das Angebot ziemlich gleichgültig an. »Sie waren auf diesem Ball?« sagte er, Frage und Antwort zugleich.

Hans glaubte in seiner Stimme eine durch Nachsicht nur leicht verdeckte Verachtung herauszuhören.

»Leider ja«, gab er zu, ärgerte sich aber unverzüglich, sich so ausgedrückt zu haben, denn sein Begleiter konnte ja den tieferen und persönlichen Sinn seiner Aussage nicht kennen und sie daher als abfälliges Urteil über die ganze Veranstaltung und zudem eine billige Anbiederung mißdeuten.

»Warum wohnen Sie denn immer noch bei Feldbergs?« fragte Hesse, um das Thema zu wechseln.

»Die Polizei hat mich ja nicht gefressen«, antwortete Heldt wieder mit der ihm eigenen Selbstsicherheit. »Ich bin inzwischen natürlich auch vorgeladen gewesen. Übrigens glaube ich immer weniger, daß alles so schlimm wird, wie manche munkeln«, fügte er hinzu. »Unser Erfolg bei den Wahlen steht jetzt schon fest. Und dann die Uneinigkeit in dieser sogenannten Regierung des nationalen Heils, wo keiner dem andern über den Weg traut und einer dem andern in den Rücken fallen möchte, möglichst mit Messern. Die Brüder werden sich nicht trauen, die große Provokation der werktätigen Bevölkerung zu wagen. Mit einer solchen Herausforderung müßte man im Grunde aber rechnen. Außerdem sind wir auf der Hut. Ausgerechnet heute nacht mit der Kleberei dies Pech zu haben! Nun, trotz alledem«, fügte er mit selbstzufriedenem Stolz hinzu, »werden Sie morgen früh unseren Aufruf an allen Mauern der Stadt finden.«

»Sind Sie eigentlich schon lange in der Partei?« forschte Hesse.

Heldt bejahte mit einem Kopfnicken. »Seit mir die Augen über die Schweinereien in unserer Gesellschaft geöffnet wurden. Auch Sie werden das einmal so sehen, Hesse. Und wenn Sie es jetzt auch noch nicht sehen wollen, lassen Sie sich wenigstens belehren. Lesen Sie Marx, Lenin.«

»Ich bin in dieser Hinsicht auch nicht ganz ahnungslos«, antwortete Hans pikiert.

»Ja, zwecks Vervollkommnung Ihrer Allgemeinbildung«, kommentierte Heldt bitter. »Aber Sie haben doch schließlich Augen im Kopf, um zu erkennen, wer die Ausgebeuteten und wer die Ausbeuter sind, auf welcher Seite die Gerechtigkeit ist.«

»Sie vergessen«, erwiderte Hans, »meine Allgemeinbildung erlaubt er mir, den Mißbrauch zu durchschauen, den alle Parteien mit diesen edlen Gedankengängen über Recht und Unrecht treiben.«

»Ich finde mich nicht damit ab, Sie für unverbesserlich zu halten«, erklärte Heldt mit Überzeugung. »Auf jeden Fall stehen Sie nicht im anderen Lager. Das ist heutzutage schon viel.«

Nun erst, als sie schon in die Straße einbogen, wo die Feldberg-Villa stand, erinnerte sich Hesse wieder der Neuigkeit, die er für Heldt hatte.

»Ich wollte es Ihnen vorhin schon sagen«, rief er unvermittelt. »Der Reichstag brennt. Ihre Partei soll das Feuer gelegt haben.«

Heldt fuhr erschrocken auf und sah ihn ungläubig an. »Ist das wahr?« fragte er.

»Ich habe es aus sicherer Quelle«, versicherte Hesse. »Von

einem Redakteur, der gerade frisch vom Ticker zum Ball gekommen ist.«

»Aber dann ...«, murmelte Heldt bestürzt.

Er war bleich und klopfte erregt gegen die Trennscheibe. »Nicht zu mir!« rief er. »Fahr erst mal den Herrn hier nach Hause.«

Der Chauffeur sah sich überrascht nach ihm um und zuckte nur mit den Achseln. »Vor allen Dingen schneller fahren!« drängelte Heldt.

Der Chauffeur beschleunigte gehorsam. Fast hätte er einen aus der Gruppe vor der Feldberg-Villa umgefahren. Hesse glaubte braune Uniformen und Walter Schmidt unter ihnen zu erkennen. Heldt hatte gesehen und begriffen.

Er wandte sich seinem Mitpassagier zu. »Sie scheinen sich in der Rolle meines Schutzengels zu gefallen. Wenn ich jetzt ausgestiegen wäre, hätten die mich gehabt.«

Hesse machte ein betroffenes Gesicht.

»Ja, verstehen Sie denn immer noch nicht?« rief Heldt aus. »Jetzt haben die Brüder ihren Vorwand. Wie ich die kenne, werden die jetzt alle Hemmungen ablegen. Heute nacht wird es für einige Genossen böse werden«, sagte er niedergeschlagen. »Bei dieser Kleberei waren wir ja stundenlang ohne Verbindung, haben nichts gewußt und nichts erfahren. Hätten Sie mir das nicht sofort sagen können?« fragte er aufgebracht. »Jetzt ist es zu spät.«

Hesse hatte nun auch verstanden. »Sie können heute nacht bei mir bleiben«, sagte er.

»Aber nur für diese eine Nacht. Bei Ihnen wird mich bestimmt niemand suchen.«

Hans wußte nicht recht, ob das erleichtert klang oder mißachtend gemeint war. »Sie müssen sich aber mit einem ziemlich harten Sofa begnügen«, fügte Hesse hinzu.

Sein Begleiter lachte kurz auf. »Das ist immer noch besser als eine Pritsche im Kittchen«, kommentierte er. »Sie glauben doch nicht etwa, daß unsere Genossen so etwas gemacht haben?« fragte er plötzlich mit einer Spur von Dringlichkeit. »Unsere Einstellung zum Terror ist schließlich bekannt. Wir lehnen ihn unbedingt ab. Ich weiß nicht einmal«, sagte er dann nachdenklich, »ob wir jetzt noch recht damit haben. Bei einem solchen Gegner.«

Sie waren angekommen. Heldt bestand darauf, sich mit Hans in den Fahrpreis zu teilen, und der Chauffeur wollte nur den Tarif für den kürzesten Weg von der Messehalle bis hierher kassieren. Als sie oben im Zimmer waren, fragte Heldt: »Stört es Sie sehr, wenn ich schnell noch ein paar Briefe schreibe? In meiner Situation, verstehen Sie ... Aber Sie wollen sicher gleich schlafen?«

»Aber bitte«, erwiderte Hesse gastlich, »tun Sie, als ob Sie hier zu Hause wären.« Er bedauerte jedoch sogleich seine konventionell geratene Antwort. Daran merkte er, wie schwer es ihm noch fiel, zu diesem unerwarteten Besucher ein unbefangenes Verhältnis zu finden.

»Wollen Sie etwas trinken?« fragte er und bot dem Gast den Likör an.

»Danke, ich trinke nie Schnaps«, erklärte der junge Kommunist. Es klang wie ein Tadel. »Wie komme ich jetzt an meine Sachen bei Feldbergs?« murmelte er wie im Selbstgespräch. »Und haben die da nicht alles schon beschlagnahmt?«

»Ich könnte unter irgendeinem Vorwand vorbeigehen«, bot Hans eilfertig an. »Ich habe selbst noch ein paar Sachen dort, die ich ohnehin einmal abholen wollte.«

»Man muß aber sehr vorsichtig sein«, warnte Heldt. »Ich will nicht, daß Sie meinetwegen zuviel riskieren, sich dabei ...«, er zögerte einen Augenblick und verbesserte sich, »daß Sie sich für mich kompromittieren. Sie sollen da nicht reinverwickelt werden.«

»Soll ich es denn lassen?« fragte Hans.

»Wir lehnen unnötige Opfer ab«, sagte Heldt. »Und Sie gehören ja nicht einmal zu uns. Wenn Sie aber wirklich bereit sind, es zu tun, wäre die Sache vielleicht gar nicht so unmöglich. Anna hat doch viel für Sie übrig, soweit ich mich erinnere.«

»Also abgemacht!« bekräftigte Hans.

»Versetzen Sie sich mal in meine Lage«, fuhr Heldt fort. »Ich kann nicht gut auf die paar Klamotten verzichten, die ich bei Feldbergs im Schrank habe. Ich bin nicht reich.«

»Sind Sie Arbeiterkind?« fragte Hesse.

Franz Heldt schwieg und sah seinen Gastgeber prüfend an. »Nein«, sagte er endlich. »Ich bin auf einem anderen Wege zur Partei gekommen. Meine Eltern ...« Hans sah, wie sich Heldts Gesicht vorübergehend verdüsterte. »Mein Vater ist Fabrikbesitzer«, schoß es aus ihm heraus. Es klang anschuldigend und nachtragend. »Ein Ausbeuter, jawohl! Ich habe mit meiner Familie gebrochen, seit ich ...«

»Seit Sie die Gerechtigkeit entdeckt haben«, ergänzte Hans mit gewollter Ironie, hinter der er seine wachsende Sympathie für Heldt zu verbergen suchte.

»Wissen Sie auch, was Sie riskieren?« fragte Heldt plötzlich. Er war aufgesprungen und lief hin und her. »Ich dürfte das nicht annehmen. Es ist meine Pflicht, Sie davon abzuhalten, mir, wie soll ich sagen, nützlich zu sein«, fuhr er fort. »Der Ausnahmegesetzgebung zufolge, die jetzt ganz bestimmt kommen wird, könnte man Ihnen vielleicht noch Mittäterschaft bei der Vorbereitung zum Hochverrat vorwerfen, ernsthaft!« Er lächelte fast verschmitzt. »Dann sind Sie ein Vaterlandsverräter, Hesse, bedenken Sie das!«

»Vielleicht habe ich ein gewisses Talent für Verräterrollen ...«, antwortete Hans dunkel.

Heldt wandte sich ihm sichtlich erschrocken zu und schien in seinem Gesicht lesen zu wollen. »Nein, Sie verraten Ihre Freunde nicht«, sagte er leise. »Und zu denen möchte ich gehören.«

»Darüber bin ich froh«, meinte Hans. »Offen gesagt, ich habe das seit unserer ersten Begegnung gehofft.«

»Schlaf gut!« wünschte Heldt. »Du mußt ja fix und fertig sein.« Dabei fühlte er sich selbst völlig zerschlagen. »Ich muß leider noch ein paar Sachen erledigen.«

Hesse war allein im Zimmer, als er aufwachte. Die Uhr zeigte schon eine vorgerückte Stunde. Er fühlte sich benommen, hatte einen schweren Kopf. Langsam und lustlos machte er Toilette. Dann klingelte er nach seinem Frühstück. Auf dem Tisch lag ein Zettel von Heldt. »Ich lasse von mir hören«, las er. »Mach Dir keine Sorgen. Willst Du an meine Sachen denken?«

Das erinnerte ihn an sein Versprechen. Bei Tageslicht und mehr noch beim Überfliegen der Zeitungsüberschriften schien ihm die Einlösung dieser Zusage nicht ohne Schwierigkeiten zu sein. Das Weltblatt berichtete unter ungewöhnlicher Balkenüberschrift und in einer augenfängerischen Aufmachung, die Blums Talent alle Ehre machte, vom Reichstagsbrand. Wie am Tage des Regierungswechsels, der in der Redaktion eine so aufschlußreiche Verwirrung angerichtet hatte, enthielt sich die Zeitung jedes Kommentars und brachte nur die offiziellen Meldungen, die die Kommunisten als Brandstifter anprangerten. Die Beschuldigung schien um so glaubwürdiger, als einer der ihren, mit seiner Parteikarte und allen möglichen Hetzschriften wohlversehen, auf frischer Tat ertappt und festgenommen worden war. Der Verbrecher sollte sogar schon gestanden haben. Hans konnte sich seine Betroffenheit darüber nicht verhehlen.

Er dachte traurig an die Bitterkeit, die Heldt nach dieser Enthüllung verspüren mußte. Der junge Kommunist hatte ja noch vor ein paar Stunden diese Schuldzuweisung und den Gedanken an eine Täterschaft seiner Partei empört zurückgewiesen.

Vielleicht deutete die Unterlassung jeder redaktionellen Stellungnahme auf einen gewissen Zweifel an den amtlichen Verlautbarungen. Hingegen blieb die Tatsache bemerkenswert und stimmte nachdenklich, daß der besonders im Hinblick auf die kommenden Wahlen und auch sonst seines höflich eleganten Stils wegen geschätzte, nicht völlig unkritische politische Teil heute früh sozusagen durch Abwesenheit glänzte. Dafür strich der übliche Leitartikel, der mitunter von Gott und der Welt handeln konnte, mit einer auffälligen und nicht völlig unaufdringlichen Beharrlichkeit die schon immer erwiesene vaterländische Gesinnung des Weltblatts hervor, gespickt mit Leseproben aus früheren Kommentaren zu Ruhrbesetzung und Arbeiteraufstand in Mitteldeutschland.

Endlich legte Hesse die Zeitung weg. Er hatte zum Schluß noch in der Rubrik »Letzte Meldungen« die Liste der bekannteren, ihm meistens jedoch völlig unbekannten politischen Persönlichkeiten zur Kenntnis genommen, die in der vergangenen Nacht verhaftet worden waren und denen man zumindest die moralische Mitverantwortung am Reichstagsbrand oder das Staatsverbrechen der Vorbereitung zum Hochverrat zur Last legte. Die Liste war recht umfangreich. Sein neuer Freund, das wußte Hans nun, war vor ein paar Stunden einer ernsten Gefahr entronnen. Der Student beschloß, unverzüglich Georg aufzusuchen. Die Haltung des jungen Privatdozenten, nicht erst in der letzten Nacht, ließ auf eine beunruhigende Witterung für Ereignisse schließen, die nun eingetreten waren. Hans beabsichtigte, die Quelle dieses unheimlichen Spürsinns zu ergründen. Außerdem lag ihm daran, Georg so rasch wie möglich gegenüberzutreten, damit dieser seinen abrupten Abgang nicht als Kneifen auffasse. Angesichts der Dinge, die sich anbahnten, war Hans wieder einmal entschlossen, Gerda aufzugeben. Natürlich schmerzte ihn der Gedanke, sie zu verlieren. Mehr noch und immer unabwendbarer empfand er eine Art von Selbstverachtung wegen seines allzulangen Zögerns. Er hatte die Dinge zu lange treiben lassen. Hans wollte nun nicht mehr, daß sentimentale Verwicklungen sein Verhältnis zu Georg weiterhin belasteten. Vielleicht würde diese Freundschaft bald auf ganz andere und viel ernstere Weise auf die Probe gestellt werden, damit konnte Georg schon recht gehabt haben. Hier hielt Hans in seinen vorausschweifenden Gedanken inne. Er war über sich selbst überrascht, denn er hätte zuvor nie geglaubt, die politischen Ereignisse könnten einen so starken Widerhall in ihm auslösen. Dann überkam ihn der quälende Gedanke, er treffe seine Entscheidung nicht nur gegen Gerda, sondern einfach ohne sie, und spürte verstört, sie könne auch jetzt wieder, wie früher so oft, seinen Entschluß hinfällig machen, und zwar schon in dem Augenblick, wo er ihn ihr von Angesicht zu Angesicht mitteilen mußte. Er starrte an die Decke und gab sich den grausam deutlichen Erinnerungen an die Ballnacht hin. Er durchlebte die Szenen noch einmal, vor denen er wie gejagt weggelaufen war. Gerda in den Armen ihres geckenhaft grinsenden Kollegen, Georg ihm gegenüber, Auge in Auge, und er selbst, verworrener und unreifer denn je, der Lage ganz und gar nicht gewachsen. Und auf einmal kam ihm der Verdacht, Georgs ganzes Gehabe, seine freundschaftliche Verständnisbereitschaft, im Grunde schwerer zu ertragen als kalte Wut oder erzürnte Eifersucht, seien Berechnung gewesen. Als ob dies alles darauf abzielte, ihm den Weg zu Gerda zu verstellen, wo er ihn frei wähnen durfte. War diese ganze Edelmütigkeit also nur eine Art subtiler Erpressung, um Hesse vor die beängstigende Wahl zwischen Freundschaft und Liebe zu stellen? Ach nein! das konnte so nicht sein. Einer solchen Berechnung war Georg nicht fähig. Und so fand sich Hesse wieder unentschlossen, verfangen in dem von ihm selbst gestrickten Netz. Er hatte sich in eine Sackgasse verrannt. Seine schwankenden Gedanken verleideten ihm nun jede Lust an dem geplanten Besuch bei Georg.

Da fiel ihm das gestrige unzusammenhängende Trinkgespräch mit seinem Doktorvater an der Bar ein. Hans meinte verstanden zu haben, Professor Müller erwarte seinen baldigen neuerlichen Besuch, als ob es wegen der Dissertation doch noch etwas zu klären gäbe. Diese Aufwartung hinter sich zu bringen, wollte dem Studenten auf einmal als die beste Nutzung eines schon halbvertanen Vormittags vorkommen. Zuerst suchte er aber Frau Stern auf, um seine Miete zu zahlen. Er fand sie unerwarteterweise zu einer Unterhaltung aufgelegt. Die Vermieterin wirkte aufgeregt. Sie suchte geradezu die Gelegenheit zu einer Aussprache mit einem Dritten. Die Ereignisse machten ihr offenbar zu schaffen. Die kleine Frau mit ihrer streng gescheitelten Frisur hatte die Morgenausgabe des Weltblatts vor sich liegen und schaute immer wieder wie gebannt auf die Überschriften. Den Empfang des Mietzinses hatte sie zerstreut quittiert.

»Sie sind doch auch bei dieser Zeitung?« fragte sie unvermittelt. »Was denkt man dort denn wirklich über diese ganze Lage? Wenn die Kommunisten doch endlich Ruhe geben würden! Die Geschäfte gehen sowieso schon schlecht genug. Diese Roten wollen uns alles abnehmen, was wir haben, und jetzt machen sie auch noch solche Sachen. Nur zu leicht könnte es dann wieder heißen, die Juden seien daran schuld. Das ist natürlich dummes Geschwätz, aber wir werden doch wieder einmal die Folgen tragen müssen.«

»Glauben Sie denn wirklich, die Kommunisten hätten es getan?« fragte Hans vorsichtig.

»Man hat doch die Täter schon festgenommen«, sagte die Frau. »Dagegen kann man doch nicht an. Da kommt niemand dran vorbei. Wir sind doch alle für Ruhe und Ordnung. Und wenn dieser Antisemitismus nicht wäre, könnte man dem Mann, Sie wissen wem, nicht ganz unrecht geben. Wir brauchen unbedingt eine harte Hand, eine starke Autorität, sagt mein Mann immer, schon um die Wirtschaft wieder anzukurbeln.«

»Sie lesen Herrn Kirchburgs Artikel sehr aufmerksam«, stellte Hesse kühl fest.

»Was soll denn aus uns werden, wenn man dauernd über die Juden herzieht? Wir sollen immer an allem schuld sein, das ist doch ungerecht. Ein Glück, daß dieser Brandstifter kein Jude war«, erklärte sie. »Und jetzt soll man wählen. Mein Mann meint auch, die Staatspartei habe keine Chance mehr. Aber die Katholiken sind doch in rassischer Hinsicht toleranter, und die Zentrumspartei stellt immer noch eine Macht dar.«

»Ich kann Ihnen da nicht raten«, sagte Hesse, bedauerte aber sogleich seine Zurückhaltung, als er den verstörten Ausdruck in den Augen der Frau wahrnahm, die er immer nur abstandsvoll und selbstbewußt gekannt hatte. Da klingelte das Telephon, und er wollte sich verabschieden. Aber er zögerte eine Weile, in der Hoffnung, noch ein paar beruhigende Worte für sie zu finden. So war er wieder einmal unfreiwilliger Lauscher in dieser Familie.

»Natürlich, das wird das beste sein, Lieber«, hörte er die Frau sagen. »Jawohl, die Versicherungspolice für das Geschäft muß erhöht werden, bei den unsicheren Zeiten. Gewiß ist Panzerglas am geeignetsten. Cohnheim haben sie letzte Nacht die Schaufensterscheibe eingeschlagen. Unser Laden liegt exponiert ... Die Lebensversicherung auch? Aber großer Gott! Dir wird doch nichts zustoßen!« Ihre Stimme klang wie gehetzt. »Wir leben doch in Deutschland!«

»Wir leben doch in Deutschland!« Noch auf der Straße hallte

dieser Ausspruch in Hesses Ohren nach. Plötzlich fragte er sich, welche Garantie diese Feststellung eigentlich darstellte? Gewiß, er mußte zugeben, sich oft selbst mit dieser auf hochmütiger Einbildung beruhenden Mißachtung drohender Gefahr eingelullt zu haben. Oft genug hatte er sich selbst und anderen, vor allem Ausländern gegenüber, mit denen er gelegentlich in Kontakt kam, herablassend gesagt, wenn diese sich über die Entwicklung der deutschen Dinge besorgt zeigten: »Aber ich bitte Sie! Ein Kulturvolk im Herzen Europas! Und in unserer Zeit!« Und noch eben, auf dem Wege zur Universität, hätte er lauthals über einen Vergleich gelacht, dessen weitgehende Richtigkeit er später zähneknirschend anerkennen mußte, nämlich den jetzt noch so gewagt erscheinenden Vergleich des Reichstagsbrandes und der Verhaftung von Kommunisten mit der Inbrandsetzung Roms durch Nero und der Verfolgung der frühen Christen.

»Wir leben doch in Deutschland.« Das stellte keineswegs ein Privileg für diejenigen dar, auf die das Wort zutraf. Man lebte schlecht in Deutschland, aber daran waren schließlich nicht allein die Deutschen schuld. Man lebte hier, soweit Hans zurückdenken konnte, in Not und Sorgen. Er brauchte nur an die eigene Kindheit zu denken. Seine Jugend, bedroht von Inflation und Krise. Der Selbstmord seiner Eltern. Humorlose Freidenker hätten ihn Freitod genannt. Die Eltern, verarmte Kleinbürger, hatten sich einfach abgemacht. Eines Tages hatten sie den Gashahn aufgedreht. Ihr Kramladen war ruiniert. Sie hatten nicht mehr weiter gewußt.

Zu dem Deutschland, in dem man lebte, gehörten auch die Heere der Bettler und Straßensänger, die das Stadtbild beherrschten und immer weiter anschwollen. Die Wut und Verzweiflung der jungen Menschen. Die Universitäten, die zu überfüllten Wartesälen in einem Bahnhof geworden waren, wo keine Züge mehr in Richtung Berufsleben abgingen. Die politischen Kämpfe. Die innere und äußere Zerrissenheit des Volkes. Der Haß und die Vernichtungswut der Parteien untereinander. Der entfesselte Terror, dem niemand mehr wehren konnte oder wollte. Jawohl, man lebte sehr schlecht in diesem Deutschland, mitunter auf unmenschliche Weise, unter empörenden Bedingungen, die man aber bestimmt dadurch nicht ändern würde, wenn man ausrief »An allem sind die Juden schuld!«, »Das ist die Schuld der Kapitalisten!« oder gar »Das haben die Franzosen angerichtet!« Dazu gab es noch weitere, weniger greifbare Feindbilder, zum Beispiel die Gottlosigkeit, den Fortschritt, die Technik. Man brauchte nur die Hand auszustrecken, um sich einen Sündenbock zu greifen. So einfach war das.

Nun war Hans Hesse an der Universität angelangt. Es war schon spät geworden, er mußte sich sputen. Im Treppenhaus, nahm er ein paar Stufen auf einmal. Die Eile war unnötig. An der Zimmertür hing, in gekonnter Schönschrift, Zeugnis von Assistentenfleiß, die bündige Nachricht, Professor Müller müsse seine Sprechstunde wegen Unpäßlichkeit ausfallen lassen. Hans brachte das verständnisinnig mit den Nachwirkungen der Bargetränke in Verbindung. Da sich das Semester ohnehin seinem Ende näherte, konnte es ihn nicht sonderlich beunruhigen, daß sein Doktorvater nicht da war. Vielleicht erklärte diese Abwesenheit den Andrang vor der Tür des treudeutschen Kollegen, Professor Hamann. Die meisten der hier Wartenden trugen das Hakenkreuz. Auch entnahm Hesse ein paar aufgeschnappten Gesprächsfetzen, daß mancher Kommilitone, nicht einmal mehr verstohlen, die Absicht äußerte, unter den gegebenen Umständen den Doktorvater zu wechseln. Das hieß, von Müller auf Hamann umzusteigen. Hans durchfuhr die Erleuchtung, nicht nur wissenschaftliche Erwägungen könnten für diesen geplanten Wechsel ausschlaggebend sein. Er beschloß, seinen Gönner am Nachmittag zu Hause aufzusuchen, wenigstens seine Karte dort abzugeben und sich nach seinem Befinden zu erkundigen. Bis zum Mittagessen hatte er noch einige Zeit vor sich. Kurz entschlossen ging er zur Feldberg-Villa, um auszukundschaften, was er für Heldt dort ausrichten könne.

»Das ist aber eine Überraschung!« rief Anna aus. »Sie kommen uns besuchen?«

Hans stellte erstaunt fest, daß ihre Augen wie vom Weinen gerötet waren. »Ich möchte die paar Bücher abholen, die ich damals hiergelassen habe«, erklärte Hesse und ging ihr rasch auf der Treppe voran. Auf dem Vorplatz bemerkte er Feldberg. Der Mann war noch unscheinbarer geworden und hielt sich gezwungen aufrecht.

»Ihr Zimmer ist immer noch nicht vermietet«, sagte Anna vorwurfsvoll. »Mein Verlobter will es jetzt haben.«

»Dann können Sie sich über meinen Nachfolger ja nicht beklagen«, scherzte Hans.

»Wollen Sie reingehen?« fragte Anna.

»Warum nicht? Frischt schöne alte Erinnerungen auf«, erwiderte er. Er mußte zu Anna nett sein, um ans Ziel zu gelangen. »Und was gibt's denn so Neues?« fragte er. »Wie läuft der Prozeß?«

»Reden wir lieber nicht davon«, sagte Anna. »Ich hätte mich nicht auf die Sache einlassen sollen. Nun fallen alle über mich her.«

»Und Sie sind hier noch immer Hausangestellte«, bemerkte Hesse. »Das muß Sie doch in eine unmögliche Lage bringen.«

Anna lachte verächtlich auf. »Mich nicht«, erklärte sie bedeutsam.

»Verstehe«, stimmte Hans zu. Er schaute sie voller Ablehnung an. Soviel frühe Boshaftigkeit, soviel berechnende Gerissenheit! Sie wußte die Lage ganz schön auszubeuten, und für Feldberg versprach das nichts Gutes.

»Wohnt Herr Heldt noch immer hier?« fragte Hans mit unschuldiger Miene.

Anna warf ihm einen mißtrauischen Blick zu. »Der? Das ist doch einer von den Brandstiftern«, ereiferte sie sich. »Er ist natürlich getürmt. Heute nacht gar nicht erst nach Hause gekommen. Der weiß schon, warum. Vielleicht wissen Sie, wo der sich versteckt? Sie waren doch zuletzt dicke Freunde.«

»Das hat mir die Polizei auch schon vorgehalten«, sagte Hans lakonisch und sah sie durchdringend an.

Sie guckte verlegen weg. »Das war mein Verlobter, nicht ich«, rief sie und brach plötzlich in Tränen aus. »Sie wissen doch, Herr Hesse, ich habe es immer gut mit Ihnen gemeint.«

»Dann beweisen Sie es noch einmal«, forderte Hans sie mit erzwungen barscher Stimme auf. Er hatte beschlossen, seine Karten auf den Tisch zu legen und seinen Einfluß auf das Mädchen zu nutzen.

»Man hat Heldt verhaften wollen, nicht wahr?« fragte er ohne Umschweife.

Anna nickte. »Natürlich. Er ist doch gemeingefährlich.«

»Die Polizei?« fragte er weiter. Anna schüttelte den Kopf.

»Also Walter und seine Leute?«

»Sie haben doch jetzt das Recht dazu«, trumpfte Anna auf. »Sind jetzt Hilfspolizei. Walter ist jetzt Hilfspolizist.«

»Besten Glückwunsch zur Beförderung«, sagte Hans trokken. »Herr Heldt hat mich vor seiner Reise gebeten, seine Sachen für ihn aufzubewahren.«

Anna sah ihn verstört und mißtrauisch an. »Der ist abgehauen«, wiederholte sie. »Und mit so einem lassen Sie sich ein? Haben Sie denn was Schriftliches von ihm?«

»Aber Anna, Sie kennen mich doch«, beschwichtigte Hesse sie. »Sie können doch Vertrauen zu mir haben.«

»Na, und mein Verlobter?« wandte sie ein. »Und überhaupt, das ist doch gefährlich.« Sie sah den Studenten unsicher an. »Gefährlich für Sie, meine ich. Sie wissen vielleicht nicht, was jetzt ist.« Sie brach ab und weinte wieder.

Hesse sah sie verwundert an. Er hatte sie eines solchen Gefühlsausbruchs nicht für fähig gehalten. »Was haben Sie denn?« fragte er teilnahmsvoll.

»Mein Walter. Der dreht mir noch durch. Die haben ihn total verrückt gemacht mit ihrem Klimbim. Dauernd besoffen. Und immer mit dem Revolver rumfuchteln. Nachts, wenn er mal zu mir kommt, habe ich nur noch Angst.«

»Er ist eben ein Mann«, sagte Hesse. »Mit Uniform, Pistole, Schnaps.«

»Und dann die Weiber«, keifte Anna, aber ihre Tränen kullerten noch immer. Sie sah Hesse jetzt spießgesellig an. »Ich werde Ihnen helfen«, sagte sie. »Das geschieht ihm ganz recht. Und wenn er so weitermacht, ist es sowieso aus zwischen uns. Wissen Sie, bei wem er heute nacht war? Bei Frau Feldberg!« enthüllte sie außer sich.

Hesse wich unwillkürlich vor dieser kreischenden Stimme zurück. Er stellte fest, daß die Feldbergs vor nichts haltmachten. Er streichelte Anna unwillkürlich den Arm, um sie zu beruhigen. Sie hörte auf zu weinen und sah ihn wie verwandelt an.

»Aber Herr Hesse!« sagte sie geziert. »Sie sind immer so gut zu mir gewesen. Wohl weil ich Ihnen nicht nachgelaufen bin«, fügte sie stolz hinzu.

»Na ja«, murmelte er. »Wir haben eben alle unsere Schwierigkeiten.« Er suchte nach ein paar banalen Redewendungen. »Heldt ist auch nur ein armes Schwein, Anna.«

»Er ist bestimmt nicht so schlimm wie gewisse feine Herren«, gab sie zu, »obwohl er auch mal wollte.«

Hesse gab ihr einen strafenden Blick. »Soll ich das wirklich glauben, Anna?«

Sie schlug die Augen nieder. Gleich würde sie wieder zu heulen anfangen, fürchtete er. »Warum sind Sie auch ausgezogen?« sagte sie niedergeschlagen. Sie setzte sich.

Er sah wieder einmal, wie sich ihr Blick trübte, genau wie früher, wenn sie sich auf seiner Bettkante niedergelassen hatte. Er dachte an seinen Auftrag und litt die Annäherung. Er streichelte sogar ihr Haar.

»Aber, Herr Hesse«, sagte sie, »wenn man uns so sehen würde!«

»Eben«, sagte er erleichtert und stand auf. Sie folgte zögernd seinem Beispiel.

»Mein Verlobter kommt erst heute nacht nach Hause«, erklärte sie die Lage. »Und wenn ich nachmittags einkaufen gehe, lasse ich den Schlüssel immer unten im Briefkasten.«

»Ist das auch keine Falle?« fragte Hesse.

Sie sah ihn mit Entrüstung an. »Aber Herr Hesse!«

Er schämte sich jetzt ein bißchen seiner Rolle. Dann aber dachte er, es sei gewiß nicht seine Schuld, mit so kläglichen Mitteln vorgehen zu müssen. Bei Feldbergs war alles widerlich. Es erschien ihm nun geradezu wie eine Pflicht, mit den gleichen Waffen der Verstellung und Hinterlist zu kämpfen, um einem Verfolgten zu helfen.

»Schade«, sagte Anna leise, »daß ich nicht dabei sein kann, wenn Sie die Sachen einpacken. Aber ich kann es wirklich nicht.«

»Wird das Haus auch nicht überwacht?« fragte Hesse. »Schließlich könnte Heldt doch zurückkommen. Oder aber«, gab er einem plötzlich aufgetauchten Verdacht Ausdruck, »liegt da gerichtlich gar nichts vor? Ihr Verlobter handelt wohl gern auf eigene Faust?«

»Das kann man wohl sagen«, bestätigte Anna empört. »Wie heute nacht.« Hesse fragte sich, ob sie da nicht an eine andere Aktion dachte als er. »Bei der Dame des Hauses«, lachte Anna böse auf. »Mit mir kann man so was nicht machen«.

»Da haben Sie recht, alles hat seine Grenzen.« Hier empfahl es sich, fühlte Hesse, Öl ins Feuer zu schütten.

»Sie denken doch nicht schlecht von mir?« fragte Anna zum Abschied.

»Ich weiß, Ihre Lage ist nicht einfach«, erwiderte er.

»Ja, so ist das Leben«, meinte sie.

Hesse reichte ihr die Hand und verließ das Zimmer. Nicht ohne eine Spur von Besorgnis nahm er wahr, daß Feldberg sich in der Nähe der Tür zu schaffen gemacht hatte und ihm einen merkwürdig abschätzenden Blick zuwarf. Hesse grüßte kurz und ging.

Professor Müller bewohnte eine hochherrschaftliche Villa. Die Luxusresidenz konnte er sich dank seiner letzten Eheschließung leisten. Dieser neue Bund fürs Leben hatte seine vorher angeschlagenen Vermögensverhältnisse wieder prächtig ins Lot gebracht. Das zweistöckige Wohnhaus stand in einem parkähnlichem Garten. Der Hausdiener nahm Hesses Karte herablassend in Empfang. Er liebte Studentenbesuche nicht. Die schleppten mit ihren schiefgetretenen Absätzen nur Straßenschmutz ein. Das war nicht gut für die Teppiche.

»Herr Professor lassen bitten«, sagte der Diener und riß Hans viel zu rasch aus der Betrachtung der alten Wandbehänge.

Die Bibliothek war weiträumig. Verschwenderisch, wenn auch nicht ohne Geschmack eingerichtet, zielte das Mobiliar eine Spur zu deutlich darauf ab, zu beieindrucken. Direkt neben dem Besuchersessel standen in einem diskret beleuchteten Drehschrank seltene Prachtbände dichterischer Meisterwerke. Dieses Arrangement brachte für den nicht uneitlen Professor den Nachteil mit sich, daß er selbst in den Hintergrund gedrängt wurde. Außerdem schien er hinter seinem überdimensionalen Arbeitstisch diesmal eher zu verschwinden als zu thronen. Die Ausmaße dieses gewaltigen Raumes erdrückten ihn und ließen ihn klein, eigentlich unbedeutend erscheinen, auf jeden Fall nicht so recht als den Herrscher des Hauses.

Professor Müller zeigte sich in einer brodierten Hausjacke. Es roch hier gar nicht nach Krankenstube. Dennoch entzog Müller dem Studenten mit wehleidigem Ausdruck die zum Gruß gereichte Hand und griff sich mit theatralischer Leidensgeste an die Stirn.

»Diese höllische Migräne!« Sein Gesicht verzog sich dabei zur Duldermiene.

»Ich bedaure es außerordentlich, Sie so leidend zu sehen, Herr Professor«, begann Hans Hesse. »Ich wollte Sie auch nicht stören, sondern mich nur nach Ihrem Befinden erkundigen.

»Schlecht, mein lieber junger Kollege, sehr schlecht«, beeilte sich der Hausherr zu versichern. »Ihre Anteilnahme rührt mich zutiefst.« Er stieß einen besonders vernehmlichen Seufzer aus. »Auch freue ich mich sehr, daß Sie gerade heute gekommen sind. Das gestattet mir, mich persönlich von Ihnen zu verabschieden. Ich fahre noch heute abend für einige Zeit in die Berge. Ja, ich brauche dringend Ausspannung, völlige Ruhe. Das letzte Semester war außerordentlich anstrengend. Außerdem haben die Ferien fast schon begonnen.«

Hans war beunruhigt. Er dachte an seinen Prüfungstermin. Er stutzte und sagte dann befangen: »Ich wünsche Ihnen eine gute Erholung. Leider wird Ihr Kuraufenthalt ja nur kurz sein. Das Datum für das Rigorosum steht doch eigentlich schon fest.«

Der Professor spielte nervös mit seinem Brieföffner. »Hm, hm«, machte er gedehnt. »Schlimmstenfalls muß ich mich vertreten lassen. Mein Arzt ist der Meinung, ich brauche mindestens zwei Monate. Sie wissen ja, wie die Ärzte sind. Und wir haben doch alle vor ihnen Angst, wenn sie uns warnend drohen, und wir tun am besten daran, ihre Vorschriften genau zu befolgen. Ich kann ja schließlich nichts dafür, daß ich krank bin. Legen Sie denn wirklich soviel Wert auf eine rasche Promotion?«

»Natürlich will ich es so schnell wie möglich hinter mich bringen«, gestand Hesse.

»Hören Sie, Herr Hesse, ein ernstes Wort von Mann zu Mann. Ich und Sie, wir könnten beide Ärger mit Ihrer Arbeit bekommen. Ich habe heute früh das Gutachten meines verehrten Kollegen, Professor Hamann, erhalten. Er hat schwerwiegende Einwände gegen Ihre, seiner Meinung nach zu engstirnige Behandlungsweise Ihres Gegenstandes. Er findet vor allem, Sie hätten einen heute mehr denn je wichtigen und übrigens schon an sich jedes Interesses würdigen Teil des zeitgenössischen dichterischen Schaffens vernachlässigt, ja geradezu ausgeklammert, nämlich diejenigen Werke, die sich in unserer Gegenwart mit unserem Volk, der Nation und der Rasse beschäftigen. Vielleicht sollten Sie sich doch noch entschließen, die gewünschten Ergänzungen nachzureichen. Sie könnten, wie ich es sehe, Ihrer Arbeit noch ein Kapitel hinzufügen, das den positiven Erneuerungsbestrebungen unserer Zeit Rechnung trägt. Ich muß Ihnen aufrichtig gestehen: Ich kann mich den Gedankengängen meines Kollegen nicht mehr völlig verschließen.«

»Nicht mehr«, pickte sich Hans als Stichwort aus diesem Erguß heraus. Er war zornig und niedergeschmettert. Nun sah er auf dem Schreibtisch des Professors, über Manuskripte und Papiere ausgebreitet, ein sichtlich zerlesenes Exemplar der Spätausgabe des Weltblatts. »Energische Maßnahmen der Reichsregierung«, lautete die erkennbarste Überschrift.

»Ich verstehe«, sagte er. Er mußte sich zusammenreißen, um beherrscht zu scheinen und seine Verachtung nicht zu zeigen. »Unsere jüngsten Gespräche, Herr Professor, hatten mir den Eindruck vermittelt, Sie stimmten meinen Auffassungen voll und ganz zu«, bemerkte er, schon in der Absicht, Müller in Verlegenheit zu bringen.

»Sicher, mein junger Freund. Ihre Arbeit ist ausgezeichnet, davon gehe ich nicht ab. Aber wenn man sich mit einem Zeitabschnitt beschäftigt, muß man ihn auch vollständig erfassen. Sie können nicht einfach Phänomene von solcher Wichtigkeit vernachlässigen. Ich habe natürlich Ihrem Thema nicht meine volle Aufmerksamkeit widmen können, habe mich da ganz auf Sie verlassen, auf Ihre Fähigkeit und Ihr von mir als selbstverständlich erachtetes Vorgehen nach ausgewogenen Kriterien in der Auswahl der Belege. Aber es will mir nun doch scheinen, gewisse Hinzufügungen, und vielleicht auch ein paar Auslassungen, auf die ich hier nicht direkt eingehen möchte, sollten schon vorgenommen werden.«

Hans stand auf. »Wenn ich das gewünschte Kapitel wirklich schreiben sollte«, sagte er, »fürchte ich sehr, es wird den Erwartungen Herrn Professor Hamanns kaum und«, fügte er zögernder hinzu, »vielleicht auch Ihren nicht ganz entsprechen.«

»Mein lieber junger Kollege«, rief der Professor beschwörend. Er war nun auch aufgestanden. »Sie sind ein Hitzkopf. Sie wollen mich nicht verstehen. Ich meine es nur gut mit Ihnen. Ich hielt Sie für fähig, die Sache etwas weltmännischer zu nehmen. Um uns herum«, sagte er leise und blickte besorgt umher, als fürchte er Lauscher, »ändert sich jetzt mancherlei.«

»Bei mir nicht«, erklärte Hesse.

»Gewiß nicht, soll es ja auch nicht«, sagte der Professor versöhnlich. »Nur, sehen Sie, jetzt muß man eben erst einmal abwarten. Diese Leute sind zu allem fähig. Wir haben die Pflicht, vor allen Dingen die Möglichkeit offenzuhalten, uns unserem Fach zu erhalten. Denken Sie doch auch ein bißchen an Ihre berufliche Zukunft, Hesse«, ermahnte er seinen Gast väterlich.

Der Student schwieg. Er wußte, Müller konnte sich in zwei Jahren eremitieren lassen. Der Professor war reich, er konnte schon jetzt ohne finanzielle Einbuße seinen Abschied nehmen und sich seinen wissenschaftlichen Arbeiten widmen, falls ihm wirklich daran liegen sollte. Hesse wußte ebenfalls, daß der Professor, wenn auch mit der diskreten Zurückhaltung eines Mannes, der sich nicht gern unnütz kompromittieren möchte, bisher liberale Ansichten geäußert hatte, die nur schwer mit seinen heutigen Ratschlägen und seiner neuen Haltung unter einen Hut zu bringen waren. Kalt und unbeteiligt, als handele es sich um eine Prüfung mit vertauschten Rollen und über einen nicht unbedingt literaturwissenschaftlichen Gegenstand, musterte Hesse sein Gegenüber. Für diese zwei erbärmlichen verbleibenden Dienstjahre und die damit verbundenen Ehrungen eines Lehrstuhlinhabers an einer deutschen Universität verleugnete dieser Mann eine ganze Vergangenheit, einen Ruf, ein Lebenswerk. Gewiß, dieser Ruf war nicht überwältigend, dieses Werk nicht umwerfend, gehörte kaum zu den unverzichtbaren Leistungen der Fachwissenschaft, aber es war da und legte seinem Verfasser, so sollte man meinen, Verpflichtungen auf. Um der Bequemlichkeit und der Eitelkeit willen gab dieser Mann die Möglichkeit hin, eines Tages moralischen Wert zugemessen zu erhalten. Er dankte ab, er verriet. Hesse wog dieses harte Urteil in seinem Herzen vor sich selbst, prüfte sein Gewissen. Hatte er überhaupt das geringste Recht, über andere den Stab zu brechen? In diesem Augenblick begriff er, den neuen Herren würde Dauer beschieden sein. Hesse erinnerte sich nun auch an die kürzlich stattgefundene Unterhaltung im Sprechzimmer seines Doktorvaters: »Ich kann abtreten, aber wer wird uns ersetzen?« Nein, sie konnten nicht einmal abtreten. Auf einmal passierten vor seinem geistigen Auge Kolonnen von Müllers Revue, von Talarträgern, die ihren bisherigen Überzeugungen abzuschwören bereit waren. Und jetzt hatte er zum erstenmal Angst, um sich, das Land und seinen geistigen Weg.

»Wir erkennen jetzt noch undeutlich, vielleicht gar noch viel zu verschwommen, die Form, das Antlitz einer neuen Welt«, hörte Hesse den Professor im feierlich dozierenden Ton seiner Vorlesungen sagen. Das klang, als käme es von weit her. »Und wir, die wir die schöne Pflicht haben, uns liebevoll in die großartigen Verkörperungen unserer Muttersprache zu versenken, die die Spuren unserer Herkunft und unseres Werdens als Nation kundtun, wir Germanisten haben bestimmt kein Recht, unsere Herzen diesem Erblühen einer neuen Welt zu verschließen, auch wenn manche Begleiterscheinungen dieser Zeugung neuen Lebens schmerzhaft sind. Es geht nie völlig harmonisch ab, wenn der Drang der Jugend gegen die Vergangenheit Sturm läuft. Man muß es auf sich nehmen, selbst durch sein eigenes Volk zu leiden, wenn es sich um dessen Zukunft lohnt, denn dieses Volk ist groß, Herr Hesse, groß, was von ihm kommt, groß, was aus seinen Tiefen nach oben drängt.«

»Das ist ja Kirchburg in Reinkultur«, dachte Hesse unangenehm berührt. Wieder einmal erwies sich, welch gefährlicher Hang zur Sinnverdunklung der deutschen Sprache innewohnen konnte.

»Uns als Deuter der Dichtung wird man deshalb auch immer anzuerkennen wissen«, fuhr der Professor fort, als übe er schon seine nächste Vorlesung ein. »Unsere Forschung führt uns unmittelbar zu den tiefen Wurzeln der wahren Kraft unseres großen Volkes. Gerade jetzt dürfen wir daher ein gerechteres Verständnis für unsere Bemühungen erwarten. Deshalb heißt es: Bewahren und Beharren und auf unserem Posten bleiben.«

»Darauf kommt es hauptsächlich an«, versetzte Hesse.

»Nichts Unbedachtes!« riet der Professor. »Machen Sie keine Dummheiten! Warten Sie für die Prüfung meine Genesung ab. Sie sollten übrigens so rasch wie möglich Professor Hamann einen Besuch abstatten.«

»Da sind mir heute vormittag schon viele zuvorgekommen«, informierte ihn Hesse. »Es scheint plötzlich sehr in Mode geraten zu sein, bei ihm zu promovieren.«

In Müllers Gesicht zeigten sich Verdruß und Ohnmacht. »Der Mann hat große Verdienste«, erklärte er, aber es klang nicht recht überzeugt. »Auf jeden Fall hat er immer eine klare Haltung bezogen. Für mich war diese vaterländische Gesinnung immer viel zu selbstverständlich, um sie eigens hervorzukehren.«

Hesse sah ihn mit unverhohlenem Erstaunen an. Dann wandte er sich von ihm ab. Er hatte ein unwiderstehliches Verlangen nach frischer Luft und verabschiedete sich abrupt. Hesse hatte durchaus verstanden, was diese Unterredung für seine wissenschaftliche Laufbahn bedeutete. Zu seinem Befremden verspürte er darüber kaum Bedauern. Sein persönliches Schicksal erschien ihm plötzlich untergeordnet. Vor ein paar Tagen war eine solche Entwicklung für ihn noch undenkbar gewesen. Alles um ihn herum hatte sich mit einem Schlag verändert, und das erforderte wachsame Aufmerksamkeit. Ihm war, als habe ein gefährliches Abenteuer begonnen. Er stand allein einer völlig anderen Welt gegenüber, voller Mißtrauen und instinktiver Ablehnung.

Mit bitterer Genugtuung machte er sich nun an eine Aufgabe, die er heute erst zur Hälfte erledigt hatte. Er nahm den Schlüssel zur Feldberg-Villa aus dem offenen Briefkasten und stieg rasch die Treppe zu Heldts Zimmer hoch. Dort fand er die beiden Koffer seines neuen Freundes bereitgestellt. Das war Annas vorsorgliche Hand gewesen, und Hesse empfand ihr gegenüber nun doch gerührte Dankbarkeit. In aller Eile warf er Heldts Sachen in die Koffer. Nach ein paar Minuten war alles erledigt. Während Hesse noch damit beschäftigt war, den zweiten Koffer zu verschließen, kam Feldberg ohne anzuklopfen ins Zimmer.

»Es fällt Ihnen wohl schwer, sich von uns zu trennen, Herr Hesse?« sagte er mit beunruhigendem Spott. »Leider habe ich ein Anrecht auf die Sachen, die Sie heimlich rausschaffen wollen. Herr Heldt schuldet mir noch vierzehn Tage Miete.«

»Wieviel?« fragte Hans, der sich wieder gefaßt hatte und erleichtert die Brieftasche zückte.

»Zwanzig Mark«, kam es wie aus der Pistole geschossen.

»Eine stattliche Summe«, dachte Hans. Er war nicht sicher, Heldt bald wiederzusehen, und machte sich über die finanziellen Möglichkeiten des Verfolgten keine Illusionen. Hesse legte die Geldscheine auf den Tisch. »Darf ich um eine Quittung bitten?« forderte er.

Feldberg schüttelte den Kopf. Sein Lächeln war nun boshaft. »Das habe ich mir gedacht«, sagte er triumphierend. »Herr Heldt schuldet mir überhaupt nichts. Ein Grund mehr, mich über seinen merkwürdig hastigen Auszug zu wundern. Vielleicht können Sie mich da aufklären? Das Geld will ich nicht.«

Hesse sah den Mann abschätzig an. »Sie haben eine merkwürdige Art zu scherzen«, meinte er.

»Man tut, was man kann«, antwortete Feldberg. »Ich muß mich auch wehren«, erklärte er mit brutaler Offenheit. »Zum Beispiel könnte ich jetzt gleich die Polizei rufen.«

»Und warum, wenn ich bitten darf?«

»Weil ich glaube, der junge Mann, um dessen Sachen Sie sich so auffällig kümmern, wird von ihr gesucht«, sagte Feldberg trocken. »Und ich will nicht schon wieder Ärger mit der Polizei haben. Ich habe noch von der Geschichte mit Anna genug. Hat mir da jemand geholfen? Es könnte jetzt ja heißen, in meinem Haus sei eine Verschwörung gegen den Staat angezettelt worden und ich sei Mitwisser. Nein danke! In meinem Fall haben Sie ganz wortwörtlich die Rechnung ohne den Wirt gemacht.«

Hans überlegte fieberhaft, was nun zu tun sei. Die Sache konnte brenzlig werden. Feldberg schien seine Chance wahrnehmen zu wollen. Plötzlich dachte Hans an sein Gespräch mit Anna vor ein paar Stunden. »Rufen Sie nur die Polizei!« sagte er herausfordernd. »Aber vorher sollten Sie zwei Dinge bedenken. Erstens könnte ich mit den Koffern türmen, während Sie telephonieren. Zweitens könnte der Polizei Ihr Anruf schnuppe sein. Sie irren sich da wohl in der Zuständigkeit. Es wäre vielleicht wirkungsvoller, heute nacht Herrn Schmidt durch Ihre Frau Gemahlin ins Bild zu setzen. Dieser Herr wäre viel eher daran interessiert, Herrn Heldt unter seine Fittiche zu nehmen, wenn ich mich so ausdrücken darf. Die Polizei macht auf viel wichtigere Leute Jagd.« Hesse hielt inne und holte tief Luft. Er empfand nicht die geringste Scham über seine Grausamkeit. Schon seine Haltung Anna gegenüber hatte ihn nicht zum Erröten gebracht. Die Taktik dieses Kampfes wurde von Gegnern bestimmt, denen jedes Mittel recht war.

Feldberg sagte kein Wort. Sein Ausdruck hatte sich verändert. Er schien nun den Tränen nahe. Er ließ sich auf einen Stuhl sinken und schlug die Hände vors Gesicht. Man sah, daß er zitterte. »Diese Schweine!« heulte er plötzlich los. »Jawohl, ich bin am Ende. Es kann so nicht weitergehen. Ich kann nicht einmal abhauen. Habe kein Geld.«

Hans sah ihn verlegen an. Der Zusammenbruch dieses Mannes, der ihm immer unsympathisch gewesen war, flößte ihm nun trotz allem Mitleid ein. Er kämpfte vergebens dagegen an.

»Warum haben Sie diesen Menschen auch so nachgegeben?« sagte er vorwurfsvoll. »Misten Sie doch endlich einmal Ihr eigenes Haus aus! Setzen Sie die Plagegeister vor die Tür!«

Feldberg schaute ihn ungläubig an. »Rausschmeißen?« fragte er. »Ich – einen SA-Mann? Und die Sache mit Anna stimmt ja leider. Dieses Biest!« rief er in ohnmächtiger Wut.

»Ein dummes Ding«, verbesserte Hans nachsichtig.

»Und jetzt habe ich hier überhaupt nichts mehr zu melden«, beschwerte sich Feldberg. »In meinem eigenen Haus kann ich nicht mehr machen, was ich will. Wenn ich diese beiden, diese Anna und ihren schönen Verlobten, nur schon sehe, wie sie sich hier eingenistet haben«, erklärte er verzweifelt, »das ist nicht zum Aushalten. Und nichts dagegen zu machen.«

»Ihr letzter Versuch, die Dinge zu ändern, war nicht gerade gelungen«, kommentierte Hans taktlos. Der Mann nickte zerstreut. Er schien nicht mehr recht beieinander zu sein.

»Ich bin ein Schwein«, sagte er. »Wir sind alle Schweine«, brach es aus ihm heraus. »Wegen Heldts Sachen brauchen Sie nichts zu befürchten«, erklärte er und warf einen deutlichen Blick auf die Geldscheine. Es schien am besten, sie auf dem Tisch liegen zu lassen. »Ich weiß«, sagte Feldberg. »Sie haben Anna auf Ihrer Seite.«

Hesse sah ihn forschend an. »Sie haben an der Tür gelauscht, nicht wahr?«

»Ich kenne mich selbst nicht mehr«, erwiderte Feldberg und schüttelte den Kopf. »Und das alles wegen dem bißchen Vögeln. Ich halte Ihnen die Tür auf«, erbot er sich übergangslos und fand ins praktische Leben zurück. »Grüßen Sie Herrn Heldt von mir«, murmelte er leise zum Abschied. »Für meinen

Geschmack können er und seine Genossen gar nicht rabiat genug sein.« Er blickte mißtrauisch nach links und rechts. »Aber sie sollen besser zielen und die Richtigen treffen.«

VII

Am Abend suchte Hans doch noch Georg auf. Er fand ihn beim Kofferpacken.

»Ich habe mehrfach versucht, dich anzurufen«, sagte der Freund zur Begrüßung. »Ich nehme den Nachtzug nach Berlin.«

»Ein rascher Entschluß«, meinte Hans. Er wunderte sich schon gar nicht mehr.

»Schließlich schulde ich es meinem Beruf«, erklärte Georg, »an die Quellen der Geschichte zu gehen. Jetzt sprudeln sie noch. Bald werden die Geschichtsmacher von heute die Geschichtsfälscher für morgen sein. Ein Onkel von mir, der Schilsky, der es unter den lebenden von uns am weitesten gebracht hat, ist ein ziemlich hohes Tier im Innenministerium. Natürlich streng deutschnational. Lange wird er sich dort wohl nicht mehr halten können. Er wird mir ein paar vertrauliche Aufschlüsse wohl nicht verweigern. Vielleicht weiß er, wohin der Hase läuft, das heißt, wie es mit uns weitergeht, obwohl man da kein Prophet zu sein braucht.«

»Das ist doch närrisch«, sagte Hans grob. »Du bist ja besessen, und zwar schon seit einiger Zeit. Die Zeitungen und die Wahlveranstaltungen genügen dir wohl nicht mehr? Jetzt mußt du auch noch eine geheimnisvolle Erkundungsfahrt nach Berlin machen. Was wird denn da aus dem berühmten historischen Abstand?« Er versuchte leichthin zu reden, spürte jedoch die Angst um seinen Freund, der eher verschlossen als entschlossen aussah. »Du bist wirklich besessen«, bekräftigte Hans. »Zu welcher Partei gehörst du eigentlich? In wessen Namen nimmst du das alles auf dich?« Er begriff jedoch sofort, daß dem Freund weder mit Spott noch mit Beschwörungen beizukommen war.

»Erinnerst du dich noch?« sagte Georg. »Vor kurzem habe ich dir gesagt, uns könnten bald schwerere Aufgaben aufgebürdet werden. Bevor ich mich jedoch in eine Sache stürze, wozu mich tatsächlich keine Partei aufgerufen hat, welche denn schon, möchte ich mir ein klareres Bild von unserem Feind machen. Von den Mächten, die mein Leben und seinen Sinn in Frage stellen und unser aller freies Menschentum bedrohen. Diesen

Feind haben wir bisher nicht richtig gekannt, auf jeden Fall nicht recht erkannt. Natürlich hat mir da schon manchmal was geschwant. Für meinen Verdacht brauche ich handfeste Unterlagen.«

»Was für einen Verdacht denn?« fragte Hans alarmiert.

Georg schien um die rechten Worte zu ringen. »Daß ein Zeitalter begonnen hat, in dem der Mensch nicht mehr menschenwürdig leben kann. Du fragst nach meiner Partei?« Er lachte bitter auf. »Eine Partei? Ich bin kein Parteigänger. Und, nicht etwa meines Namens wegen, auch kein Mitläufer in der Masse. Die Masse ist so leicht zu täuschen, so unendlich verführbar. Ihr sind Begriffe wesensfremd, die mir am Herzen liegen, wie Würde, Fortbestand und Dauer einer geistigen gesitteten Weltordnung. Die Masse folgt allzuoft den erstbesten hergelaufenen Scharlatanen. Die appellieren immer am erfolgreichsten an ihre niedrigsten Instinkte. Man braucht der Masse nur die Linie des geringsten Widerstandes zu zeigen, unter dem lügenhaften Vorwand, ihr ein erhabenes Ziel zu weisen. Im Volk gibt es natürlich Ausnahmen, und doch haben offenbar meistens nur falsche Propheten eine Chance.« Er machte eine Pause und fuhr dann fort: »Ich als Beauftragter einer Partei? Wenn ich meine Arbeit als Historiker nicht ernstgenommen hätte, wenn ich dieses Land und seine unglückselige Geschichte nicht so gut kennen würde, dann wäre ich wahrscheinlich so etwas wie ein Konservativer. Aber diese Haltung ziemt sich leider gerade nicht für einen Deutschen, paßt überhaupt nicht in ein Land, wo man den durchaus honorigen Begriff des Bewahrens, der Ehrfurcht für Vergangenes und damit Gewordenes schon immer mit Reaktion verwechselt hat. Und dies konnte man meistens auch angesichts der offenkundigen Selbstsucht einer anmaßenden, jeder Herzensvornehmheit fremden Kaste. Und, was noch schlimmer ist, ein Konservativer hat heute besonders wenig in einem Land zu suchen, wo es durch das Zutun gerade der Herrschenden so wenig zu achten und zu bewahren gibt. Wo vor allem Chaos und Irreleitung tradiert worden sind, wo es aber keine Tradition gibt, der man sich guten Gewissens zuordnen dürfte.«

Hans fand Georgs Gedanken unangemessen hochgeschraubt. Die Kläglichkeit des politischen Geschehens schien derartige Höhenflüge nicht zu rechtfertigen.

»Ich doziere jetzt gewiß eine Spur zu feierlich. Du könntest mir allzuleicht widersprechen, wenn du magst«, fuhr Georg fort. »Aber ich sage dir, wir sind ein Volk ohne Erbe, ein Volk, das seine Gestalt noch nicht gefunden hat, und das es sich wirklich schwermacht, überhaupt eine zu finden. Wir sind noch nicht, und unser vielberufenes Werden mündet stets in Untergänge. Solange wenigstens sind wir nicht und werden auch nichts werden, wie nur diejenigen ›Es werde Deutschland!‹ rufen, die dabei vor allem an ihre Standesinteressen denken und diesem verhängnisvollen Gedanken vom ›ewigen Werden‹ anhängen oder von der unwiderstehlichen Eigendynamik unseres Sendungsbewußtseins quasseln. Ein Konservativer, jawohl!« fuhr Georg mit Bitterkeit fort, »wo es nichts zu bewahren gibt, wenn man sich auch mit allen Kräften zu einer beherzigenswerten Tradition bekennen möchte. Aber jetzt und hier: bekennen wozu? Etwas wirklich hochschätzen zu können, aus innerster Übereinstimmung! Aber wir Deutschen sind noch viel schlimmer: Wir stören, wir gefährden das Erbe anderer, wir verstören unsere Nachbarn durch unsere bösen Träume. Manche sagen da, wir seien neidisch auf die anderen und begehrlich auf fremdes Gut. Auf jeden Fall leiden wir und haben durch unsere ganze Geschichte hindurch gelitten. An dieser Geschichte gelitten.«

Hans hörte ihm erstaunt zu. Noch nie zuvor hatte Georg mit solcher Heftigkeit über diese Probleme gesprochen. Sie waren wohl mitunter in ihren Unterhaltungen aufgetaucht, dann aber in sachlicher und zurückhaltender Art behandelt worden.

»Ich weiß das auch«, unterbrach Hans das Schweigen. »Aber wo bleibt deine Gelassenheit, dein Über-den-Dingen-Stehen? Hier fängt doch nur ein neues, aber eben nur ein weiteres Kapitel dieser unglücklichen oder verunglückten Geschichte Deutschlands an, das sich den vorausgegangenen anschließt, vielleicht sogar zwangsläufig. Du kannst nichts daran ändern, kannst es bestenfalls verzeichnen.«

»Da irrst du dich«, antwortete Georg. »Diesmal wird ein Kapitel der Geschichte nicht nur, wieder einmal, mit Blut geschrieben, es wird auch mit Blut gefälscht. Macht dir das gar nichts aus? Kannst du dich einfach so damit abfinden?«

»Ich hielt dich für besser gerüstet«, meinte Hans. »Zum Beispiel mit dem Panzer der Wissenschaftlichkeit, der nötigen Skepsis selbst der eigenen unmittelbaren Wahrnehmung gegenüber.«

Georg schüttelte den Kopf. »Wir haben kein Recht mehr, abseits zu stehen und uns die Hände in Unschuld zu waschen. Die drohende Gefahr zwingt uns zur Abwehr. Uns droht der Rückfall in die Barbarei.«

Hans war um den Freund bange. »Wie willst du denn, nur auf dich gestellt, gegen den Irrsinn anrennen?« wandte er ein.

»Man kann sich ihm natürlich verweigern, das ist sogar unsere Pflicht, aber offen dagegen angehen, und dann noch allein?«

»Es hängt ganz davon ab, wie man sich verweigert«, sagte Georg. »Man muß zeigen, daß man nicht den Nacken beugt. Wir dürfen uns nicht von dieser braunen Flut fortschwemmen lassen. Wir müssen den Menschen, die nicht in ihr versinken wollen, Mut zum Widerstand machen. Und denen, die nach uns kommen, ein Beispiel dafür setzen, daß dieser Widerstand zuerst immer Sache des einzelnen ist.«

»Du verrennst dich«, sagte Hans zornig. »Du siehst doch selbst, was los ist. Dies sogenannte nationale Erwachen ist doch elend und kläglich, mitunter sogar komisch. Nichts spielt sich so ab, wie es sich den gängigen Vorstellungen zufolge in einer Revolution oder bei großen historischen Wendepunkten abzuspielen hätte. Und für ein so miserables Theater willst du Gefühle verschwenden, deren unbestrittener Edelmut«, er sagte das mit bewußt herausforderndem Spott, »nicht das geringste mit der Verwahrlosung und Gemeinheit zu tun hat, von denen wir jetzt einen ersten Vorgeschmack kriegen.« Hans ging nervös auf und ab. Er zündete sich eine Zigarette an, um sich zu beruhigen.

»Ich habe es mir gedacht«, sagte Georg enttäuscht. »Du bist noch nicht da angelangt, wo ich nun stehe. Aber dein ständiges Abstandwahren um jeden Preis ist wenig vorbildlich. Es ist ein Zeichen von Schwäche, wenn man sich hinter einer Maske des vorgegebenen Unbeteiligtseins verstecken will. Dabei durchschaust du die Dinge im Grunde genau wie ich. Aber du hast Angst vor den Schlußfolgerungen, denn diese verlangen Entscheidungen, und vor denen drückst du dich gerne. Du siehst, was los ist, und ahnst, was kommt, aber du zitterst noch nicht vor dem Einsatz in diesem Spiel. Dieser Einsatz ist hoch. Alles, was das Leben lebenswert macht, alles, ohne Ausnahme. Ich weiß natürlich«, fuhr er ruhiger fort und senkte die Stimme, »deine Gedanken sind eben noch woanders.« Er sprach diese Worte wie einen Verweis aus. »Mich aber kann nun nichts mehr von meinem Weg abbringen«, sagte er und warf einen verstohlenen Blick zu Gerdas Bild auf dem Schreibtisch.

Jetzt erst dämmerte es Hans, daß Georg ihn mit Gerda für unbestimmte Zeit allein lassen würde. Die alte Versuchung überkam ihn. Dabei schämte er sich seiner selbst. Er wollte Gerda und dem Freund nicht länger ein Schauspiel bieten, in dem er im Grunde eine wenig schmeichelhafte Rolle spielte. Dieses Verwirrspiel der Gefühle ließ ihn untätiger und feiger erscheinen, als er war. Er hatte genug von den steten Ermahnungen des Freundes, der sich mit seinen letzten Äußerungen und Forderungen wieder einmal die Hans allmählich unerträglich gewordene Rolle eines stets überlegenen Mentors angemaßt hatte. »Deine Gedanken sind woanders.« Diese lehrhafte Zurechtweisung war eine Herausforderung. Niemand hatte ihm vorzuschreiben, was in seinem eigenen persönlichen Leben Wert und Vorrang haben dürfte. Hans wurde sein unentschiedenes Lavieren nun selbst unerträglich. Er beschloß, ihm ein Ende zu machen.

»Warum gehst du denn nicht gleich zu den Kommunisten?« sagte er, um Georg zu reizen. »Ich kenne einen, der mir ganz sympathisch ist. Auch er hat solche Ideen von Widerstand und Opfer.«

Georg schien einen Augenblick lang ungläubig. »Seine Rolle ist viel leichter«, wehrte er ab. »Er gehorcht Befehlen, er hat immer Instanzen über sich, die ihm Anweisungen geben. Er glaubt wohl auch an eine Sache, steht aber nicht allein und ist für seine Schritte nicht selbst verantwortlich. Ich suche noch immer nach einem Weg«, fügte er niedergeschlagen hinzu, »aber nicht ein Parteidogma, das schon alle Wege plattgewalzt hat.«

»Glatter Unfug!« rief Hans. »Wer abseits bleibt, kann sich bewahren. Ich meine nicht nur sein Leben. Aber allein zu handeln, ohne erkennbares Ziel, ohne Kampfgefährten, ich weiß nicht.«

»Auf einen hatte ich gerechnet«, sagte Georg sehr leise.

Hans sah ihn an. Er wurde traurig. Georgs Züge waren müde und eingefallen. Hans sah in ihm nicht einen Überwinder, sondern eher einen Geschlagenen. Er legte Georg die Hand auf die Schulter. »Soll ich mitkommen?« fragte er.

Sekundenlang hellte sich Georgs Blick auf. Aber er schüttelte verneinend den Kopf. »Ich muß allein fahren«, sagte er.

»Gehst du etwa meinetwegen weg, wegen gestern abend?« fragte Hans.

Der Freund schwieg lange. Endlich sah er Hans an. »Wir sind immer noch Freunde. Die Dinge liegen anders. Ich gehe nur vorübergehend weg. Nach meiner Reise komme ich zu euch zurück. Und du«, sagte er mit unverkennbarer Betonung und schaute noch einmal zu Gerdas Bild, »du wirst dann ein anderer sein. Dann wird auch dich nichts mehr zurückhalten. Dann bist du frei.«

Hans überdachte diese Worte und verstand sie nicht ganz. Er wollte es wohl auch nicht. »Frei?« Es war ihm schon bewußt, wie frei er nach der letzten Nacht und den Erlebnissen dieses Tages bereits war. Er hatte nun kein Ziel, keine Sendung, keinen Glauben, nicht einmal ein Verantwortungsbewußtsein, wie es Georg eben beschworen hatte. Für Hesse handelte es sich bei dem Wörtchen »frei« um etwas anderes. Er war einfach und schlicht aus seinen Gewohnheiten und Zielsetzungen herausgeschleudert worden. Alles, was da Wert für ihn gehabt hatte, war ihm einfach abhandengekommen. Auf einer vermeintlich sicheren Schiene war plötzlich die Entgleisung erfolgt. Aber innerlich hatte er sich mit diesem Unfall erstaunlich leicht abgefunden. Frei! Ja, er war frei für das Abenteuer, das sein ganzes Leben umzukrempeln begonnen hatte. Er spürte eine neue Verfügbarkeit dem Schicksal gegenüber. Selbst wenn diese auch nur Anpassung an das ihn umgebende Chaos war, paßte sie in diese Zeit und seine Welt. Alles würde auseinanderfallen. Man würde sich aus Trümmern ein neues Leben zimmern. Daß dieses ihm auch genommen werden könnte, bedachte er dabei nicht. Er verspürte weder Verzagtheit noch Angst. Er fühlte eher wachsende Kraft und gesteigerten Mut. Es gab keine quälenden Berufssorgen mehr. Man brauchte sich nicht mehr zu fragen, ob man Hochschullehrer oder Journalist werden wolle oder überhaupt könne. Kein praktisches Denken, keine berechnende Planung für die Zukunft würden ab jetzt auch nur das mindeste nützen. Plötzlich glaubte er sogar einen Sinn in den Gewaltstreichen der neuen Herren des Landes zu erkennen. Sie würden die Dinge auf die Spitze treiben, aus schwelenden Krisen offene machen, Masken herunterreißen, einen Zustand herbeiführen, wo ein jeder gezwungen sein würde, bei hellem Tageslicht, bei greller Brandbeleuchtung seinen Wert oder seinen Unwert zu offenbaren. In einem Punkt wenigstens hatte Georg recht. Eine Zeit war angebrochen, in der es sich entscheiden würde, ob Menschen hier noch wie Menschen leben könnten.

Hans fühlte sich unerklärlich gefaßt.

Er war froh darüber, sich bewahrt zu haben. Was bisher seine Schwäche gewesen zu sein schien, seine Unentschlossenheit, seine Vorsicht, konnte nun zu einer Quelle der Stärke werden.

»Ich begleite dich zur Bahn«, sagte er. »Natürlich nur, wenn du nicht von Gerda allein Abschied nehmen möchtest.«

»Sie kommt nicht«, erwiderte Georg, als sei nichts dabei. »Die Theatervorstellung ist heute zu spät aus. Aber ich weiß ja, daß du dich um sie kümmern wirst.«

Der Zug war abgefahren. Hans hatte dem Freund nicht nachgewinkt. Ein Gefühl von Leere und Verlassenheit war über ihn gekommen. Er machte sich Sorgen um Georg. Ihre Freundschaft war doch nicht ohne gegenseitige Vorbehalte. Gerda war daran im Grunde nicht schuld. Eine Freundschaft muß nicht an einer Frau zerbrechen. Schon seit längerer Zeit war ihm manches an Georg fremd und rätselhaft. Das galt vor allem für seine jüngste Besessenheit. Georg stürzte sich tatsächlich mit einer Art von Raserei auf politische Tagesfragen, die Hans in dieser Form selbstzerstörerisch vorkommen mußte.

Hesse wollte diesen Abend nicht einsam beenden. Wenn er sich beeilte, würde er Gerda vielleicht noch am Theaterausgang abfangen. Aber er verzichtete darauf, sie sofort wiederzusehen. Sie würden jetzt viel Zeit füreinander haben. Es erschien ihm unschicklich, die erstbeste Gelegenheit zu nutzen. Außerdem gab es seit der gestrigen Ballnacht noch etliches zwischen ihnen beiden zu klären. Dennoch hoffte er im stillen, sie in der kleinen Bar zu treffen, die ihnen nur zu gut vertraut war, und wohin es ihn jetzt zog.

Auf der Hauptstraße herrschte noch lebhafter Verkehr. In seiner überreizten Stimmung wollte es Hesse vorkommen, als ob die Passanten den letzten Karnevalsgeist nun wirklich aufgegeben hätten. Sie wirkten unruhig und niedergeschlagen. Es war ohnehin nicht leicht, sich in diesem Land und zu diesem Zeitpunkt sein Lachen zu bewahren. Heute abend schien allerdings eine völlig neuartige Stimmung der Bedrückung auf den Menschen zu lasten. Hans konnte sich den Grund für diese Niedergeschlagenheit denken. Es war Angst. Nicht etwa nur Furcht vor der Zukunft, vor der zu zittern man schon Jahre hindurch gewöhnt war. Es war eine Vorahnung, wie bei Tieren, die Unheil wittern. Die Sirenen der Wagen des Überfallkommandos konnten diese Befürchtungen bestimmt nicht zerstreuen. Wenn diese Polizeiautos unterwegs waren, lag immer etwas in der Luft, und nie etwas Gutes.

Aus dem Festsaal einer bekannten Vergnügungsstätte ergoß sich eine Menge von hakenkreuztragenden Zivilisten und braunen Uniformierten auf die Straße. Eine Wahlversammlung war eben zu Ende gegangen. Einer der neuen Minister, das wußte Hans aus den Ankündigungen, hatte gesprochen. Wie zu erwarten war, hatte er das begonnene, von ihm als gigantisch bezeichnete Aufbauwerk der Regierung des nationalen Heils in den höchsten Tönen gerühmt, die für ihn immer auch gleich die schrillsten sein mußten. Die neue Regierung habe Deutschland vor den moskowitischen Brandstiftern gerettet. Der Reichstagsbrand, so schrieben es auch schon viele Zeitungen, habe das Fanal zum Aufstand, zum Massaker und zur Ausrottung aller anständigen und vaterländisch gesinnten Bürger durch die kommunistischen Untermenschen sein sollen. Die Menge, die lärmend aus dem Versammlungslokal strömte, war aufgeputscht. Man hörte Brüllen und Grölen. Dann ertönte das Kampflied von den wehenden Hakenkreuzen, das in Deutschlands Straßen nicht mehr verstummen sollte. Hesse war nicht der einzige, der sich nicht daran gewöhnen wollte. Passanten, die kein Hakenkreuz trugen, wurden angerempelt. Anderen, die eine unglückliche Notwendigkeit oder bloßer Zufall hierher geführt hatte, wurden die Abzeichen gegenerischer Parteien heruntergerissen. Hesse wollte sich in eine Nebenstraße verdrücken. Er hatte keine Lust, schon wieder einer dieser Prügelszenen beizuwohnen. Aus alter Gewöhnung rechnete er damit, die Polizei würde gleich mit routinierter Knüppelschwingerei und bewährter Zuverlässigkeit eingreifen. In dieser Erwartung wurde er jedoch schmählich getäuscht. Erstaunt sah er, wie sich Polizeibeamte anbiedernd in die aufgebrachte Menge mischten, den Arm zum neuen Gruß erhoben und strammstehend der neuen Hymne lauschten, die forderte, den braunen Bataillonen die Straße freizugeben. Ein paar Polizisten, Arm in Arm mit Mädchen in braunen Blusen, die sich bei ihnen untergehakt hatten, liefen sogar in dem Zug mit, der sich auf der Straße formiert hatte, und trugen dabei selbst funkelnagelneue Hakenkreuzbinden zur Schau. Ihre Gesichter strahlten. Sie lachten übers ganze Gesicht. Das war wirklich ein schönes und bewegendes Sinnbild der neuen Volksgemeinschaft, wie es die »Braune Post« am nächsten Morgen kennzeichnen sollte.

Hesse gehörte nicht zu den Bürgern, die alles für gut halten, was die Polizei nicht verbietet, und für noch besser, was sie ausdrücklich erlaubt. Bei diesem Anblick ergriff ihn jedoch ein Schauder panischer Angst. Er verstand nur zu gut, was diese Demonstration bedeutete: den u numstößlichen Beweis für die Beseitigung der bisher geltenden Staatsordnung. Und sie lachten, diese Polizisten, manche zwar etwas verlegen und ein bißchen verschämt, aber sie lachten, und lachten auch noch, als man direkt neben ihnen Fußgänger anpöbelte und mit Schlaginstrumenten Leute verprügelte, die anders dachten als ihre Peiniger und nicht bereit waren, ihren Überzeugungen auf der Stelle abzuschwören. Das alles bedeutet also, sagte sich Hesse, der sich Mühe gab, die Vorfälle kaltblütig und genauestens zu registrieren, das alles kann also bedeuten, wenn es einem dieser Schläger in brauner Uniform einfallen sollte, sich auf mich zu stürzen, mich zu beleidigen, mich zu mißhandeln, würde die Polizei mich nicht schützen und keineswegs den Angreifer verhaften, sondern wahrscheinlich noch mich selbst abführen. Tatsächlich wurden jetzt auch Opfer der Krakeeler in die Polizeiautos gestoßen. Dazu gellte es aus der tobenden Masse: »Nieder!« »Haut die Hunde!« »Verfluchte Brandstifter!« »Juda verrecke!«

So ist es nun also, stellte Hans fest. Man würde sich daran gewöhnen müssen. Aber konnte man das? Jetzt lüftete das neue Regime die Maske, ließ sein wahres Gesicht erkennen. Er erinnerte sich an eines seiner Budengespräche mit Heldt. Der junge Kommunist hatte ihn auf die »Komplizität der Exekutive« aufmerksam machen wollen. Warum Heldt und seine Gesinnungsgenossen nur immer diese abstrakten Bezeichnungen gebrauchten, um sonst durchaus einleuchtende Gedanken auszudrücken? Der Sinn dieser wie einer Geheimsprache entnommenen Formeln mußte der Masse, auf die sie im Grunde doch einwirken sollten, unverständlich bleiben. Würde jedoch, fragte er sich nun, diese deutliche Lektion, der er gerade beiwohnte, auch ohne anleitende Deutung für die große Menge der Parteilosen, Unentschiedenen oder Indifferenten klar und einleuchtend sein? Bestimmt nicht, dachte Hans, nicht in einem Lande, wo man immer das für gut befunden hatte, was die Polizei, die zugleich sichtbarste und furchterregendste Vertretung der Obrigkeit war, für gut und richtig hielt. Und Hesse sah nun auch das: Der Frontwechsel, das Überlaufen dieser Ordnungstruppe entschied die Partie. Die Wahlen konnten jetzt ausgehen, wie sie wollten, sie würden nichts an der auf den Straßen schon vollzogenen Machtübergabe ändern.

Man mußte sich also mit dem Gedanken vertraut machen, von nun an in einem von diesen Leuten eroberten Land zu leben, von denen man, schon aus Erfahrung, aber auch aus hellsichtiger Vorahnung, nichts Gutes zu erwarten hatte. Schon die Tatsache, nicht zu ihrer Partei zu gehören, stellte einen außerhalb der neuen Ordnung. Gleichzeitig kam Hans aber auch wieder der verwegene Gedanke, gerade das gäbe ihm auch eine neue Freiheit. Er hatte auch einen kurzen Rückfall in frühere Illusionen. »Bloß keine Panik«, rief er sich innerlich zu, »keine Überschätzung, keine übertriebene Mißdeutung der Fakten!« Die Begeisterung der ersten Stunde, der Siegestaumel mit seinen Übergriffen, das war alles unvermeidlich und würde sich auch wieder legen. In unserer Zeit hat alles seine Grenzen. Hesse war fast versucht, abzustreiten, was seine Augen doch gerade gesehen hatten. »Wo Menschen nicht mehr wie Menschen leben können« – das waren Georgs Worte. Große Worte für niedrige Taten. Schließlich hat ein jeder noch immer sein Privatreservat, wo selbst die Polizei keinen Zugang hat, die Gedanken, so hieß es nicht nur einst im Lied, sind frei. Man muß nur wachsam und aufrecht bleiben. Vielleicht meinte Hesse auch, er habe weniger zu befürchten, da er wenig zu verlieren hatte, denn was besaß er schon, und was konnte er hier noch erwarten? In seinem neuen Hochgefühl von unbestimmter Freiheit und bedenklicher Ungebundenheit fürchtete er den Ablauf der Ereignisse jetzt noch viel weniger, jedenfalls für seine eigene Person. Er verstand zum ersten Mal geradezu komplizenhaft die verzweifelten Ausbrüche von Lebensgier bei den von der Pest bedrohten und heimgesuchten Europäern früherer Jahrhunderte. Seitdem er in sich und für sich selbst klarer zu sehen glaubte, hatte er nichts mehr dagegen, daß die Krise ausgebrochen war und einem Höhepunkt zustrebte. »Ich habe keine Familie, keine Stellung, keine Partei, keinen Glauben«, sagte er sich mit voller Bewußtheit seiner selbst und seiner Lage. Obwohl er nicht wußte, wie sie aussehen würde, stand er einer Zukunft zur Verfügung, die anders war als jetzt und hier. Er erschrak nicht vor seinen eigenen Gedanken. Heute hieß das ja auch nur, er habe für nicht vorhandene irdische Güter nichts zu befürchten. Als Sachwalter höherer Güter fühlte er sich nicht. Und gegen ihn selbst, in Person, vermochten diese Leute nichts, so meinte er es wenigstens, solange er nur sich selbst treu war und treu blieb. Er würde sich hüten, seine durch neue Einsicht gewonnene neue Kraft an falscher Stelle und für falsche Zwecke zu vergeuden.

Gerda war nicht in der Bar. Hans war nun doch enttäuscht. Dafür wimmelte es heute in dem kleinen Lokal von Braunhemden. Sie tranken und lärmten und waren sehr vergnügt. Eine Gruppe der Hakenkreuzler hatte sich an der Theke breitgemacht. Ein paar von ihnen tuschelten eifrig, stießen sich beziehungsvoll mit den Knien an und zeigten unverfroren mit dem Finger zu einem Tisch. Dort saß ein einsamer Gast. Zu seiner Überraschung erkannte Hesse den Umbruchredakteur des Weltblatts.

»Meine Nase scheint den Herren nicht zu gefallen«, sagte Blum. »Vielleicht sollte ich lieber gehen. Es ist sowieso ein schlechtes Zeichen, wenn unsereiner Schnaps braucht und zu saufen anfängt. Ich frage mich jetzt vor allem«, fügte er sorgenvoll hinzu, »ob mir der Chef, wenn er mich rausschmeißt, sechs Monatsgehälter oder nur drei als Abfindung gibt. Und was danach kommt?«

»Der Umbruch, wie Sie einmal sagten, also der Bergrutsch hat nun wirklich begonnen«, stimmte Hans der trüben Lageeinschätzung zu. »Rutschen wir einfach mit! Man bläst uns einen neuen Marsch, aber wir haben doch keine Verpflichtung, uns vor den neuen Taktstockschwingern zu verbeugen. Auch das ist eine Freiheit.«

»Sie haben gut philosophieren«, erklärte Blum bitter. »Sie sind alleinstehend. Außerdem sind Sie jung, unverbraucht, wie man sagt. Ich will auch über Selbstverständlichkeiten keine Phrasen dreschen, also von wegen Verantwortung, Verpflichtungen und so weiter. Aber stellen Sie sich das einmal vor, wenn Sie es können: eine Frau, die man liebt, drei Kinder, die man gern hat, drei kleine Lebewesen ohne Schutz, die mir bald sehr vorwurfsvolle Augen machen werden, Kinder, die leben, atmen, essen, trinken, ein warmes Bett haben wollen, und frische Luft dazu. Ja, warum hat der denn bloß geheiratet, werden Sie nun denken, nicht wahr, Hesse? Nun, ich denke das auch oft, aber mich drückt nicht die liebe Last nieder, die ich zu tragen habe, sondern der Gedanke daran, welche Last ich für sie, für die Meinen, bald sein werde, mit meiner Unfähigkeit, irgend etwas zu ändern, ihnen weiterhin zu helfen.«

Hesse hatte sein Glas rasch geleert. Sie gingen zum Ausgang. An der Bar amüsierten sich die Uniformierten immer noch prächtig. Ihre Augen glänzten, sie waren lustig und guter Dinge, hatten auch schon mehr als genug getrunken. Hesse war verdutzt, als er wahrnahm, daß die meisten unter ihnen durchaus wie nette, anständige junge Männer aussahen.

»Habt ihr diese Judenfresse gesehen?« brüllte einer aus der Bande, als Hans dem Redakteur gerade die Tür aufhielt. Die andern wieherten vor Lachen.

»Es ist ja gar nicht wahr«, murmelte Blum, als sie schon draußen waren, »daß die Deutschen keinen Sinn für Humor haben.«

VIII

Es war Sonntag. Wahltag. Gestern war noch bis in die Abendstunden hinein Lautsprecherlärm in den Straßen gewesen. Die Anhänger des neuen Kanzlers hatten Weisung erhalten, ihre Rundfunkempfänger bei geöffneten Fenstern eingeschaltet zu lassen. Nachbarn und Passanten sollte kein Wort seiner letzten Wahlrede entgehen. Das wäre auch kaum möglich gewesen. Wer davonlaufen wollte, hing schon nach ein paar Schritten wieder im gleichen gellenden Netz. Die kehlige Stimme, die selbst heiser geschrieen noch ohrenbetäubend wirkte, hatte den willig wie den widerwillig Lauschenden schon mit ihrer Allgegenwart eine wirksame akustische Betäubung verpaßt.

Hans Hesse hatte lange geschlafen. Er stand gerade auf, als seine Vermieter schon von der Ausübung ihrer Bürgerpflicht zurückkehrten. Er hörte sie im Vorplatz miteinander reden. Herr Stern sprach gereizt und vorwurfsvoll.

»Und wenn das Zentrum nun doch umkippt?« hörte Hesse ihn sagen. »Die gehen immer mit den stärksten Bataillonen. Eben richtige Jesuiten.«

»Auf jeden Fall sind sie gegen den Rassenhaß«, erwiderte Frau Stern. Sie hatte sich offenbar für eine Stimmabgabe zu rechtfertigen, die ihrem Mann mißfiel. »In der Judenfrage ist ihre Haltung bestimmt eindeutiger als die deiner Deutschnationalen. Was nützt es schon, die Hugenberg-Leute innerhalb der Regierung zu stärken? Dort arbeiten sie schließlich Hand in Hand mit einer Partei, die im Grunde nur einen Programmpunkt hat: den Antisemitismus.«

»Dafür haben sie in wirtschaftlicher Hinsicht sehr gesunde Ansichten«, hielt Herr Stern ihr entgegen. Dann hörte man eine Tür heftig ins Schloß fallen.

Hesse machte sich unlustig zum Ausgehen fertig. Auch er wollte nun doch noch wählen, obwohl er mehr denn je von der Sinnlosigkeit der Abgabe seines Wahlzettels überzeugt war. Gegen wen er stimmen würde, wüßte er genau. Aber für wen? Diese Entscheidung war nicht so einfach, nicht nur wegen der Überfülle der Parteien, die sich anboten. Auch als unbedingter Gegner der Hakenkreuzler war er auf kein eindeutiges parteipolitisches Glaubensbekenntnis festgelegt. Er glaubte sich weder fähig noch berufen, den Schritt von einer schroffen Ablehnung dieser Regierung aus persönlich leicht zu rechtfertigenden Gründen zu einem gnadenlosen Kampf aus grundsätzlicher parteigängerischer Überzeugung zu vollziehen. Wieder einmal zur Wahlurne zu schreiten, seinen angekreuzten Stimmzettel durch den Schlitz zu werfen und dann im stolzen Bewußtsein geleisteter Pflichterfüllung zum Mittagessen zu gehen – war das denn überhaupt eine Kampfhandlung?

Mit Unruhe dachte er an Franz Heldt. Die Koffer standen noch immer in der Zimmerecke. Niemand hatte sie abgeholt, keine Botschaft war gekommen. War er auch verhaftet worden? Die Verlustlisten der Linksparteien wurden immer länger. Heldts Name war darin nicht aufgetaucht. Aber das war kein Grund zur Beruhigung. Gewiß spielte er in seiner Partei eine viel zu untergeordnete Rolle, um unter den Opfern der Razzien überhaupt erwähnt zu werden. Außerdem wußte Hans durch Blum, daß seit der Reichstagsbrandnacht manche Nachricht gar nicht mehr in die Zeitungen kam.

Von Georg war nur ein Brief gekommen. Lakonisch, kein persönliches Wort, nur ein Kurzbericht zur Lage.

»Nach den Wahlen wird die Kommunistische Partei ganz bestimmt verboten werden«, hieß es da unter anderem. »Jede für sie abgegebene Stimme ist also verloren.«

Hesse war darüber verärgert gewesen. Aus diesen hastig hingekritzelten Zeilen glaubte er wieder einmal einen Belehrungsanspruch zu erkennen. War Georg wirklich in Geheimnisse eingeweiht, die er hier für einen Nahestehenden gnädig lüftete? Hans war für den unverhüllten Wahltip ebenso wenig empfänglich, wie er ein wirkliches Verständnis für den Gewissenskonflikt des Ehepaars Stern nach dessen Heimkehr von der Wahl aufgebracht hatte. Noch weniger bereit war er, der Empfehlung des Weltblatts zu folgen, die darin bestand, beim Wahlakt an das »Wohl des Staatsganzen« zu denken. Diese Formel war bedenklich mehrdeutig. Hatte nicht sogar die jetzige Regierung auf ihre Art das »Wohl des Staatsganzen« im Auge? Das behauptete sie jedenfalls mit biederer Treuherzigkeit. Die auffälligen Beweise schwankender Gesinnung, die die Redaktion des Weltblatts Hesse letzthin geboten hatte, konnten in seinen Augen den Wert dieses dehnbaren Ratschlages nicht gerade erhöhen. Um seiner Stimmabgabe wenigstens vor sich selbst den Anschein einer unbeeinflußten Entscheidung zu geben, beschloß Hesse kurzerhand, sein Kreuzchen in dem für Heldts Partei vorgesehenen Kreis anzubringen. Dabei hatte er das dumpfe Gefühl, Franz Heldt würde nicht sonderlich erbaut darüber sein, wenn er jemals Hesses recht persönliche Beweggründe für einen Entschluß erfahren sollte, der verdächtig nach einem an Georgs Adresse gerichteten »Nun gerade!« aussah.

Auf den Straßen, die gar nicht sonntäglich wirkten, ging es lebhaft zu. Die meisten Wähler wollten wohl die Sache vor dem Mittagessen hinter sich bringen. Die Polizeipatrouillen waren verstärkt worden. Offene Lastwagen, dicht besetzt mit jubelnden Braunhemden, fuhren im Schrittempo durchs Viertel. Die Passanten wurden von den Insassen mit Sprechchören und Wahlflugblättern traktiert. Man stand schon vor dem Wahllokal Schlange. Viele der Wartenden trugen offen das Hakenkreuzabzeichen. Sie waren die einzigen, die sich miteinander unterhielten. Die Hakenkreuzlosen starrten schweigend vor sich hin. Hesse konnte an ihren verschlossenen Gesichtern nicht erkennen, ob ihr Schweigen eingeschüchtert oder aufsässig war. Direkt vor der Tür hatten sich Mitglieder des »Stahlhelm« in feldgrauer Uniform, SS-Männer in schwarzer Kluft und SA-Leute im üblichen Braun aufgepflanzt. Sie schoben vor den Plakaten ihrer Parteien Wache. In respektvoller Entfernung von ihnen stand ein kleines hageres Männchen. Es trug nicht gerade aufdringlich ein Plakatschild der katholischen Zentrumspartei mit der Aufschrift »Glaube, Familie, Vaterland« und hielt es krampfhaft umklammert, als wolle man es ihm entreißen, wozu jedoch niemand Anstalt machte. Von Zeit zu Zeit warf dieser stille Werber verschüchterte Blicke auf die Gruppe um Stahlhelm und Hakenkreuz. Hesse sah nicht einmal einen Vertreter der Sozialdemokraten, obwohl diese Partei draußen ein schwarzrotgoldenes Werbeschild aufgestellt hatte. Von den Kommunisten war weit und breit nichts zu sehen. Aber das wollte nicht viel besagen, da die beiden Arbeiterparteien in diesem Wohnviertel noch nie viel zu bestellen gehabt hatten.

Beim Wahlvorgang ging alles mit äußerster Korrektheit zu. Die Wahlhelfer wirkten beflissen. Hesse konnte sich jedenfalls davon überzeugen, daß das Wahlgeheimnis nicht nur in der Zelle bewahrt blieb. Sein von ihm selbst in den Umschlag gesteckter Stimmzettel gelangte wie gewöhnlich unter den wachsamen Blicken der Beisitzer und der aufmerksamen Kontrolle des Wahlleiters in die verschlossene Urne. Hesse war darüber fast ein bißchen enttäuscht. Keine Spur von dem Terror, der einer früheren Behauptung Heldts zufolge gerade an diesem Tag hätte herrschen müssen, um die Gegner der Regierung einzuschüchtern. Auf dem Rückweg begegnete Hesse sogar einer Gruppe der »Eisernen Front« und einer etwas kleineren der »Antifaschistischen Liga«. Die jungen Männer in Windjacken verteilten Handzettel. Die einen riefen: »Freiheit!«, die anderen »Rot Front!«, als sie auf einen Trupp Braunhemden stießen. Die Nazis beschleunigten ihre Schritte, denn sie waren hier für einmal in der Minderzahl. Erst aus sicherer Entfernung brüllten sie: »Juden raus!« Weder Republikaner noch Kommunisten störten sich sonderlich daran. Die Aufforderung hätte kaum auf sie gemünzt sein können. Sie verteilten einfach ihr Agitationsmaterial weiter. Kurze Zeit danach trieben Polizisten sie jedoch auseinander. Ein paar junge Leute wurden mit aufs Revier genommen. Der Vorfall war offenbar gleich gemeldet worden. Das war auch alles. Sonst herrschte tatsächlich Ruhe.

Hans Hesse aß seinen üblichen Sonntagshackbraten in den »Drei Hasen«. Nach dem Essen las er noch im Lokal das Weltblatt und ärgerte sich über den gewundenen Leitartikel aus Kirchburgs Feder, der die »positiven Aspekte der nationalen Erhebung« betonte. Da Hans an diesem Nachmittag sonst nichts mit sich anzufangen wußte, ging er ins Kino. Schade, dachte er, daß es keine Nachmittagsvorstellung im Theater gab. Gerda hatte auch diesen Abend spielfrei, wie sie ihm telephonisch bei der Einladung zum Abendessen gesagt hatte. Er würde die Nacht mit ihr verbringen. Hoffend und zagend war ihm zumute wie einem Pennäler vor dem ersten Liebesabenteuer.

Gerda hatte ein kleines Abendbrot vorbereitet. Auf dem Tisch stand sein Veilchenstrauß. Sie goß für beide Tee ein. In ihrem blauseidenen tief ausgeschnittenen Negligé war sie wieder einmal ganz Verführerin. Hans war von ihrem Dekolleté betört. Er war jetzt nur von dem Wunsch besessen, sie endlich zu umarmen. Und doch machte ihn der Gedanke befangen. Es fiel ihm schwer, den leichten Plauderton einzuhalten, in den sich beide in stillem Einverständnis geflüchtet hatten. Hans war der schlechtere Unterhalter und der ungelenkere Schauspieler. In der Rolle des Liebhabers gab er sich keine gute Note. Zwischen ihnen waren noch immer Schranken. Vielleicht hatten von Anfang an nur ihre Körper einander begehrt. Noch mangelte es ihnen an seelischer Vertrautheit, an jener Unbefangenheit, vor der die Frage nach dem Danach verstummt. Vor diesem fürchtete sich Hans mehr als vor ihrer Liebkosung. Er fand seine Haltung in diesem Augenblick peinlich und schämte sich. Gleichzeitig schämte er sich, sich zu schämen. Hier, in Georgs Wohnung, befand er sich in einem Reich der falschen Töne. Es bedrückte ihn, gerade hier Gerda gegenüberzusitzen, die ihn bei Tisch, wie sie es zweifellos sonst für Georg tat, liebevoll umsorgte. Sie spielte heute für ihn die Rolle der fürsorglichen

Lebensgefährtin, die eigentlich eine andere, längere und tiefere Vertraulichkeit voraussetzte, als zwischen ihnen bestand. Er war verlegen, wenn er Gerda fragen oder sagen hörte: »Wie viele Stücke Zucker?« oder »Nimm doch noch von dem Schinken, er ist wirklich erstklassig.«

Hans hätte Lust gehabt wegzurennen, wurde aber durch andere Lust gehalten. Es bannte ihn ein junger Busen. Und Gerda spielte die Rolle der gastlichen Betreuerin nicht gut genug, um ihn nicht merken zu lassen, daß auch sie nicht nur an Zucker und Schinken dachte.

Natürlich sprachen sie nicht über Georg. Aber er war doch zugegen. Seine unsichtbare Gegenwart lastete auf ihnen. Was ihn mit Georg verband, dachte Hans, sei stärker als diese Verbindung mit Gerda. Ihre Vereinigung würde die erste Nacht vielleicht nicht überdauern. Er fühlte, daß auch Gerdas Bande mit dem fernen Freund stärker und tiefer waren als diese heutige Verstrickung ihres Einanderbegehrens.

Liebte er Gerda? Zum wievielten Male hatte er sich das schon gefragt! Dem »Ja«, das ihm immer zu leicht auf die Zunge geraten war, mißtraute er nun. Es war vielleicht nur eine Entschuldigung, ein Vorwand gar, um sich berechtigt zu glauben, einer zu nahen Versuchung zu erliegen. Wenn er noch immer nach einer Rechtfertigung für sein Handeln suchte, statt rückhaltlos dem Drang seines Herzens nachzugeben, mußte es in seinem Gefühl für Gerda etwas sehr Unklares geben.

Hans meinte, Gerda liebe ihn. Was sie ihm zu geben bereit war, schien Beweis genug und jeden Zweifel zu verbieten. Er begriff jedoch, wie hoffnungslos sein eigener Fall war. Sein Hang, alles zu zerdenken, zerstörte jeden natürlichen Antrieb. Für alles, was selbstverständlich sein sollte, suchte er erst einmal nach Beweisen und Rechtfertigungen.

Er stand brüsk auf. Gerda sah ihn überrascht an.

»Mit dir muß man wirklich Geduld haben«, sagte sie. Sie ging zu ihm und streichelte sein Haar.

»Du hast recht«, erwiderte er. »Ich bin ein großer Esel.«

Sie schüttelte den Kopf. »Ich habe viel über dich nachgedacht«, sagte sie. »Du bist aus Anständigkeit feige, nicht wahr?«

»Aus Feigheit anständig«, verbesserte er zynisch. »Du solltest mich rausschmeißen.«

Sie nahm seine Hand. »Hans, wir sind endlich einmal allein. Ich habe lange genug darauf gewartet. Und du auch.«

»Ja, ich auch. Es tut mir leid, ich denke dennoch an Georg.«

»Das genügt jetzt«, sagte Gerda. »Hör endlich auf! Sei still, Hans. Ersticke doch nicht alles mit Worten.«

»Wann kommt Georg zurück?« fragte Hans.

»Wahrscheinlich übermorgen«, erwiderte Gerda. Sie sah nun nachdenklich aus. »Schon in zwei Tagen.« Hans drehte sich um. »Du willst wahrscheinlich rauchen«, sagte sie. Er zündete sich eine Zigarette an. Dann ging er zum Radioapparat und stellte ihn an. Man brachte gerade die ersten Wahlergebnisse. Eine erdrückende Mehrheit für die Nazis, so wollte es scheinen. Hesse hatte nichts anderes erwartet.

»Stell doch das Ding ab!« forderte Gerda ungehalten. »Ist das denn wirklich so wichtig? Gerade jetzt?« Hans sah sie verwundert an.

»Ach ja«, sagte er enttäuscht, »du weißt natürlich nicht, was auf dem Spiel steht.«

»Fängst du nun auch so an?« fragte Gerda vorwurfsvoll. »Willst du mich auch irgendwo in eine Ecke stellen, nur weil es eine sogenannte Revolution gegeben hat?«

»Nur weil es eine Revolution gegeben hat«, wiederholte sich Hans verblüfft ihre Worte. Dann aber bewunderte er ehrlich ihre unbeschwerte Geistesart, die ihm auf einmal gerade wegen ihrer Natürlichkeit über Georgs und seiner eigenen zu stehen schien. »Vielleicht verstehst du wirklich nicht ganz, worum es geht«, begann er lehrerhaft. Sie stand auf und verließ das Zimmer. Er tat so, als habe er es nicht bemerkt und widmete sich dem Radio. Diesmal kriegte er eine andere Sendestation.

»Und Freudenfeuer flammen auf unseren deutschen Bergen empor, um der Welt zu künden: Deutschland ist erwacht!« deklamierte eine Stimme mit künstlichem Pathos. Er drehte ab. Da hörte er seinen Namen rufen, Gerda stand auf der Türschwelle. Sie lächelte ihm zu. Er folgte ihr ins Schlafzimmer. In ihren Armen vergaß er alles, auch Georg. Danach aber, im Traum, verfolgte ihn eine merkwürdige Stimme. »Nur weil er dein Freund ist«, wiederholte diese Stimme immer wieder. »Nur weil er dein Freund ist.«

Er fuhr mit einem Schrei hoch. Gerda streichelte seine Hand. »Du weißt doch, du bist bei mir«, flüsterte sie zärtlich. »Ich bin es.« Aber ihre Nähe beruhigte ihn nicht. Der Morgen dämmerte durch die Scheiben. Hans war aufgestanden. Er zog die Vorhänge zurück und schaute auf Gerda. Sie schlief tief und atmete gleichmäßig. Er legte sich behutsam wieder zu ihr und betrachtete sie weiter. Es war eine Prüfung, die durch nichts gerechtfertigt war. Die vorausgegangenen Stunden hätten sie ihm eigentlich verbieten müssen.

Gerda war schön. Was ihn am meisten bei dieser Betrachtung beeindruckte, war der rührende Ausdruck von Unschuld, der sich im Lächeln dieses entspannten Gesichtes widerspiegelte. Er spürte auf einmal ihre Ursprünglichkeit, die es ihr versagen mußte, seine Skrupel und sein Zögern zu verstehen. Genauso schwer mußte es für sie sein, glaubte Hans, die Sorgen zu begreifen und zu teilen, die jetzt auf Georg lasteten, und die sich nun auch immer mehr seiner eigenen Person bemächtigten. Diese Stirn war nicht dafür bestimmt, von Schicksalsschlägen gezeichnet zu werden. Trotz alledem: Mit welcher Vollkommenheit, welcher Wahrheit hatte sie nicht schon dem wildesten Schmerz, der triumphierendsten Freude Stimme verliehen – auf der Bühne.

Ihr so nahe, mußte er sich eingestehen, sie würde ihm immer fern bleiben. Eine schöne Fremde, unwiderstehlich reizvoll, aber sein ganzes Wesen würde sie nie ausfüllen. Sie waren einander unerreichbar. Noch in ihren Armen hatte er heute nacht Einsamkeit empfunden. Nun begriff er, daß Gerda auch Georgs Leben nie ganz ausgefüllt hatte. Sie hatte mit Georg ein Stück Leben geteilt, aber eben nur ein Stück. Seit seiner letzten Unterredung mit ihm wußte Hans auch, daß Georg diesen Teil von sich abgetrennt hatte, voller Bedauern zwar, voller Behutsamkeit, aber eben doch abgetrennt. Und Gerda war feinfühlig genug, um das zu spüren. Hans erinnerte sich jetzt an einige Bemerkungen Gerdas über Georgs Hingabe an die Politik, von der sie wie von einer erfolgreichen Rivalin gesprochen hatte. Nun aber erschien Hesse seine eigene Rolle auch in einem ganz anderen Licht. Es gab keinen Verrat mehr. Georg hatte Gerda ihre Freiheit wiedergegeben, weil sie ihn, das Wort mußte gewagt werden, weil sie ihn behinderte, weil sie ihm auf den gefährlichen Pfaden, die er begehen mußte, weder folgen konnte noch durfte. Hans erinnerte sich jetzt sehr deutlich gewisser beredter Gebärden oder Mienenspiele zwischen den beiden: ein nachsichtiges, zerstreutes und schon wie gestört wirkendes Lächeln, eine ungeduldige Handbewegung, wie um sie wegzuschicken, ein trauriges »Ja, ja, natürlich, mein Kind«. Das alles scheuchte Gerda in dem Augenblick fort, wo sie mit Georg über seine Arbeit oder gar die Politik reden wollte. Da war immer dieser verschlossene, verbissene Ausdruck, wenn sie sich ihm zuneigte, um ihre Anteilnahme zu bekunden.

»Arme Gerda!« dachte Hans in zärtlicher Melancholie, denn

er verdächtigte sich, auch er würde sie eines Tages auf die gleiche Art verlassen, wenn für ihn ebenfalls das Leben voller anderer Forderungen geworden wäre. Eines Tages, wenn sich ihm, sei es gegen seinen Willen, aber doch unausweichlich, Entscheidungen aufdrängen könnten, die wichtiger schienen als jedes Privatleben eines heimlichen und gar noch gestohlenen Glücks, wenn Zeiten angebrochen sein würden – waren sie denn nicht schon da? –, aus denen jede Zärtlichkeit, Schönheit und Anmut verbannt sein mußten.

Das war nun Georgs Welt. Hans glaubte den neuen Ernst in den Zügen seines Freundes zu sehen. Er war bereit, dessen neue Beunruhigung vor kommenden Dingen zu teilen. Jetzt verstand er besser Georgs Drang zu Einsatz und Opferbereitschaft, zum Kampf, seine Abwehr und Verweigerung der herrschenden Zustände.

Hans brachte das Wort nicht mehr über die Lippen, das normalerweise sein Verhalten der letzten Stunden als das gekennzeichnet hätte, was es trotz allem war: Verrat. In seinen neuen Gedanken an den Freund, dessen Rückkehr er nun nicht mehr fürchtete, sondern erhoffte, erkannte er, daß hier nur einzig und allein Gerda die Betrogene war. Mit der Undankbarkeit, die so leicht der Erfüllung eines Begehrens folgt und zur Ungerechtigkeit verleitet, glaubte Hans feststellen zu müssen, Gerda bedeute ihm eben doch nicht alles. Hatte der Anruf der Politik, dem Georg schon erlegen war, nun auch ihn ereilt?

Er nahm die Straßenbahn, um rascher nach Hause zu kommen. Ein Blick auf die Zeitung eines Fahrgastes belehrte ihn, daß die jetzige Regierung, die er aus alter Gewohnheit noch immer die neue nannte, die Mehrheit der Stimmen auf sich vereint und fast die Hälfte der Wählerschaft für die Nationalsozialisten gestimmt hatte. Er dachte an Heldt, an Georg, und auch ein wenig an sich. »Geburt des Dritten Reiches«, verkündete pompös eine Zeitungsüberschrift. Die Hakenkreuze, die viele Passagiere trugen, bekräftigten die Verkündigung. Der Schaffner bahnte sich einen Weg durch die stehenden Fahrgäste. Er blickte ohne Sympathie, ja geradezu ablehnend auf die Hakenkreuzabzeichen.

»Platz der Republik!« rief er laut und mit einem herausfordernden Unterton die nächste Haltestelle aus.

Ein fetter Mann in teurem Kamelhaarmantel runzelte mißbilligend die Stirn. »Der Platz wird bald umbenannt werden, wollen wir hoffen«, sagte er zu zwei jungen Nazis. »Schöne Republik ist das gewesen, Weimarer Judenrepublik.«

Viele Fahrgäste nickten zustimmend. Die anderen rührten sich nicht. Aber sie hatten abweisende Gesichter und starrten ins Leere, als wünschten sie sich meilenweit weg von hier. Manche schienen auch schon unmerklich die Rücken zu beugen.

Hesse stieg aus. Die meisten Häuser waren noch vom Vortag her beflaggt. Über Nacht schienen die Hakenkreuzfahnen sich sogar noch vermehrt zu haben. Vor dem Haus, in dem er wohnte, blickte er unwillkürlich hoch. Nur die Sterns im ersten Stock hatten keine Fahne herausgehängt. Bei denen gab es auch bestimmt keinen Grund, den Sieg der Nazis zu feiern. Er erinnerte sich unbehaglich daran, vor ein paar Tagen in der »Braunen Post« einen erpresserischen Aufruf gelesen zu haben. Unter der Überschrift »Fahnen heraus!« hatte da einer behauptet, die Feinde des deutschen Volkes erkenne man daran, daß aus ihren Fenstern keine Hakenkreuzfahne wehe. Hesse war eigentlich überrascht, daß seine Vermieter nicht dem Beispiel vieler jüdischer Familien in diesem Wohnviertel gefolgt waren. Denn die Sterns hatten sich nicht auf die halbwegs neutrale Lösung eingelassen, entweder wie zu Kaisers Zeiten schwarzweißrot zu flaggen oder doch wenigstens das unverfängliche Stadtwappen aufzuziehen. Später erfuhr er, Leo habe auf eigene Faust das schwarzweißrote Fähnchen eingezogen, mit dem sein Vater vorsorglich den Balkon drapiert hatte. Auf jeden Fall hatte Herr Stern die schwarzweißroten Schutzfarben weiterhin über seinem Geschäft in der Hauptstraße hängen, um seine Fensterscheiben vor Schaden zu bewahren. Auf dem Vorplatz begegnete Hesse seiner Vermieterin. Ihr Gesicht schien von Sorge erschöpft.

»Eben war ein junger Mann hier und hat nach Ihnen gefragt«, richtete sie ihm aus. »Er will wiederkommen. Seinen Namen wollte er nicht nennen.« Sie sah ihren Mieter etwas mißtrauisch an.

Hans dachte sofort an Heldt. »Groß? Blond?« fragte er.

»Er sah nicht gerade wie ein Student aus«, antwortete sie. »Eher, nun ja! wie ein Arbeitsloser.«

Hesse ging nachdenklich in sein Zimmer. Post war keine da, auch sonst keine Ausrichtung. Kurz darauf klopfte die Hausangestellte und meldete, ein Mann wolle ihn sprechen. Es fiel Hesse sofort ein, daß sie nicht wie üblich »ein Herr« sagte.

»Hat er seinen Namen genannt?« fragte Hans.

Sie betrachtete ihn mißbilligend und zuckte die Achseln. »Hat er nicht gesagt.«

Hans erkannte seinen Besucher sofort. Es war der junge

Kommunist, der sich in jener ereignisreichen Nacht im Taxi um seinen verwundeten Genossen gekümmert hatte.

»Ich komme von Franz«, sagte der junge Mann.

»Heldt?« fragte Hesse erleichtert und nahm den Umschlag entgegen, den sein Besucher ihm reichte.

»Von Franz!« sagte der junge Kommunist mit Nachdruck, »einfach und schlicht Franz!«

Hans Hesse überflog die knappe Botschaft. »Gib meine Sachen bitte dem Überbringer.«

Er holte rasch die Koffer aus der Ecke. »Wie geht es ihm denn?« fragte er Heldts Vertrauten.

Der sah ihn verdutzt an. »Wie soll's ihm schon gehen?« murmelte er. »Auf jeden Fall haben sie ihn noch nicht geschnappt. Das ist wohl das Wichtigste.«

»Hat er nicht gesagt, ob ich ihn treffen kann?«

»Heute abend Punkt sieben, an der Endstation Linie Zwei Stadtwald«, kam die Antwort wie aus der Kanone geschossen. »Empfehle mich, Herr Baron«, sagte der junge Mann zum Abschied. Er hatte sein breites Lachen wiedergefunden und warf Hesse rasch noch einen nach Einverständnis haschenden Blick zu.

Hans wunderte sich, als seine Vermieterin fast unverzüglich danach anklopfte und ihn um eine Unterredung bat. »Sie wollen also ausziehen?« fragte sie ihn geradezu. »Natürlich habe ich dafür Verständnis, wenn es Ihnen unter den herrschenden Umständen unangenehm ist, noch länger bei uns zu wohnen. Das ist verständlich«, bekräftigte sie.

Hesse sah sie mit Erstaunen an. »Aber ich habe nicht die geringste Absicht auszuziehen«, stotterte er und versuchte, seine Fassung zu bewahren.

Sie schaute ihn traurig an. »Sie lassen doch schon Ihre Sachen wegbringen«, erklärte sie. »Und da habe ich mir gedacht, Sie wollten mir den wirklichen Grund für Ihren plötzlichen Auszug nicht nennen. Ich kann das alles verstehen. Es ist gewiß nicht gut für Ihre Karriere, bei Juden zu wohnen. Ja, ich verstehe das nur allzu gut.«

Sie hatte die Stimme gesenkt. Hesse hatte sie nun seinerseits nur zu gut verstanden und schämte sich für das Land. Mit tiefem Erschrecken erkannte er, welche Verheerungen die antisemitische Entfesselung ringsum schon in den Herzen der Opfer angerichtet hatte. Schon hatten sich Empfindlichkeiten und Verdächtigungen entzünden können, die selbst einen Hans Hesse zum Feind dieser Menschen machen konnten. Jetzt mußte er sich rasch eine überzeugende Ausrede für das Abholen der Koffer einfallen lassen, die gar nicht seine waren.

»Ich habe nur ein paar Sachen zum Ausbessern weggegeben«, erklärte er lahm. »Das war mein Flickschneider.«

Die Vermieterin schien nicht sonderlich überzeugt. »Entschuldigen Sie mich bitte«, sagte sie, »aber mit allen diesen Geschichten, die man sieht und hört ... Da habe ich mir schon einbilden können, daß Sie wegwollen. Ich muß den Kopf verloren haben. Die Sorgen, die man jetzt hat, machen einen ganz wirr. Sehen Sie, am meisten hätte mich Ihr Mangel an Aufrichtigkeit geschmerzt. Wir wollen nicht auch noch Mitleid.«

Hans war es schwer ums Herz. »Wenn ich jemals hier ausziehen sollte«, versprach er, »dürfen Sie sicher sein, ist es nicht aus dem von Ihnen geargwöhnten Grund.«

Sie zwang sich zu einem Lächeln. »Es kann noch viel schlimmer kommen«, sagte sie, »und dann dürfen Sie nicht zögern auszuziehen. Wir Juden müssen uns nach und nach an den Gedanken gewöhnen, wieder unter uns zu sein.«

Er fand keine Antwort. Auch konnte er sich nun nicht mehr einreden, die Frau sehe alles zu schwarz. Die letzten Tage hatten ihm gründlich die Augen geöffnet. Er wußte nun genug. Es würden schwere Zeiten für alle anbrechen, die nicht im Lager der Sieger standen.

Sein Gespräch mit Franz Heldt bestätigte diesen Eindruck. Hesse war ungeduldig gewesen, zum vereinbarten Treffpunkt am Stadtwald zu kommen. Sonntags wimmelte es hier von lufthungrigen Bürgern. Heute, an einem ganz gewöhnlichen Montag, bei schlechtem Wetter und zu abendlicher Stunde, würde kaum ein Spaziergänger das Treffen der beiden stören. Die Freunde gingen zunächst getrennt und scheinbar einander gleichgültig auf einen Waldpfad zu, wo sie neugierigen Blicken entzogen waren. Stille umgab sie. Mitunter krachte ein trockener Zweig unter ihren Sohlen. Ein Vogel flatterte aufgescheucht davon. Es war sehr dunkel. Hesse konnte das Gesicht seines Begleiters nur kurz wahrnehmen, als er sich, nicht gerade vorsichtig, eine Zigarette anzündete.

»Hat man dir deine Sachen schon ausgehändigt?« fragte Hans.

»Na klar«, erwiderte Heldt lakonisch. »Auf Herbert kann man sich verlassen. Treu wie Gold! Solche Genossen braucht man in diesen Zeiten.«

»Die Partei wird verboten werden«, sagte Hesse.

»Kann sein«, brummelte Heldt widerstrebend.

»Und wie geht's dir so?« fragte Hans vorsichtig. Es sah nicht nach einer lebhaften Unterhaltung aus. »Sucht man dich?«

Heldt nahm sich Zeit, ehe er antwortete.

»Die Schurken jagen nach einem kapitaleren Wild«, sagte er endlich. »Thälmann.«

Hans schien es, als sacke sein Begleiter trotz aller Bemühung um Haltung ein wenig zusammen.

»Wir haben Fehler gemacht«, fuhr der junge Kommunist zögernd fort, als seien seine Worte nur für ihn selbst bestimmt. »Jetzt wird alles sehr schwierig werden. Wir haben uns doch nicht gründlich genug auf die Illegalität vorbereitet. Und die Massen ...«

»Es müssen schon eine ganze Masse Arbeiter die Nazis gewählt haben«, entfuhr es Hans, »um ein derartiges Wahlergebnis zustandezubringen.«

»Der Zulauf bei den Nazis ist im Grunde ein Symptom der revolutionären Ungeduld«, belehrte ihn Heldt in seinem alten selbstsicheren Kathedertonfall. Er erwärmte sich für seinen Gegenstand. »Dazu kommt leider auch noch ein gewisser Mangel an klassenkämpferischer Erfahrung, die demoralisierende Verelendung des Proletariats, die korrumpierende Wirtschaftskrise. Und dann die maßlosen Versprechungen der Gegenseite. Alles Lügen, natürlich. Aber die Enttäuschung der Massen, die gar nicht ausbleiben kann, wird bald für uns arbeiten. Hast du überhaupt gewählt?« fragte er abrupt.

»Ja, sogar deine Partei«, antwortete Hesse und fühlte sich gar nicht wohl bei dem Gedanken an die höchst privaten Gründe für seine Stimmabgabe.

»Du machst Fortschritte«, kommentierte Heldt. Seine Stimme klang nicht ironisch, aber vielleicht war da ein Lächeln, das Hesse nicht sehen konnte.

»Und wo wohnst du jetzt eigentlich?« fragte Hans unbedacht.

Heldt blieb stehen und nahm ihn beim Arm. »Das kann und darf ich dir nicht sagen. Das mußt du verstehen. Mit mangelndem Vertrauen zu dir hat das nichts zu tun«, sagte er mit gesenkter Stimme. »Mal da, mal dort. Fast jede Nacht woanders.«

Hans schwieg. Ihm war zum Heulen elend, wenn er an diese Art von Leben dachte, das er sich übrigens gar nicht richtig vorstellen konnte.

»Das schlimmste daran ist dieser Teufelskreis«, erklärte Heldt, als denke er wieder laut vor sich hin. »Man kann sich natürlich nur bei zuverlässigen Genossen verbergen. Und gerade die sind der Polente und den Nazis besonders verdächtig und haben oft selbst nicht mehr Zeit genug, um abzuhauen. Man müßte unverfänglichere Verstecke finden. Viele Genossen sind schon hops gegangen.«

»Ja, die Zeitungen sind voll davon«, bestätigte Hans.

»Auch nicht immer«, verbesserte ihn Heldt. »Und was die Zeitungen heutzutage schon alles schreiben, oder auch nicht bringen!« rief er sarkastisch. »Erinnerst du dich noch an Emil? Den Verwundeten im Taxi, der beim Kleben eine Kugel abkriegte?«

»Aber natürlich. Sehr gut sogar. Wie geht es ihm?«

»Letzte Nacht habe ich bei ihm geschlafen«, sagte Heldt leise. »Heute vormittag, ich war schon weg, haben sie ihn erwischt. Trotz seines kaputten Arms wollte er wieder raus und Handzettel verteilen. Und jetzt haben sie ihn.«

»Du kannst wieder bei mir übernachten«, sagte Hans.

Heldt wehrte ab. »Auf keinen Fall. Jetzt bestimmt nicht mehr. Du scheinst nicht zu wissen, was dir blüht, wenn du geschnappt wirst. Nimm Emil, zum Beispiel. Wegen einer Übernachtung, jetzt immer und überall eine unsichere Sache, habe ich keine Angst. Aber denke mal an Emil! Er weiß'ne ganze Masse Sachen von uns. Und er ist verwundet, noch immer schwach. Wenn man ihn schlägt, mißhandelt ...«

»Jetzt übertreibst du aber«, unterbrach ihn Hesse. »Verhaften, klar. Sieht und liest man ja überall. Aber foltern? Wir sind doch schließlich nicht im Mittelalter.«

»Meinst du?« sagte Heldt gedehnt. »An sich nicht, da hast du chronologisch recht. Das sind jetzt die modernen Zeiten. Unsere Zeit! Was ich über Mißhandlungen und Foltern weiß, stimmt aber. Du kannst dir nicht vorstellen, wie es in den SA-Kasernen zugeht. Noch letzte Nacht haben sie mehrere Genossen so zusammengeschlagen, daß man sie nicht wiedererkennen kann. Terror, Brutalität! Und wenn man Emil nur lange genug ... Er ist zuverlässig, weiß ich wohl. Aber wer kann eine derartige Tortur schon ewig aushalten?«

»Ist das denn wirklich wahr?« rief Hans entsetzt. »Du darfst mir die Frage nicht übelnehmen. Aber du solltest selbst wissen, daß politischer Haß einen mitunter ungerecht und blind machen kann.«

Heldt zischte verächtlich zwischen den Zähnen. »Das ist alles nur zu wahr«, erklärte er bündig. »Das gibt es. Auf jeden Fall trifft es auf die zu, die der SA in die Hände fallen. Die rächen sich auf ihre Art an unseren Genossen für die ihnen entgangene Nacht der langen Messer nebst Marsch auf Berlin, die ja abgesagt worden ist. Bei der Polizei ist es noch etwas anderes. Sei es auch nur aus Rivalität, aus Konkurrenzneid. Viele Polizisten haben Angst, ihre Stellung zu verlieren und von SA-Leuten ersetzt zu werden. Diese Eifersucht kommt jetzt noch denen zugute, die das Glück haben, von der Polizei verhaftet zu werden. Die haben es sozusagen besser. Verrückt, aber wahr!«

»Du mußt dich auf jeden Fall verstecken«, sagte Hans. Er hatte nun noch größere Angst um Heldt. »Du kannst wirklich bei mir übernachten.«

Franz Heldt schlug das Angebot erneut aus. »Du könntest deine Großzügigkeit bereuen«, sagte er. »Ich weiß, du meinst es gut. Aber schließlich bist du kein Kommunist.«

»Allerdings nicht«, murmelte Hesse verletzt.

»Ich will damit nur sagen«, erklärte Heldt versöhnlich, »selbst wenn du mit uns sympathisierst, fehlt dir noch jede Schulung und Erfahrung. Wenn du dann mal verhaftet werden solltest, würdest du vielleicht schon bei den ersten Prügeln mehr verpfeifen als unsere erfahrenen Genossen, die wissen, was auf dem Spiel steht.«

»Meinst du?« fragte Hans enttäuscht. Er konnte seinen Unmut nur schwer verbergen. »Ist das wirklich deine Meinung über mich?«

Heldt gebot ihm Schweigen. »Machen wir uns doch keine Illusionen, Hans. Du hast keine Ahnung, was ein Verhör durch diese Leute ist. Du würdest zusammenbrechen, und das wäre auch natürlich.«

»Na, und du? Wenn sie dich fassen?« gab Hans herausfordernd zurück.

»Ich weiß nicht«, sagte Heldt leise. »Wirklich, ich weiß nicht. Wir sind alle nur Menschen, und es ist hart zu sterben.«

Hesse zitterte. Er wußte nun, was alle erwartete, die wie Heldt dachten oder handelten. Wie plötzlich das alles gekommen war! Das Abenteuer, das so jäh den alltäglichen Rahmen seiner Existenz zersprengt zu haben schien, war auf einmal voller Gefahren für Leib und Leben. Hesse besaß noch lange nicht die Kaltblütigkeit, die er aus Heldts Worten herauszuhören glaubte. Der neue Freund hatte da einen gewichtigen Erfahrungsvorsprung. Er war bereits an Gefahr gewöhnt, darauf bedacht, sich vorzusehen und kalt und logisch kommende Bedrohung vorauszusehen. Er schrieb sich sogar ein unfehlbares Urteilsvermögen über die Lage und ihre Entwicklung zu. Wenn man ihm zuhörte, schien sich alles nach voraussagbarer Gesetzmäßigkeit zu entwickeln. Für Hans war es schwerer, seine Gewohnheiten aufzugeben und sich damit abzufinden, in einem ihm noch unbekannten Element zu leben: der Furcht. An Heldts Worten über die Ausschreitungen in den SA-Kasernen konnte er nicht zweifeln. Langsam stieg in ihm das vertraute Gefühl erstickender Angst auf, das er als Kind empfunden hatte, wenn die Eltern ihn einmal bis in die nächtlichen Stunden hinein allein in der Wohnung gelassen hatten, dem bedrohlichen Dunkel, dem verdächtigen Krachen und Ächzen der Möbel ausgeliefert, schutzlos unsagbarer Angst anheimgefallen, wenn sich im Treppenhaus schwere Schritte hören ließen, die geradewegs auf die Wohnungstür zuzukommen schienen. Da hatte es auch nichts geholfen, wenn man am nächsten Morgen erfuhr, diese Schritte habe ein sonst total harmloser, oft aber betrunkener Nachbar, ein Straßenbahnschaffner, verursacht, der vom Spätdienst heimkehrte. Hesse entriß sich diesen Erinnerungen, die ihn mitunter noch in seinen Träumen verfolgten, und schämte sich seiner Beklommenheit.

»Aber dann«, sagte er endlich, seine Gedanken zusammenraffend, »dann hat jetzt wirklich eine Zeit des Schreckens begonnen. Systematischer Terror. Merkwürdig«, fügte er nachdenklich hinzu, »wenn man früher in Geschichtsbüchern über solche Zeitabschnitte gelesen hat, oder noch vor kurzem in den Zeitungen Berichte aus anderen Ländern, konnte man sich in Wirklichkeit nicht viel darunter vorstellen. Es muß wohl immer erst an und unter die eigene Haut gehen. Jetzt aber, selbst wenn man persönlich noch gar nicht in diesen Kampf einbezogen ist, sich aber bewußt wird, daß er tobt, und wie, daß solche Dinge sich ganz in unserer Nähe, um uns herum abspielen, und von Landsleuten begangen werden, die man doch als Menschen angesehen hat ...«

»Deine Herzensergüsse einer Schönen Seele sind nicht gerade sehr originell«, erklärte Heldt unsanft.

Hans war unter diesen Worten ein Verdacht gekommen, der sich nicht abweisen lassen wollte. Gern hätte er Heldt jetzt ins Gesicht gesehen. »Und wenn es nun anders gekommen wäre?« fragte er rundheraus. »Wenn ihr nicht verloren hättet, sondern Sieger wäret? Hättet ihr dann auch zu derartigen Mitteln gegriffen?«

Heldt antwortete nicht gleich. »Das wäre nicht dasselbe«, sagte er endlich. »Es steht außer Frage, daß gewisse Notwendigkeiten, die sich aus der jeweiligen Lage ergeben, auch die

Arbeiterklasse dazu zwingen könnte, ihre Feinde unschädlich zu machen. Aber selbst dann kommt alles auf die Art und Weise an, auf die Methode. Keine unnötigen Folterungen, keine entarteten Grausamkeiten. Keine Entfesselung der niedrigsten Instinkte.«

»Mag sein«, erwiderte Hesse ohne besondere Überzeugung. »Aber wie wollt ihr denn diese Schändlichkeiten verhindern? Im ersten Siegesrausch, sozusagen, und selbst danach.«

»Erziehungssache«, erklärte Heldt kalt. »Sache der Disziplin. Außerdem wären wir durch die Höherwertigkeit unserer Sache gerechtfertigt.«

Hesse lehnte sich gegen diese Deutung auf. Er kriegte es mit der Angst zu tun, als er ihre nicht nur gedanklich gefährlichen Schwachstellen entdeckte. »Und wenn die anderen, ich meine die Nazis, nun auch in dieser Hinsicht guten Glaubens handeln? Wenn du dich auf dieses Terrain verirrst, gibst du ihnen ja in gewisser Weise recht.«

»Ein Vergleich zwischen denen und uns ist doch unmöglich«, erwiderte Heldt schneidend. »Auf der einen Seite die Ausbeuter und diejenigen, die sich zu ihren Helfershelfern, zu Henkern machen, auf der anderen Seite die Unterdrückten. Wer noch ein bißchen Gewissen und etwas Verstand hat, muß doch diesen entscheidenden Unterschied erkennen. Aber was soll das alles«, wehrte er ab. »In diesem Augenblick haben wir die Macht noch lange nicht. Nun ja, Krieg ist Krieg«, fuhr er fort.

»Krieg ist immer schrecklich«, gab Hans zu bedenken. »Und ist er in diesem Augenblick nicht auch noch aussichtslos?«

»Wir haben erst dann verloren, wenn wir uns mit der Niederlage abfinden«, erwiderte Heldt fest. »Und soweit wird es nie kommen. Im Gegenteil, gerade jetzt können wir beweisen, was wir in uns haben. Die ganze Sache ist doch nur ein Zwischenspiel, das steht fest. Diese Naziregierung ist nur eine Etappe auf dem Weg zur Revolution. Es ist einfach unmöglich, daß wir nicht siegen. Wenn das nicht meine Überzeugung wäre ...« Hier hielt er jäh inne. Hans erriet, was er sagen wollte.

»Gerade deshalb habe ich Angst um dich«, beharrte er. »Den Glauben kann man auch verlieren. Ich habe zwar keinen. Noch nicht, oder nicht mehr, schwer zu sagen. Siehst du, ich betrachte dich als Freund, als persönlichen Freund, auch liegt mir die Gerechtigkeit einigermaßen am Herzen, und ich fühle mit den Opfern. Aber das sind schließlich alles sehr private menschliche Gründe, um mich den neuen Herren zu verweigern. Für dich reichen sie bestimmt nicht aus.«

»Du bist dir selbst gegenüber vielleicht zu ungerecht«, sagte Heldt. »Gewiß, du glaubst nicht an eine Sache, auch noch nicht an unsere. Aber du hast bestimmt so etwas wie ein Gewissen, und das wird nun jeden Tag etwas mehr aufwachen und zum richtigen Bewußtsein werden, dann wenigstens, wenn dieses Gewissen stärker ist als die Furcht und die Versuchung zum Kompromiß. Wenn das so ist, mußt du deinem Weg folgen, und ich kann nicht sehen, wohin er dich sonst führen könnte als zu uns.«

»Ich glaube nicht, daß du in diesem letzten Punkt recht behalten wirst«, meinte Hans. »Gerade jetzt, in diesem Chaos, denn in einem solchen leben wir doch und nicht etwa in einer Ordnung, kann ich immer weniger glauben, daß diese Dinge ein Ziel und einen Sinn hätten. In der Politik und in der Geschichte schon ganz und gar nicht.«

Heldt lachte spöttisch auf. »Da kommt ja doch wieder der verwirrt durch ein paar Philosophievorlesungen torkelnde Student zum Vorschein«, sagte er verweisend. Dann aber bemühte er sich um einen vertrauten Ton und fuhr nachsichtiger fort: »Aber jetzt nützen Philosophie, Schöngeisterei und große Worte nichts mehr, Hans. Nur eines zählt noch: handeln. Ich meine die Aktion. Und hart werden, natürlich.«

»Wie denn?« fragte Hesse skeptisch.

»Ich habe es gelernt«, sagte Heldt, »und du wirst es auch lernen. Jetzt aber auf jeden Fall: Vorsicht und Mißtrauen gegenüber allem und jedem. Das Denunziantentum grassiert. Märtyrer können zwar manchmal nützlich sein, aber unnützes Märtyrertum ist eben unnütz.«

»Keine Angst«, sagte Hans. »Ich habe kein Talent für diese Rolle. Aber«, fügte er herzlich hinzu, »ich möchte sie dir auch erspart sehen.«

Heldt antwortete nicht gleich. »Glaub ja nicht, ich dränge mich danach«, sagte er dann. »Ich bin kein Romantiker.«

»Und was wird jetzt aus dir?« fragte Hans noch einmal.

»Mach dir keine Sorgen«, ermutigte ihn Heldt. »Du wirst wieder von mir hören. Mach's gut bis dahin!«

Er kam spät zu Gerda. Sie war betrübt.

»Wenn ich nicht wüßte, daß du dich nicht um Politik kümmerst, hätte ich mir Sorgen gemacht, wo du so lange gesteckt hast«, sagte sie. »Heute vormittag haben sie unseren Hilfsregisseur verhaftet. Mitten in der Probe, stell dir das vor! Er soll Kommunist sein. Und einen unserer Beleuchter haben sie auch gleich mitgenommen. Weshalb, weiß ich nicht.«

»Wenn Georg nur schon heil zurück wäre«, sagte Hans. »Um ihn sollten wir uns jetzt vor allem ängstigen.«

Gerda sah ihn prüfend an. »Er kommt morgen«, berichtete sie. »Und dann?«

Er schwieg ratlos.

»Du hättest früher kommen sollen«, warf sie ihm vor. »Wir haben wenig Zeit füreinander. Denn ich bin in ein paar Tagen nicht mehr hier.«

»Wie bitte?« fragte er.

»Die Sache mit dem Engagement in Berlin hat nun geklappt«, erklärte sie. »Allerdings zuerst nur auf Probe.«

»Eine große Chance für dich«, sagte er kühler als gewollt. »Du hast es verdient.«

»Wirklich?« fragte sie nachdenklich. »Meine Kolleginnen hier scheinen nicht dieser Meinung zu sein. Heute vormittag auf der Probe, nach der Sache mit dem Hilfsregisseur und dem Beleuchter, ich war noch ganz mitgenommen davon, hat die Reinder, du weißt, die, die immer auf meine Rollen spitzt, ganz laut von mir gesagt, ›die hat doch etwas Jüdisches im Gesicht‹. Heutzutage hört niemand so etwas gerne. Soll ich mein Haar etwa blondieren lassen?«

»Um Himmels willen nein!« rief er.

Sie lächelte. »Keine Angst, ich denke gar nicht daran!« sagte sie. »Ich weiß doch, was mir steht und was nicht. Aber stell dir vor: Ich habe tatsächlich eine jüdische Großmutter.«

»Na und?« warf er hin. »Was macht das schon?«

»Das frage ich mich auch«, erwiderte sie. Aber zum ersten Mal merkte Hans, daß sich ihre Stirn umwölkt hatte.

»Du willst uns also allein lassen«, begann Hans nach kurzem Schweigen. Mit Erstaunen stellte er fest, daß er bei dem Gedanken an Gerdas Abreise keine Panik mehr empfand. Er hatte sich zunehmend mit einem anderen Gedanken vertraut gemacht, ohne ihn als abwegig zu verwerfen. Er begann nun selbst den Verdacht zu hegen, es gebe jetzt wichtigere Dinge im Leben als private Glückserfüllung. Bei aller Zuneigung für Gerda fand er sich mit erschreckender Leichtigkeit in die bevorstehende Trennung. Es hätte nicht viel gefehlt, diese Leichtigkeit für Erleichterung zu halten. Gerda würde, vielleicht nur vorübergehend, versuchte er sich einzureden, die hiesige Szene verlassen. Auf dieser begann nun ein anderes Stück. Das handelte von einem Abenteuer, in dem nur von der Forderung des Tages ergriffene Kampfgefährten auftraten, und am Ende, kam ihm die Vision, bliebe er selbst ganz allein auf der leeren Bühne. Man hatte ja keine Zeit mehr für zärtliche Gefühle. Das galt den Schilskys und Heldts als Schwäche. Eine persönliche Bindung, meinte er, konnte ihn zu einem gemeinen und unwürdigen Kompromiß mit den neuen und unwürdigen Verhältnissen verführen. Und eine geliebte Frau, wollte Hans selbst gar verstiegen glauben, könnte ihn einer Aufgabe entreißen, die ihm selber doch nur höchst unbestimmt vorschwebte, könnte ihn von Pflichten abhalten, die er noch gar nicht kannte. Denn nun war eine Zeit gekommen, fühlte er vage, die jedem Härte und Kampfbereitschaft abverlangte.

Unter diesen Überlegungen wollte ihm die Haltung Georgs während der letzten Wochen in einem verständlicheren Licht erscheinen. Sein Freund hatte ihm zumindest eine schreckliche Vorahnung voraus gehabt. Es war jedoch nicht zu spät, ihn einzuholen. Dabei blieb aber die Frage offen, ob Georg sich auch seiner eigenen Hilflosigkeit bewußt sei, ob er die Nutzlosigkeit jeder nur moralischen Empörung erkannt habe, die praktisch nicht umsetzbar war. Es war verständlich, wenn Heldt sich die Frage nach dem Sinn seines Einsatzes gar nicht mehr stellte. Er war schließlich fanatisch von seiner Sache überzeugt. Aber worauf wollte Georg eigentlich hinaus? Wer unterstützte ihn? Wer waren seine Verbündeten? Worin könnte denn übrigens seine Aktion bestehen? Gewiß, auf seine Art war er umtriebsamer als Hans dies sein konnte oder wollte. Dennoch glaubte Hesse, er selbst sei besser auf die Dinge gerüstet als der idealistische Freund. Hans wähnte sich nämlich, nicht ohne Vermessenheit, vorsichtiger, umsichtiger, auf jeden Fall weniger vertrauensselig, auch fähiger, die Dinge aus sicherer Distanz einzuschätzen. Hans meinte sich bereits durch Schaden klüger geworden. Seine Haltung des Wägens und Prüfens war von der Angst bestimmt, wieder einmal hereingelegt zu werden. Sie wuchs besonders dann in ihm, wenn er es mit verstiegenen Glaubensbekenntnissen und hochtrabenden Anpreisungen kommender Taten zu tun hatte, denen ihre Verkünder Allgemeinverbindlichkeit zuwiesen, totale natürlich. Hesse fehlte es in dieser Hinsicht nicht an einer gewissen Anmaßung. Nun glaubte er sich sogar berufen, Georg zu Hilfe zu kommen, und nicht etwa umgekehrt. Hans glaubte den Freund in Gefahr, vielleicht schon in unmöglichen politischen Intrigen verloren. Georg nahm alles auf gefährliche Weise ernst. Gewisse Dinge jedenfalls. Warum hatte er aber Gerda nicht ernst genommen? Warum löste er sich von ihr? Hatte das Epos schon die Idylle zerstört? Hans sah Gerda wie abschiednehmend an. Auch er war ihr schon untreu geworden. »Wer trug Schuld daran?« fragte er sich und hatte schon die gängige Ausrede parat, die man, aus moralischer Trägheit und wiederum doch nicht ganz ohne Grund, den Zwang der Umstände nennt. Die Verhältnisse waren stark genug, um Menschen nicht nur entscheidend zu prägen, sondern auch unwiderruflich zu verwandeln. Georgs Umwandlung hatte an dem Tag begonnen, wo die Zeitungen über den letzten Regierungswechsel berichtet hatten. Diese äußeren Ereignisse waren nun auch in Hesses Leben eingedrungen und hatten sich seiner nachhaltiger bemächtigt, als ihm lieb war. Wer waren denn eigentlich diese Männer, die serien- und massenweise Schicksale kneteten? Wer waren diese Großproduzenten von Unheil, die Millionen von Menschen in unmenschliche Formen gossen? Wie konnte man es wagen, angesichts ihres zerstörerischen Waltens von erhabenen »Schicksalsstunden unserer Geschichte« oder von »großen Männern, die Geschichte machen« zu sprechen? War die Geschichte immer nur die gleiche elende Kläglichkeit gewesen, wie die Dinge heute es waren, nur hinterher von der Legende schamlos verfälscht?

Von der Straße her ertönte das Marschlied »Und kommt der Feind ins Land hinein ...« »Er ist schon drin«, dachte Hans bitter. Er schämte sich nun, diesen Feind nicht eher erkannt, ihm nicht eher hinter die Maske geschaut, ihn nicht eher bekämpft zu haben. Hans dachte wieder an Heldt und seine Genossen. Vielleicht würden sie doch noch einmal ihre Truppen sammeln? Aber unter welchem Kampfruf? Würden sie im Namen der Klasse das tun, was die anderen jetzt im Namen der Rasse taten? In diesem Land, in unserer Zeit, erkannte er jetzt wohl zum ersten Mal voll Bitterkeit, würde jemand, der im Namen des Menschentums zum Kampf aufrufen wollte, nur einen schallenden Heiterkeitserfolg ernten. Menschentum – das Wort, traurig genug! war aus dem Vokabular gestrichen, wurde bestenfalls noch im Schutz der Demagogie mißbraucht. Verführt, getäuscht oder gezwungen, waren schon zu viele Menschen zu Marionetten entwürdigt worden, an Fäden gelenkt, die andere unsichtbar in der Hand hielten. Sie hatten verlernt, an sich selbst zu glauben, ihre Grenzen und Möglichkeiten zu erkennen, sie zu setzen und zu nutzen, und damit den ihnen zustehenden Anspruch auf ihr unverzichtbares Recht auf das

Lebensglück der freien Selbstbestimmung zu stellen. Hans sah angewidert und doch wie gebannt aus dem Fenster. Die Straße war von Fackeln hell erleuchtet. Er vernahm den militärischen Marschtritt. Er nahm die komisch zum Gesang verzerrten Münder der Marschierenden wahr. Das Ganze wirkte wie eine einzige Grimasse, die jeder Menschenwürde Hohn lachte. Er sah den Untergang.

»Warum fragst du mich nicht wenigstens, ob ich es mir nicht anders überlegen und hierbleiben will«, fragte Gerda, die nun neben ihm stand.

»Ich weiß, ich kann dich nicht halten«, stammelte er. Die Worte hatte er schon einmal fast genauso gehört.

Gerda lächelte resigniert. »Warum bist du nie aufrichtig mit mir?« fragte sie. »Ich weiß ja, wie es steht. Ich denke nicht daran, dich zu halten, weder dich noch ihn. Ihr braucht mich nicht, stimmt's? Ihr wollt beide ohne mich sein.«

»Unter anderen Umständen ...« stotterte Hans und wußte nicht recht, was er überhaupt sagen wollte.

In Gerdas Augen standen Tränen. Ihre Lippen bebten. Aber sie faßte sich rasch. »Ihr könnt euch einbilden, ich verstünde nichts von dem, was euch plötzlich umtreibt«, sagte sie. »Eines aber weiß ich. Was ihr auch tun werdet, es wird zu nichts führen. Große Worte, vielleicht sogar Taten, aber alles in einem Raum, wo es nichts Menschliches mehr gibt, in einem Gebiet der tönenden Formeln oder der großen, aber sinnlosen Gesten. Ich glaubte einmal«, fuhr sie leise fort, »es gäbe andere Dinge im Leben, und damit meinte ich nicht nur den Beruf, der mir so viel bedeutet. Ich meine die Liebe.«

»Verzeih mir«, bat Hans und wußte, das klang ziemlich hohl.

Die Kolonne war vorübermarschiert. Die Marschtritte hörte man überhaupt nicht mehr. Der Gesang verhallte in der Ferne. Hans zog die Vorhänge zu.

»Trotz alledem bin ich so gern bei dir«, sagte er. »Darf ich bleiben, Gerda?«

Sie legte ihre Arme um seinen Nacken und zog ihn an sich. »Denken wir nur an uns, vielleicht zum letzten Mal«, sagte sie. »Aber ich bin sehr traurig. Traurig für uns alle.«

IX

Das deutsche Erwachen wurde zu einem Alptraum. Aus eigenen Traumpeinigungen erwacht man mit der tröstlichen Gewißheit, alles sei ja eben nur ein Traum gewesen. Diesen Trost gab es im Lichte der neuen Verhältnisse nicht. Das galt natürlich nicht für ihre Nutznießer. Wer den Nationalsozialisten nicht zustimmte, erlebte einen Ausbruch politischer Raserei. Viele Deutsche waren gleichsam über Nacht und ohne eigenes Zutun zu Staatsfeinden und Landesverrätern geworden. Angst und Verfolgung waren jetzt ihr Los. Das galt schon für die Republikaner und viel mehr noch für die Kommunisten. Die Juden waren ohnehin schon längst Freiwild. Über sie ergoß sich nun eine Flut unflätiger Beleidigungen und wüster Beschimpfungen. Von ihnen verlangte man wenigstens nicht, die Ansichten der neuen Herren zu teilen. Sie konnten es nicht und durften es nicht.

Nicht nur für Hans Hesse folgte auf dieses Erwachen zunehmender Schrecken. Oft schon sichtbar, meistens noch verborgen, breitete sich der Terror aus. Er bedrohte Opfer, die oft nicht wußten, daß sie es werden sollten. Der Schrecken belauerte sie auf Schritt und Tritt. Stets war er zum Sprung auf die Beute bereit. Noch war das Netz des Schreckens nicht dicht genug. Viele konnten seinem Machtbereich entrinnen. Politiker und Schriftsteller waren ins Ausland geflohen. Die Bahnhofsschalter wurden allen sichtbar umlagert. Der Schrecken hielt sich in den Anspielungen und Auslassungen der Zeitungen verborgen, versteckte sich in doppeldeutigen einschüchternden oder einlullenden Aufrufen von oben. Die Angst ging im zugleich mürrischen und geduckten Schweigen der Arbeiterviertel um. Sie stand in den verschlossenen Gesichtern der Passanten, die kein Hakenkreuz trugen. Der bloße Anblick der Uniformen von Polizisten und SA-Leuten war für viele schon eine Drohung. Der Terror hockte in den Gefängniswagen, die immer häufiger durch die Straßen kreuzten. Furcht überfiel die Wissenden, wenn sie die Todesanzeigen in jenen Zeitungen lasen, die überhaupt noch das plötzliche Ableben politischer Persönlichkeiten in der Form von Traueranzeigen brachten. Angst hatte sich in einem Alltagsleben eingenistet, dem man auf den ersten Blick nichts von ihr anmerkte. Es ging scheinbar seinen gewohnten Gang, wenn man nicht so genau hinsehen wollte. Und das Nichtsehenwollen wurde schon fleißig geübt.

Der Schrecken blitzte lustvoll in den Augen der braun und

schwarz uniformierten Jäger. Er hatte freiwillige Helfer und bereitwillige Helfershelfer. Jahrelang hatten viele von ihnen Hunger gehabt und Elend gekannt. Nun glaubten sie, hingerissen von der neuen Botschaft, der Tag für Arbeit und für Brot sei angebrochen und würde zu tausend Jahren werden. Für die große befreiende und reinigende nationale Erhebung brauchte man nur noch, so meinten sie, die Gegner des Hakenkreuzes und die Feinde Deutschlands, das war ja dasselbe, zu vernichten. Dazu mußte man bloß das Land von Juden und Kommunisten, Novemberverbrechern und Kulturbolschewisten säubern. Unter diesen Saubermännern gab es natürlich welche, die auf diesem Weg mit einem Nachbarn, einem Arbeitgeber, einem Konkurrenten oder einem Nebenbuhler noch eine alte persönliche Rechnung begleichen wollten. Das braunschwarze Jägerkorps des Terrors rekrutierte sich auch aus solchen Leuten, die in der Entfesselung der Vernichtungsinstinkte in ihrem Element waren. Diesmal hatten sie für ihre Verbrechen von der Obrigkeit nichts zu befürchten. Sie schwammen mit dem Zeitgeist.

In Hesses unmittelbarem Umkreis hatte sich manches verändert. Gerda war abgereist. Beim Abschiednehmen waren sie eher verlegen als traurig gewesen. Sie waren einander letztendlich fremd geblieben. Aus ihren Nächten war keine Vertrautheit erwachsen. Hans gab sich daran selbst die Schuld. Georg hatte Gerda noch in Berlin sehen können, denn er war, entgegen seinen ursprünglichen Plänen, erst vor ein paar Tagen zurückgekehrt.

Als Georg den Zug verließ, wirkte er auf den wartenden Freund erschöpfter denn je. Er gab Hans wortlos die Hand. Als sie an der Sperre ihre Karten abgaben, schaute der junge Privatdozent gehetzt um sich und bedeutete Hans zu schweigen, als dieser ihn ausfragen wollte. Im Bahnhofsgebäude wimmelte es von uniformierten SA-Leuten und Agenten der Geheimpolizei in Zivil. Merkwürdigerweise konnte man diese trotz ihrer Verkleidung als Zivilisten sogleich erkennen. Sie taten eine Spur zu unbeteiligt. Das Gerücht über einen reichsweiten Aufstand der Kommunisten lief um. Eine neue Großfahndung wurde vorbereitet.

Sogar in seiner Wohnung vergewisserte sich Georg zunächst, ob auch alle Fenster geschlossen seien, und stellte das Radio voll an. Hans verfolgte diese Anstalten mit Unbehagen.

»Wir sind doch schließlich keine Verschwörer«, gab er zu bedenken. »Wir haben doch nichts zu befürchten. Oder etwa doch?«

Georg lächelte hintergründig. »Ich komme gerade von einem Ort«, erklärte er, »wo man gar nicht vorsichtig genug sein kann. Vielleicht habe ich auch meine Gründe zur Vorsicht. Siehst du, ich habe wirklich einiges in Erfahrung gebracht, und es fängt an, lebensgefährlich zu werden, zu viel über gewisse Dinge zu wissen, vor allem, wenn die anderen fürchten könnten, man wisse um diese Dinge. Hoffentlich haben sie mich noch nicht in Verdacht.« Dann schaute er Hans abwägend an. »Gerda hat mir Grüße für dich aufgetragen«, sagte er. Hans zuckte zusammen. »Hoffentlich kann ihr Engagement in Berlin festgemacht werden«, fuhr Georg fort. »Ich habe mich selbst noch ein bißchen darum gekümmert. Ein paar Beziehungen habe ich ja noch. Es ist so auch besser, meinst du nicht auch?« Hans riß sich zusammen. Die Freunde schauten sich prüfend in die Augen. Georg legte Hans freundschaftlich seine Hand auf die Schulter.

»Ja, mag stimmen«, gab Hans zu. »Du weißt natürlich?«

Georg unterbrach ihn brüsk. »Reden wir nicht darüber«, meinte er. »Ich wußte es sowieso. Aber ich leide nicht daran. Wir dürfen uns nie wieder etwas vormachen. Ich weiß aus eigener Erfahrung, wie schwer es ist, sich in Liebesdingen aus Grundsatztreue zu beherrschen. Das Leben ist stärker als vorgefaßte Meinungen. Auf dem Gebiet gibt es einfach keine Sicherheit. Übrigens auf gar keinem«, fügte er hinzu.

Nach kurzem Schweigen begann Hans zögernd: »Gerdas Weggehen macht mir aus anderen Gründen Sorgen. Eine Frau allein in dieser großen Stadt, und bei den heutigen Verhältnissen ... Sie braucht bestimmt jemanden, ich meine, einen gewissen Schutz.«

Auf Georg schien das Argument wenig Eindruck zu machen. »Weder du noch ich haben sie so geliebt, wie sie es verdient hätte, selbst wenn wir unter anderen Bedingungen lebten. Wir haben jetzt aber kein Recht, uns ausschließlich Privatgefühlen oder persönlichen Rücksichten zu überlassen. Es gibt nun andere Dinge, die leider Vorrang haben. Übrigens ist Gerda da, wo sie jetzt ist, viel mehr in Sicherheit als hier. Ich jedenfalls hätte nicht die Verantwortung auf mich nehmen können, sie gewisse Gefahren teilen zu lassen. Außerdem ist sie praktischer und lebenstüchtiger als du meinst. Du sprichst uns immer noch eine Beschützerrolle zu, die uns nicht zukommt. Gerade als Frau ist Gerda Manns genug, also Frau genug, um gewisse Wölfe zu zähmen. Das hat sie doch schon hier fertiggebracht, nicht wahr? Man ist doch nicht unbedingt zur Wehrlosigkeit verurteilt, nur weil man eine Frau ist.«

»Vielleicht hast du recht«, gab Hans zu, ohne wirklich überzeugt zu sein. Die Ära Gerda, die ihm einst so wichtig war, schien nun auf eine Episode zusammenzuschrumpfen. Er ahnte, daß Georgs Rückkehr und das neue Vertrauen, das sich vielleicht gerade wegen des Vorgefallenen zwischen ihnen anbahnte, sie vor neue Aufgaben stellte.

»Für meine eigenen Anliegen war ich weniger erfolgreich als für Gerda«, berichtete Georg nun unvermittelt. »Mein Buch wird nicht erscheinen. Drei Jahre Arbeit – einfach hin. Der Verleger wünscht, ich solle es im ›Geiste der neuen Zeit‹ umarbeiten, wie man so schön sagt. Ohne mich«, sagte er hart, aber aus seinem Versuch, überlegen zu lächeln, wurde nicht viel. »Mit meiner Dissertation steht es nicht anders«, bemerkte Hans wie zum Trost. »Es ist eigentlich komisch, wie gleichgültig mir das jetzt ist.«

»Gleichgültig?« ereiferte sich Georg. »Für dich und mich, für unsere Laufbahn vielleicht. Aber bedenke einmal, was das auf das deutsche Schicksal bezogen bedeutet: Einschüchterung, Zensur, Arschkriecherei, Strammstehen vor dem neuen Geist, der keiner ist. Die allgemeinen Auswirkungen sind ungeheuerlich. Ich bin übrigens gespannt, wie die Herren Kollegen und sonstige Vertreter der deutschen Geistigkeit auf das alles reagieren werden. Übrigens glaube ich wirklich, daß meine Karriere als Hochschullehrer bemerkenswert kurz gewesen sein wird.«

»Warum denn eigentlich?« fragte Hans. »Dein Spezialgebiet ist doch verhältnismäßig abgelegen, harmlos sozusagen, und berührt das aktuelle Geschehen doch überhaupt nicht.«

»Darum handelt es sich nicht«, antwortete Georg, »obwohl es mir wenig liegen würde, mich hinter den Schutzwall des zeitlichen Abstands zu flüchten, der angeblich wissenschaftliche Objektivität gewährleisten soll. Nein, die Entscheidung hängt einzig und allein von mir ab, und ich werde nicht die geringsten Zugeständnisse machen. Mit dem kleinen ›von‹ vor meinem Namen und ein paar einflußreichen Mitgliedern der Familie würde ich natürlich im Amt bleiben können. Ich will es aber nicht«, sagte er entschlossen. »Ich will mit diesen Leuten nicht zusammenarbeiten, ganz bestimmt will ich nicht ihr Komplize werden, wie es jetzt schon so mancher Akademiker geworden ist. Im Grunde, Hans«, fuhr er leidenschaftlich fort, »bin ich ganz froh, daß wir noch einmal als Abc-Schützen in die Schule unserer Zeit gehen können. Wir haben da noch viel zu lernen. Trotz aller Fachkenntnisse haben wir bisher zu sehr in den Tag hinein gelebt, ohne uns die entscheidende Frage zu stellen, oder besser: uns ihr zu stellen. Wir haben Gutes und Böses über uns ergehen lassen, dabei wohl mehr Schlechtes als Schönes, wie die meisten Menschen. Auf jeden Fall haben wir leichtgläubig und blind in eine gewisse Anständigkeit der Menschenordnung vertraut. Das war eine gewagte Unterstellung, den Menschen eine Anlage zuzuschreiben, die ihre Bestialität verkennt. Jetzt aber mahnen uns die bemerkenswerten Methoden der Herren Nazis daran, daß es eben doch Werte gibt, die man zu verteidigen und zu retten versuchen muß. Das merkt man wohl immer erst dann, wenn diese Güter in höchster Gefahr sind, und vielleicht ist es dann tatsächlich schon zu spät. Jetzt müssen wir uns stellen. Wir müssen uns zuerst für unsere Würde und nicht unbedingt für politische Programme oder Parteien schlagen. Das letztere war sowieso noch nie mein Fall. Jeden Tag uns zurufen, uns selbst treu zu bleiben. Merkwürdig ist es schon«, sagte er nachdenklich, »daß gerade erst diese gewalttätigen Auswüchse und unerträglichen Scheußlichkeiten uns Entscheidungen aufzwingen. Im Widerstand, in der Verweigerung, in der Art und Weise, wie man mit den neuen Gefahren fertig wird, werden manche, so hoffe ich wenigstens, ihren Mut beweisen, die sonst gleichgültige Zeitgenossen geblieben wären. In diesem Augenblick darf man nur an Widerstand denken, wenn man der Gefahr der Versuchung zum Dulden oder gar zum Mitmachen entgehen will. Denn die Versuchung ist groß, Hans. Während dieser Tage in Berlin habe ich das mit eigenen Augen gesehen und sogar mit wachen Sinnen gefühlt. Diese Aufmärsche, diese begeisterten jungen hellen Gesichter, völlig aufrichtig ihrer Sache ergeben, diese mitreißende Musik, der Jubel, das Vertrauen, das einem Mann entgegenschlägt, der jetzt schon mehr Begeisterung als Haß entfacht. Das sind alles Dinge, die ihr Gewicht haben. Diese Mischung aus unbestimmtem Programm und unkontrollierter Leidenschaft hat nun einmal politische Sprengkraft.«

»Man darf nie vergessen, was sich wirklich hinter dieser Begeisterung verbirgt«, gab Hans zu bedenken, »und das zählt doch wohl auch. Wenn man an diese Hintergründe denkt, fällt es einem leichter, sich gegen die Hitlerianer zu entscheiden. Unsere Verweigerung hat durchaus einen Sinn. Außerdem schulden wir niemandem Rechenschaft über unsere Haltung oder auch nur über unsere Gleichgültigkeit. Am allerwenigsten den Vertretern der neuen Heilslehre vom kommenden Tausendjährigen Reich. Wir erkennen die Urteile dieser Burschen

›im Namen des Volkes‹ oder ›der Rasse‹ einfach und schlicht nicht an. Diese Fanatiker wollen doch nur alle Menschen abstempeln. Aber die Menschen sind glücklicherweise mit solchen Allerweltsbezeichnungen nicht zu erfassen.«

»Ja, es gibt diese andere Seite im großen Rechnungsbuch«, bestätigte Georg. »Und die Soll-Seite hat schon viele Eintragungen, jeden Tag werden es mehr. Die Schuld wächst, das kann man noch zwischen den Zeilen lesen. Hier wird einer ›auf der Flucht erschossen‹, da wird ein anderer in seiner eigenen Wohnung nachts von ›Unbekannten‹ umgebracht. Von Unbekannten!« Er lachte bitter auf. »Und die auf offener Straße mißhandelten Juden! Die beschlagnahmten Bücher! Die verbotenen Zeitungen! Im Feuilleton unserer bürgerlichen Zeitungen statt Aufschrei und Protest Glossen über ›die zarten Sprossen junger Gemüse‹, Gedichte ›Auf eine neue Liebe‹, ein Aufsatz über ›die Sendung des deutschen Geistes in die Welt‹. Diese Mischung aus Empfindsamkeit, Barbarei und Anmaßung! Sollte das unser wahres Gesicht sein? Ich will es nicht glauben. Ich will es nicht glauben und will es auch nicht zulassen.«

»Aber was kannst du dagegen tun?« fragte Hans. »Wir sollten keine falschen Schlüsse ziehen. Eine Widerstandsbereitschaft ist noch lange nicht deshalb vorhanden, weil wir beide, sicher auch noch andere, die ähnlich empfinden, offen miteinander über diese Dinge reden. Wir sind wenige. Allzu viele folgen schon fügsam dem neuen Geist, also denen, die dran sind. Und diejenigen, die dagegen sind, ich meine wirklich kämpfen, verfügen über andere Mittel als wir beide. Die haben ein deutliches politisches Ziel und erprobte Methoden. Ihre Härte liegt uns nicht. Wir haben Jahre hindurch an eine Sache geglaubt, die wir vielleicht etwas vermessen Geisteskultur und persönliche Vervollkommnung genannt haben. Das soll nun alles nicht mehr wahr sein! Was vermögen wir mit Worten gegen die Lüge? Es ist ja nur noch Lüge ringsumher, die einen lügen gezielt, die anderen aus Angst und Anpassung an die Umstände. Hier Kirchburgs letzter Leitartikel! So ein Stiefellecker. Umschmeichelt die neuen Machthaber! Hör dir das an!« Er entfaltete die Zeitung und las vor: »›Unsere Aufgabe in diesen großen Stunden, die unser Volk durchlebt, besteht darin, Brücken zu schlagen zwischen Menschen guten Willens, eines guten Willens auf Gegenseitigkeit, also zwischen den wohlmeinenden Vertretern jener Minderheit, die man zu Unrecht Opposition nennt, und den gewählten neuen Führern unseres Landes. Auf diese Weise arbeiten wir am großen Werk der inneren Einigung aller Deutschen mit.‹« Hans brach ab. »Das sind Phrasen, was?« kommentierte er. »Und welche Lüge! Denn der Mann weiß ganz genau, was los ist und wie es um den guten Willen bestellt ist, den die Nazis den Besiegten entgegenbringen.«

»Auf diese Tour kann er es zum Chefredakteur bringen«, meinte Georg bissig, »wenn er nicht noch ehrgeizigere Ziele verfolgt. Dennoch könnten diese merkwürdigen und manchmal unerwarteten neuen Bündnisse, die jetzt überall mit den Nazis geschlossen werden, die Hakenkreuzbewegung in den Augen jener Anhänger kompromittieren, die an eine nationalsozialistische Revolution glauben.«

»Dafür kann ich mir jetzt wenig kaufen«, sagte Hans. »Und diese Fanatiker toben oft am schlimmsten.«

Georg sah ihn vorwurfsvoll an. »Sei doch nicht immer so zynisch«, bat er. »Ich weiß schließlich, dich berührt das auch zutiefst. Selbst fehlgeleiteter Idealismus verdient Respekt seinem Träger gegenüber.«

»Du siehst doch selbst, wie hilflos wir sind«, setzte Hans zu einem neuerlichen Versuch an, den Freund zu überzeugen. »Wir sind beide nicht unbefangen genug, um uns auf Donquichotterien einzulassen. Was haben wir dieser braunen Flut entgegenzusetzen? Worte vielleicht? Das haben andere schon besser versucht. Wir sind da viel zu unsicher.«

Georg wehrte diesen Einwand mit einem energischen Kopfschütteln ab. »Ich bin mir meiner sicher«, sagte er entschlossen. »Ich stehe mit dem Rücken zur Wand. Es gibt immer einen Augenblick, wo man nicht mehr ausweichen kann, wo man sich wehren muß.«

»Aber worum geht der Kampf?« fragte Hans.

»Schon um die Achtung zu retten, die wir für uns selbst und füreinander haben«, erklärte Georg zögernd.

»Das ist ein ziemlich origineller Egoismus«, höhnte Hans. »Jener andere Egoismus, der darin besteht, nicht unter die Räder kommen zu wollen, scheint mir da etwas natürlicher und dadurch plausibler zu sein. Warum denn nicht auch an uns selbst denken? Lohnt es sich wirklich, sich von diesen Wüterichen in ein Reich befördern zu lassen, das für mich leider noch ungewisser ist als die Dauer des Dritten?«

»Kannst du leben, wenn du alle verachten mußt, die im Namen deines Volkes und deines Landes zu reden und zu handeln behaupten?« fragte Georg gequält. »Kann man in einer solchen Luft überhaupt atmen?«

Hans schwieg eine Zeitlang. Er war erschrocken. »Die Sache

kann doch nicht ewig dauern«, stellte er als Möglichkeit anheim. »Außerdem ließe sich deine Verachtung durch etwas Nachsicht mildern. Schließlich wissen wir beide doch auch ein bißchen, welche Not und Verzweiflung so unzählige Menschen dazu gebracht haben, jedes politische Augenmaß zu verlieren und sich auf Gedeih und Verderb diesem kollektiven Wahnsinn hinzugeben. Aber diese Besessenheit kann doch nicht ewig anhalten. Du fühlst dich persönlich betroffen und aufgerufen, vielleicht dafür geschaffen, angesichts dieser jetzt noch nicht einzudämmenden Entfesselung von Haß und Vernichtung eine edle, aber fatale Entscheidung zu treffen. Ich fürchte, Georg, dein Glaubensbekenntnis, das du den Verhältnissen und leider auch einem bösen Stück Menschennatur entgegenschleuderst, ist den Dingen selbst und noch mehr den neuen Herren völlig gleichgültig. Du hast einfach eine zu hohe Idee von dir selbst oder besser von der menschlichen Kulturfähigkeit. Du gehörst vielleicht zu einem Menschenschlag, dem der Idealisten, den man hierzulande trotz Beteuerung des Gegenteils noch nie sonderlich geschätzt hat und der vielleicht endgültig im Aussterben begriffen ist.«

»Was gibt dir eigentlich das Recht zu solcher Gefühlskälte?« fragte Georg aufgeregt. »Wer gibt dir das Recht, einer Bedrohung gegenüber, die die gesamte Menschheitsentwicklung betrifft und noch deutlicher und unmittelbarer Menschenleben um uns herum bedroht, so unempfindlich zu sein, oder wenigstens so zu tun?«

»Meinst du wirklich, ich sei unempfindlich?« fragte Hans leise. »Das bin ich nicht, aber ich kenne meine Grenzen.«

»Gerade dieses Sichheraushaltenwollen, dem ich mich ja auch einmal hingab«, entgegnete Georg, »hat diese Machtergreifung überhaupt erst möglich gemacht.«

»Unfug!« sagte Hans. »Als ob wir diesen apokalyptischen Reitern den Steigbügel gehalten hätten. Sie werden auch wieder von ihrem hohen Roß herunterfallen. Noch keine Partei und kein Tyrann haben sich ewig an der Macht halten können. Im Augenblick zwar ein schwacher Trost! Aber vielleicht kann die Partei deines Onkels diese Aufsteiger wieder aus dem Sattel heben.«

Georg blickte noch düsterer vor sich hin. »Hast du eine Ahnung!« sagte er. »Die Deutschnationalen haben jetzt allen Grund, für sich selbst zu fürchten. Seit dem Reichstagsbrand haben sich die Gewichte im Regierungskabinett verschoben. Ja, der Reichstagsbrand! Eine schöne Geschichte für die Geschichte ist das! Eines Tages wird die Geschichte diese Geschichte an den Tag bringen. Dafür wird schon gesorgt werden.« Er hielt inne und spähte unwillkürlich argwöhnisch umher.

»Stimmt es etwa nicht, daß die Kommunisten es getan haben?« fragte Hans.

»Alles gelogen. Selbst wenn ich dir keine Einzelheiten geben kann, alles gelogen.« Georgs Stimme war hart geworden, und doch schien es Hans, als stünde Angst in seinen Augen. »Ich bleibe übrigens nicht lange hier«, erklärte Georg unvermittelt. »Ich muß noch ein paar Reisen machen.«

»Was hast du jetzt schon wieder vor?« rief Hans erschrocken.

»Ich muß ein paar Freunden meines Onkels Grüße von ihm bestellen«, sagte George ausweichend.

»Machst du jetzt mit diesen Leuten gemeinsame Sache?« fragte Hans nachdenklich. »Noch vor kurzem hast du mir gesagt, welche Vorbehalte du ihnen gegenüber hast.«

»Ich habe meine Ansicht nicht grundsätzlich geändert«, erwiderte Georg. »Es tut mir immer noch leid, daß die meisten von ihnen so sind, wie sie sind: eigensüchtig, halsstarrig, stumpfsinnig, anmaßend. Hierzulande gibt es keinen Adel, der den Namen im besseren Sinne des Wortes noch verdiente, keine echte Konservative. Auch das ein großes Unglück für das Land! Dieses Land trieb zu lange herrenlos vor dem Steuer. Dennoch gibt es unter diesen Leuten, wie du sie nennst, bei denen wenigstens, die ich jetzt zu Gesicht gekriegt habe, noch immer eine Spur von Mannhaftigkeit. Und wenn Widerstand einen sittlichen Sinn haben soll, dann doch wohl den, einige Grundwerte durchzusetzen, wie Anstand und Würde. Solange diese Werte überleben, bleibt eine Hoffnung. Unter anderem darauf, daß wir nicht aus der Gemeinschaft der Nationen verstoßen werden, die auf Menschenrechte gegründet sind.«

Hans suchte nach überzeugenden Worten, um seinen Freund von einem unbedachten Schritt zurückzuhalten, ihn zu retten, wie er es etwas großspurig für sich selbst ausdrückte. Er fand keine. »Jetzt fürchte ich um ihn, genau wie um Heldt«, sagte er zu sich. Es würgte ihn in der Kehle. »Könnte ich ihn nur zurückhalten«, dachte er. Aber zugleich begriff er, daß er dem Lauf der Dinge nicht mehr Einhalt gebieten konnte. Er wußte, Georg war mit sich selbst konsequent und handelte dementsprechend. Der Freund hatte sich einer Idee verschrieben, die herrischer und gefährlicher war als jede Parteidisziplin. Ein Satz hallte unaufhörlich in Hesses Ohren wider: »Kannst du leben, wenn du verachten mußt?« Hans erbleichte bei dem Gedanken, daß er selbst wenig getan hatte, dem Freund ein Stück dieser Verachtung zu ersparen.

Das Leben ging weiter. Professor Müller war noch immer im Gebirge. Gerda schrieb hin und wieder aus Berlin. Sie hatte Erfolg. Man ging also noch immer ins Theater. Aber Hans Hesse machte sich nichts mehr daraus.

Georg war selten zu Hause. Er reiste herum. Begleitung und Hilfe hatte er abgelehnt. Bei jeder Rückkehr war er enttäuschter und niedergeschlagener. Er beauftragte Hans, für ihn alle ausländischen Zeitungen zu lesen, deren er habhaft werden konnte.

»Deutschland stellt die Uhr zurück«, hieß es in einem amerikanischen Blatt, »Das Volk hat es so gewollt« in einem englischen, »Es geht wieder los«, schrieb ein französisches, »Sieg des Führergedankens« ein italienisches, »Beginn der Barbarei«, behauptete ein tschechisches, und »Selbstmord einer Republik« urteilte ein Blatt aus der Schweiz. In den deutschen Zeitungen hingegen fand man nur Aufrufe voller Lobpreisungen für die neuen Herren. Viele Journalisten, auch frühere Kritiker der Nazis, buhlten um deren Gunst. Die Zeitungen zitierten ausführlich aus dem neuen politischen Evangelium »Mein Kampf«. Schon vor langen Jahren war das Buch unter den nachsichtigen Augen wohlwollender Strafvollzugsbeamter der Republik entstanden. Trotz alledem konnte man immer noch in deutschen Blättern, wenn auch an versteckter Stelle, Berichte über Hausdurchsuchungen und Verhaftungen finden. Die neue Bezeichnung für Mord, »auf der Flucht erschossen«, tauchte immer häufiger auf.

Der Herausgeber des Weltblatts war inzwischen auch in den Bergen. Kirchburg hielt sich meistens in Berlin auf. Wenn umlaufende Gerüchte stimmten, hatte er die Ernennung zum Chefredakteur schon in der Tasche. Blum war mit drei Monatsgehältern Abfindung herausgeschmissen worden. »Und damit soll man nun auswandern«, hatte er bitter hinzugefügt. »Und wohin? Nach Palästina? Ich möchte Europäer bleiben. Ich gehöre ja nicht einmal zur Jüdischen Gemeinde. Meine Kinder sind getauft. Und da gibt es immer noch welche, die sagen, wir seien gerissene Geschäftsleute mit einem ganz tollen Riecher für die Zukunft!« Hans hatte Blum an jenem Tag nicht ganz mit der gebotenen Anteilnahme zugehört. Er hatte nämlich gerade erfahren, man müsse bei der Zeitung auf seine weitere Mitarbeit verzichten. Es sei denn, er hielte seine Beiträge künftig in einem Ton, der den neuen Zeiten etwas besser Rechnung trage. Hesse hatte abgelehnt. Sogar Blum fand, das sei eine feine Geste, wenn auch nicht praktisch. Aber die zweihundert Mark hatte Hesse doch genommen. Man hatte sie ihm in die Hand gedrückt. Eine Abfindung war das nicht. Auf die hatte er sowieso keinen Anspruch. Man gab ihm damit diskret, aber deutlich zu verstehen, er möge sich nicht mehr auf seine Mitarbeit bei diesem geschätzten Blatt berufen. Trotz Kirchburg stand die Zeitung im Augenblick nämlich wegen ihrer republikfreundlichen Vergangenheit politisch auf wackeligen Füßen. Eine geschickte Umstellung auf die obwaltenden Verhältnisse sei »für unsere Hunderte von Mitarbeitern eine Frage auf Leben und Tod« geworden. So sollte der Chef noch kurz vor seiner Abreise erklärt haben. Das berichtete Blum, der nunmehr ohnehin vom Siegel der Verschwiegenheit befreit war.

Hans Hesse blieb weiter bei den Sterns wohnen. Er hatte nun viel Zeit. Oft dachte er über Bedeutung und Nutzen seiner Existenz nach. Bei seinem Aussehen und ohne politische Vorbelastung hätte er sich leicht den neuen Verhältnissen anpassen können. Er hätte dann seinen Doktor machen, auch Journalist bleiben können. Selbstachtung, also ein Bedürfnis, vor sich selbst nicht in einem schrägen Licht dazustehen, untersagte ihm derartige Nützlichkeitserwägungen. Mehr aber noch fühlte er eine Verpflichtung den beiden Freunden gegenüber, die sich, jeder von ihnen auf seine Art, der neuen Herrschaft entgegenwarfen. Diese Bindung ließ ihn jeden Gedanken an einen ehrenrührigen Frontwechsel weit von sich weisen.

Hans war nun viel allein. Mitunter sehnte er sich nach Gerda. Die Unzulänglichkeit seiner Neigung und seine Sorge um Georg verboten ihm eine Reise in die Hauptstadt. Er machte lange Spaziergänge. Dabei konnte er feststellen, wie sich die Mehrzahl der Bevölkerung immer deutlicher dem neuen Regime zuwandte. Dies geschah sogar mit Äußerungen einer Begeisterung, die nicht bloß erheuchelt oder erzwungen sein konnte. Überall traf er auf junge Menschen in Uniform. Sie sangen, jubelten, marschierten, schwenkten Hakenkreuzfahnen. Es wurde immer schwieriger, bei ihrem Anblick noch rechtzeitig einen Haken zu schlagen. Wenn das nicht gelang, empfahl es sich schon, den Arm zum Gruß zu heben oder doch wenigstens vor den vorüberwogenden Fahnen vorsichtig Haltung anzunehmen. Auf die Kriegslist der Verstellung konnte man nicht mehr verzichten.

Hans fügte sich darein. Im Augenblick konnte er nichts anderes tun, als in einer wachsamen und mißtrauischen Haltung zu verharren. Das Unlustgefühl, das er von diesen Gängen heimbrachte, lastete lange auf ihm. Er zog sich immer häufiger in seine Bude zurück. Dort schlug er die Zeit mit unnützen Verrichtungen tot. Seit den Wahlen war es nicht mehr so angenehm, bei den Sterns zu wohnen. Manchmal, wenn sich sein grämliches Mißbehagen an den allgemeinen Zuständen vertiefte und in eine unbestimmte Panik umschlug, hätte er fast das Versprechen bereut, das er seiner Vermieterin gegeben hatte. Nunmehr drang auch kein Wortfetzen der Gespräche des Ehepaars mehr zu ihm. Keine Tür stand mehr offen. Man schien in dieser Wohnung nur noch im Flüsterton miteinander zu sprechen. Es herrschte ein Schweigen voller Angst. Eine unbestimmbare Bedrohung schien auf allen Räumen zu lasten. Die Frau huschte wie ein Schatten im Vorplatz an ihm vorbei und erwiderte nur leise seinen Gruß. Leos Gesicht wurde immer verschlossener und feindseliger. Hans wußte es bereits: Die Versicherungsgesellschaft hatte mit der Erhöhung von Sterns Schadensprämie kein gutes Geschäft gemacht. Ein paar Tage nach Vertragsabschluß war die große Schaufensterscheibe des Feinkostgeschäfts von »Unbekannten« zertrümmert worden. Auf seinen Spaziergängen ohne Sinn und Ziel hatte Hesse Braununiformierte bemerkt, die vor dem Laden der Sterns herumlungerten und die Kundschaft mit drohenden Worten abzuschrecken versuchten: »Wer bei Juden kauft, schädigt seine deutschen Volksgenossen!« Die Sterns hatten wirklich Sorgen. Hans wußte ebenfalls, daß Leo nicht mehr ins Gymnasium ging. Die Lage war für den Jungen seit dem Tage unhaltbar geworden, an dem der Biologielehrer vor versammelter Klasse, die natürlich schadenfroh lachte, an Leo Sterns Schädelform die Minderwertigkeit der jüdischen Rasse nachgewiesen hatte. Hesse war fernerhin von dem völlig neuen Eifer beeindruckt, mit dem seine Vermieter nunmehr die ganz in der Nähe liegende Synagoge besuchten. Die Wände dieser Kultstätte wurden fast jede Nacht neu mit immer den gleichen Parolen beschmiert, »Juda verrecke!« oder »Ab nach Jerusalem!« Als Hesse diese Sudeleien zum ersten Mal sah, mußte er Blum recht geben: Die Deutschen hatten wirklich im höchsten Grade Sinn für Humor.

X

Der Frühling war gekommen. Hans Hesse nahm den Wechsel der Jahreszeit kaum wahr. Das Wetter blieb kalt und unfreundlich. Aber er maß die Zeit nicht nach dem Kalender. Das politische Klima machte ihm zu schaffen. Die Menschen um ihn herum wurden immer bedrückter. Hans war auch niedergeschlagen. Er fand nicht mehr zu seiner unbeschwerten Haltung zurück. Sein Versuch, die Dinge gelassen anzugehen, brachte ihn nicht weiter. Mit dem moralischen Achselzucken eines »was geht mich das alles an« war ihnen nicht beizukommen. Die Ereignisse zwangen ihn, über das Schicksal seiner Freunde und die Zukunft seines Landes nachzudenken.

Bisher hatte er hier wie selbstverständlich dahingelebt. Er hatte sich einfach dazugehörig gefühlt. Im politischen Sinne war er auch nie ein Parteigänger gewesen. Nun war die Politik übermächtig in sein Leben eingebrochen und stellte seine Zugehörigkeit in Frage. Er paßte nicht in das Klima seiner Zeit. Nach außen hin aber bewahrte er eine mißtrauisch distanzierte Haltung, obwohl ihn die Geschehnisse schon direkt betroffen hatten.

Dabei war er im Grunde kein Feigling. Und dennoch behielt das Gefühl der Ohnmacht bei ihm vorerst die Oberhand. Seine seelische Angst war nicht nur das Ergebnis körperlicher Furcht. Er fühlte sich ausgeschlossen und damit in die Freiheit der Verantwortungslosigkeit gestoßen. Nicht ohne Bitterkeit fühlte er sich übergangen: In einer gewandelten Welt war er der gleiche geblieben. Seine Freundschaft mit Georg von Schilsky und Franz Heldt beruhte auf tiefer Sympathie. Das bedeutete noch lange nicht gedankliche Übereinstimmung oder politische Waffenbrüderschaft.

Hesse hatte für die Nationalsozialisten gewiß nichts übrig. Ihre Sprache war gemein, ihre Taten waren brutal. Er traute ihnen jetzt schon alles zu, was sie später noch begehen sollten. Sein Urteil war eher gefühlsmäßig, seine Ablehnung ästhetisch. Seine Vorbehalte beruhten auf geistigem Ressentiment. Es fehlte ihm an eigener politischer Zielsetzung. Er war kein Jude und erlitt keine demütigenden Erniedrigungen. Er war kein Kommunist, hatte also nicht den unbedingten Glauben an eine Sache, der es einem Heldt und seinen Genossen leichter machte, den Kampf und die Verfolgung zu ertragen. Hans wurde sich zunehmend seiner Vereinzelung bewußt. Das ging nicht ohne Selbsterschrecken. Jedoch sollten ihn die Ereignisse bald seiner Lauheit entreißen.

Es war der Tag des ersten Judenboykotts. Die Regierung ließ verlauten, die geflohenen Juden verbreiteten im Ausland die tollsten Verleumdungen über das neue Deutschland. Die Nazizeitungen schrieben von Greuelmärchen des Emigrantengesindels. Unter diesem Vorwand war allen von Juden betriebenen Läden für einen Tag Geschäftsverbot auferlegt worden. »Eine harte, aber leider durch die unbedachte Fremdpropaganda herausgeforderte Maßnahme«, hieß es dazu im Weltblatt. Kirchburg zeichnete jetzt dort als stellvertretender Chefredakteur.

An diesem Vormittag hörte Hesse seine Vermieter zum ersten Mal wieder laut miteinander reden. Er wollte gerade ausgehen, um Georg zu treffen.

»Geh nicht, bleib bei uns, vor allem heute!« hörte Hans die flehende Stimme der Frau. Sie schien den Tränen nah.

»Ich muß einfach«, erwiderte der Mann. Seine Stimme klang unsicher. »Wir müssen uns unbedingt beraten, was zu tun ist, was noch zu retten ist. Denk nur, was auf dem Spiel steht. Was man uns schon alles zerschlagen hat! Wir werden eine Bittschrift verfassen. Noch einmal eine Ergebenheitserklärung abgeben und dem Vaterland die Treue bekunden. Auch sollten wir unsere Geschäftsfreunde im Ausland in einem Deutschland günstigen Sinne beeinflussen. Das wenigstens wird man uns doch nicht verbieten wollen«, fügte er bitter hinzu.

»Du darfst nicht zu diesem Treffen gehen«, wiederholte die Frau. »Du weißt doch, wie viele von unseren Leuten sie schon verhaftet haben.«

»Und du weißt, daß ich das für unsern Sohn und für dich tue«, erwiderte Herr Stern. »In was für Zeiten wir leben müssen! Es muß doch eine Gerechtigkeit geben! Schließlich sind wir Staatsbürger, Steuerzahler, anständige Leute! Ich bin im Krieg gewesen, an der Front, verwundet worden, alles für dieses Land.«

»Das zählt nun nicht mehr«, entgegnete Frau Stern. »Von wegen Gerechtigkeit! Unsern Ruin wollen sie. Und das Geschäft ...«

»Der eiserne Vorhang ist runter«, erklärte er, als könne sie das beruhigen. »Ein Tag ohne Einnahme ist in diesen Zeiten nicht das Schlimmste. Unsere ganze Zukunft steht auf dem Spiel.«

»Für heute habe ich schon genug gesehen«, sagte Georg zu Hans, als sie durch die Hauptstraße gingen. Das Schauspiel, das sich hier bot, war beklemmend. Fast alle Geschäfte waren geschlossen. Die Schaufenster oder Rolläden waren mit Parolen beschmiert: »Jüdisches Geschäfts!«, »Deutsche, kauft bei Deutschen!«, »Wer bei Juden kauft, schädigt seine Volksgenossen!« Trupps von SA-Männern standen zur Abschreckung vor den geöffneten Läden. Gaffer hatten sich ihnen zugesellt. Die meisten waren mit dem Boykott einverstanden. Die seltenen Kunden wurden von ihnen mit Schimpfworten belegt. Nur ein großes Kaufhaus war geöffnet. Wer da hinein wollte, wurde demonstrativ photographiert, »damit morgen alle anständigen Deutschen die Visagen der Verräter erkennen«. So rief es ein SA-Führer einer einfachen Frau zu, die gerade erhobenen Hauptes ihre Einkaufstasche schwenkend durch das Spalier der Uniformierten schritt. Die Nazis waren erst einmal sprachlos vor Verblüffung. Dann schickten sie der Frau Schmährufe hinterher. Auf dem Fahrdamm defilierten braune Kolonnen und skandierten im Chor: »Juden raus, Juden raus, Juden raus!« Das hatte nichts mehr mit Information und Aufklärung zu tun. Das war eine Einladung zu Gewalttätigkeit.

Vor einem Laden gab es einen Auflauf. Der junge Geschäftsinhaber lehnte blaß und schwindlig am Türpfosten. In seinen unnatürlich weitaufgerissenen Augen stand die nackte Angst. Eine Gruppe junger Schläger hatte ihn schon übel zugerichtet. Einige Beherzte eilten dem Bedrohten zu Hilfe. Die Angreifer verkrümelten sich sofort. Einer von ihnen stimmte in Anspielung auf ein vaterländisches Lied einen Spottvers an: »Ich bin ein Jude, kennt ihr meine Nase ...«

Inzwischen kümmerten sich einige ältere Männer um das blutig geschlagene Opfer. Sie wischten ihm mit ihren Taschentüchern das verschmierte Gesicht ab. Andere Braunhemden kehrten sich achselzuckend ab. Sie hatten kein Verständnis für die Samariter. »Rohlinge!« urteilte eine Frau leise, und man nickte ihr zu. Die meisten sagten aber kein Wort und machten sich davon.

»Das sind die heutigen Helden«, sagte Georg. Seine Stimme klang, als müsse er gegen Tränen ankämpfen.

»Was tun?« fragte Hans. »Du hast recht. Wir haben genug gesehen.«

»Das ist noch lange nicht alles«, antwortete Georg. »Auf jeden Fall ein großartiger Anfang, so ganz dazu angetan, unser Land in den Augen der Welt schätzenswert zu machen. Wir stehen auch nicht gut da, weil wir das alles zugelassen haben.«

»Sei doch still«, sagte Hans. »Wir sind nicht allein.«

»Doch«, erwiderte Georg. »Wir sind allein. Sehr allein.«

Hans sah ihn an. »Bitte keine Dummheiten!« bat er leise.

»Du weißt, mit wem wir es zu tun haben. Es braucht dich nur einer zu verpfeifen, und ...«

»Und?« fragte Georg. »Auch davor dürfen wir uns nicht mehr drücken. Ist es etwa angenehm, so zu leben wie jetzt?«

»Nicht sonderlich«, gab Hans zu. »Aber leben – das schon.«

»Mir liegt unter diesen Umständen nicht viel daran«, sagte Georg und zog seinen Arm zurück, den Hans unwillkürlich ergriffen hatte.

Es gab neuen Tumult und wildes Getöse. Die Sirenen der Polizeiautos heulten wieder einmal auf. Die Passanten stoben in alle Richtungen auseinander. Sie sammelten sich aber wieder, denn die Autos rasten an ihnen vorbei in Richtung Börsenplatz. Die Freunde wurden von der Menge mitgerissen. Schon von weitem hörten sie Rufe: »Bravo! Richtig so! Nieder mit dem Gesindel! Haut sie!« Dann sahen sie vor der Handelskammer eine Gruppe Männer. SA flankierte sie und trieb sie unter dem Beifall der Menge mit Püffen und Schlägen voran. Die Mißhandelten waren fast ohne Ausnahme ältere Herren. Viele von ihnen torkelten vor Erschöpfung. Junge Strolche versetzten mitunter den Grauhaarigen Fußtritte. Einige SA-Männer ließen ihre Koppel über den Köpfen der Verhafteten kreisen. Dabei pfiffen sie unentwegt auf Trillerpfeifen und stießen Drohrufe aus. Hüte rollten auf dem Fahrdamm herum. Manchem Gepeinigten klebte das blutverschmierte Haar im Gesicht. Andere drückten ihr Taschentuch auf ihre blutenden Nasen und ihre verquollenen Lippen. Ein Nachzügler kriegte einen Faustschlag mitten ins Gesicht. Sein Kneifer fiel herunter und zerschellte auf dem Asphalt. Das Opfer schwankte wie blind dahin, suchte sein Gesicht mit vorgehaltenem Arm zu schützen und sank dann langsam in die Knie. Zwei Uniformierte rissen ihn wieder hoch. Hans erkannte Herrn Stern.

»Sie haben eine jüdische Verschwörerbande ausgehoben«, sagte jemand. »Eine Frechheit von diesem Judenpack, ausgerechnet heute heimlich zusammenzukommen, um unsern Staat zu zersetzen.«

Hans sah sich den Mann sehr genau an. Er hatte eine biedere Miene.

»Komm!« rief Georg. »Komm rasch! Nur weg hier!«

Aber sie waren in der Menge eingekeilt. Sie mußten Zeugen des schändlichen Schauspiels bleiben. Endlich entkamen sie doch in eine ruhigere Nebenstraße. Hans merkte, daß Georg außer sich war. Neben ihnen schluchzte eine junge Frau.

Georg fragte sie behutsam: »Ein Verwandter?«

»Nein«, erwiderte sie. »Aber ich schäme mich so«, sagte sie laut, ohne Rücksicht auf Mithörer. »Zum ersten Mal in meinem Leben schäme ich mich, Deutsche zu sein.«

»Ich auch«, sagte Georg, »und mit uns gewiß noch viele andere. Aber Sie sollten nach Hause gehen und sich überhaupt zusammennehmen.«

Die Frau hatte zu weinen aufgehört. Sie schaute Georg abschätzend an. Plötzlich stampfte sie mit dem Fuß auf und rief: »Gibt es denn in diesem Land keine Männer mehr?«

Darauf wußte Georg nichts zu antworten.

»Nein, gnädige Frau«, ertönte eine Stimme hinter ihnen, »nur noch Lümmel.«

Überrascht erkannte Hesse den alten Major, dessen trunkselig kaisertreue Tiraden ihn damals so oft in seinem möblierten Zimmer am Schlafen gehindert hatten. Wie weit das schon alles zurücklag! Der ehemalige Offizier hatte sein Eisernes Kreuz Erster Klasse am Mantel angesteckt. Sein Gesicht war hochrot.

»Strolche!« verstärkte er seine Aussage. Ganz offenbar lag ihm daran, gehört und verstanden zu werden. »Auch ich habe manchmal den Judenfresser markiert«, erklärte er. »Aber diese Menschen so zu behandeln! Eine Schweinerei ist das! Und das wollen Soldaten sein oder werden!« Er lachte abschätzig auf. »Sich an wehrlosen Gefangenen vergreifen!«

Er hielt seinen Spazierstock fest umklammert und ging wie im Marschschritt davon. Ein Trupp junger Nazis in Uniform verstellte ihm den Weg. Der Major reckte sich noch höher und ging unbeeindruckt auf sie zu, als gehöre ihm die ganze Breite des Bürgersteigs. Ein SA-Mann rempelte ihn. Der Alte blieb stehen.

»Lümmel!« rief er. »Und für so was hat man im Trommelfeuer gelegen!«

Die Uniformierten starrten ihn an. Einige schielten verlegen auf seine Kriegsauszeichnung. »Verhaften Sie mich doch auch gleich!« forderte der alte Offizier sie auf. »Auf einen echten Vaterlandsverteidiger mehr oder weniger kommt es Ihnen ja heute wohl nicht an.«

Die Nazis waren noch immer unentschlossen. »Hau ab, Hampelmann!« brüllte endlich einer von ihnen. »Geh zu deinem Wilhelm und hilf ihm beim Holzhacken!«

Die andern lachten schallend und gingen forsch weiter. Der Major stand aufrecht und unbeweglich da. Dann schien er leicht zu schwanken. Für einen Augenblick hielt er sich die Hand vor die Augen. Aber er faßte sich, zog sein Taschentuch aus dem Mantel, schneuzte sich vernehmlich und marschierte in kerzengerader Haltung davon.

»Mein Vermieter ist unter den Festgenommenen«, sagte Hans bedrückt. »Wie soll ich es seiner Frau beibringen? Man muß sie auf die Nachricht vorbereiten. Kommst du mit?« Georg nickte nur. Seine Miene war finster, die Falte auf der Stirn tief gefurcht. »Herr Stern ist ein durch und durch ehrbarer Geschäftsmann, politisch völlig harmlos. Politik interessiert ihn eigentlich gar nicht«, fuhr Hans fort. »Obwohl er gute Gründe hätte, den Nazis nicht sonderlich wohlzuwollen, hat er weder Haß noch Ressentiment. Ohne die blödsinnige Rassenfrage ließe er sie vielleicht sogar gelten. Mit einem Wort: ein Kirchburg-Leser.«

»Er ist Jude«, stellte Georg fest. »Heutzutage genügt das zur Rechtfertigung aller Übergriffe. Die Nationalsozialisten brauchen Sündenböcke. Sie müssen die Bevölkerung von den wichtigeren wirtschaftlichen Problemen ablenken.«

Frau Stern machte ihnen die Tür auf. Sie war nervös.

»Verzeihen Sie die Frage«, begann sie sofort, »aber sind Sie in der Innenstadt gewesen? Was tut sich da? Ist irgend etwas vorgefallen?«

Hans fiel es schwer, Gelassenheit zu heucheln, und er schaute mit einem hilfesuchenden Seitenblick auf Georg. Der aber schwieg. Im Wohnzimmer schrillte das Telephon.

»Einen Augenblick, bitte!« rief Hans hastig. »Seien Sie jetzt stark! Ich habe gesehen, daß man Ihren Mann verhaftet hat.«

Er konnte ihren verzweifelten Blick nicht ertragen und wandte sich ab.

Sie zitterte. Dann faßte sie sich etwas. »SA?« fragte sie leise, schon mit erschreckender Ruhe.

»Polizei und SA zusammen«, griff Georg mit einer Notlüge ein. »Sie wissen, daß die Kompetenzen immer noch nicht abgegrenzt sind. Bestimmt wird man Ihren Gatten nach Feststellung der Personalien wieder freilassen. Wahrscheinlich nur eine Routinesache. Ich glaube, es geht um die heutige, vielleicht nicht ordentlich gemeldete Zusammenkunft der«, er stockte, »Geschäftsleute in der Handelskammer.«

»Ich habe es geahnt«, sagte die Frau tonlos. »Ich habe es vorausgesehen. Jetzt ist alles aus. Man muß doch etwas tun!« rief sie plötzlich erregt und sah ihre Besucher verzweifelt an.

»Es wird sich schon alles klären«, stammelte Hesse ohne Überzeugung. »Heute abend ist Ihr Mann wieder bei Ihnen.«

Frau Stern schüttelte den Kopf. »Er ist krank«, sagte sie wie im Selbstgespräch. »Er hat es mit den Nieren. Ist es im Gefängnis wenigstens warm? Ich muß sofort hingehen!« rief sie dann mit neu erwachter Energie. Ihre Stimme war jetzt wie verändert, klang fest und entschlossen. »Man muß mich einfach vorlassen und anhören! Alles kann man mir nehmen, aber nicht meinen Mann!« Erst dann begann sie zu weinen.

Die Freunde führten sie ins Wohnzimmer. Das Telephon war verstummt. Von der Straße her hörte man Hupen. Ein Pfeifensignal ertönte. Hans trat ans Fenster. Uniformierte SA sprang aus einem Überfallwagen und stürzte ins Haus. Man schlug gegen die Wohnungstür und klingelte ununterbrochen.

»Aufmachen! Sofort aufmachen!« Die Freunde sahen sich erschrocken an. Georg zuckte hilflos die Schultern. Sein Blick war hart. Er forderte Hans mit leichtem Kopfnicken auf, die Tür zu öffnen. Dort wurde Hesse sofort umringt.

»Hausdurchsuchung!« rief der Sturmführer. Hesse erkannte Horst Stürmer. Aber zum Aufatmen bestand kein Anlaß. Die jungen Männer blickten einander lange und prüfend an. »Ich wohne hier«, erklärte Hans.

»Um so schlimmer für Sie«, erwiderte Stürmer. »Das nennen Sie wohl Judenboykott? Haben Sie denn die Anschläge an der Uni nicht gelesen? Alle arischen Studenten sind längst aufgefordert worden, nur noch bei Ariern zu mieten. Ja, Ihre Bude muß ich mir nun auch ansehen.«

Auf seinen Befehl hin verteilten sich seine Begleiter auf die Zimmer. Frau Stern konnte einen Aufschrei nicht unterdrükken. Die Eindringlinge hatten sich über den Schreibtisch ihres Mannes hergemacht. Sie rissen die Schubladen heraus, kippten den Inhalt auf den Teppich, durchwühlten die Familienpapiere. Schließlich zerrten sie alle Bücher aus den Regalen, warfen sie auf den Boden und trampelten auf ihnen herum.

»Sie müssen uns durch alle Zimmer führen«, befahl Stürmer der Frau. Plötzlich veränderte sich seine Haltung. Er hatte Georg erblickt, der sein Bestes getan hatte, um Frau Stern zu beruhigen, und nun den jungen Nazi mit einem undeutbaren Ausdruck anschaute. »Sie hier!« rief Stürmer verdutzt.

»Ich habe doch wohl noch das Recht, meine Freunde zu besuchen, oder nicht?« erwiderte Georg mit unverhohlener Feindseligkeit.

»Weitermachen, immer weitermachen!« schrie Stürmer seine Untergebenen an, um seine Verlegenheit zu verbergen. »Welches ist Ihr Zimmer, Hesse? Ich will es mir selber angucken.« Seine Stimme klang schon wieder ruhiger. Er warf nur einen kurzen Blick auf den Arbeitstisch. »Reizende Sachen lesen Sie da«, kommentierte er mißmutig, als er die Titel einiger als linksstehend eingestufter Schriftsteller und jüdischer Autoren erkannt hatte. »Dieser Schmutz und Schund gehört ins Feuer!«

»Die Bücher brauche ich für meine Doktorarbeit«, erklärte Hans lendenlahm.

Georg sah ihn spöttisch an. »Mein Freund Hesse ist ein gefährlicher Kulturbolschewist«, erläuterte er mit beißendem Hohn.

Ehe Stürmer etwas entgegnen konnte, hörte man aus dem Nebenzimmer das unverkennbare Geräusch schallender Ohrfeigen und einen Schmerzensschrei.

»Du liest also Heine?« brüllte eine Stimme. »Wer ist denn Heinrich Heine?«

»Ein großer Dichter«, hörte man Leo erwidern, »ein großer deutscher und ein großer jüdischer Dichter.«

Wieder klatschte eine Ohrfeige, und dann brüllte dieselbe Stimme: »Heinrich Heine ist ein Judenschwein! Wiederholen!«

Stürmer eilte ins Nebenzimmer. Die beiden Freunde folgten ihm. »Sofort aufhören!« kommandierte Stürmer. »Den Jungen zufriedenlassen! Ich verlange strikte Disziplin! Habt ihr was gefunden?«

»Na, so allerhand Sachen«, antwortete der SA-Mann augenzwinkernd.

Leo stand in einer Ecke. Sein Gesicht war geschwollen. In seinen Augen stand hilflose Wut. Georg sah Stürmer durchdringend an.

»Hat man dich geschlagen?« fragte Stürmer endlich den Jungen. Leo schwieg. Er schüttelte den Kopf. Seine Augen waren jetzt haßerfüllt und verzweifelt. Stürmer wandte sich verlegen ab. »Wer hat gehauen?« fragte er mit unsicherer Stimme.

»Er hat sich widersetzen wollen«, stammelte der Schuldige.

»Du wirst noch von mir hören«, zischte Stürmer und versuchte, gleichmütig auszusehen. Die anderen stießen sich amüsiert an.

»Sieh mal einer an«, meinte einer.

»Wir tragen schließlich keine Glacéhandschuhe«, kommentierte ein anderer mit bösem Lachen. Er hielt jäh inne, denn Stürmer war vor Wut rot geworden.

»Wir beide sprechen uns noch«, brüllte er. »Los raus!« Die Braunhemden machten sich polternd davon.

Frau Stern stand im Vestibül. Mit verzweifelter Entschlossenheit hielt sie Stürmer am Arm fest. »Mein Mann, mein

Mann!« rief sie. »Geben Sie ihn mir wieder! Er hat wirklich nichts verbrochen. Was soll ich denn ohne ihn machen?« Sie ließ den jungen SA-Anführer los und hob flehend die Hände empor. »Lassen Sie ihn frei!«

»Ich bin dafür nicht zuständig«, wehrte Stürmer ab.

Sie hatte ihn wieder umklammert und wollte seinen Arm nicht loslassen. »Aber ich bestehe darauf, daß Sie ihn mir wiedergeben!« rief sie.

»Loslassen!« befahl Stürmer mit heiserer Stimme. Ruhiger geworden, fügte er hinzu: »Ich tue doch nur meine Pflicht, verdammt noch mal.«

Georg war hinzugetreten. Seine Augen bohrten sich in die seines Schülers. »Das sagt man immer, Stürmer«, murmelte er. »Immer, wenn man Angst hat, auf sein Gewissen zu hören, wenn man anfängt, sich vor seiner eigenen Verkleidung zu fürchten. Aber ich freue mich«, fügte er versöhnlicher hinzu, »daß Sie doch noch Skrupel haben, vielleicht sogar Zweifel?«

»Seien Sie gerecht!« flehte die Frau.

»Alle Befehle, die wir ausführen, sind gerecht«, trumpfte Stürmer auf. Er hatte seine Selbstbeherrschung verloren. »Und wir sind niemandem Rechenschaft schuldig, außer unserm Führer. Außerdem habe ich keine Zeit zu verlieren«, erklärte er ungeduldig. Seine Leute waren schon grölend die Treppe hinuntergestürmt. Frau Stern gab ihm endlich den Weg frei.

Aber er wandte sich noch einmal den beiden Freunden zu. »Ich hoffe sehr, Sie haben mich vorhin auch gut verstanden«, sagte er zu Hans.

»Nur zu gut«, erwiderte Hesse.

»Können Sie wirklich nichts für Stern tun?« fragte Georg Stürmer auf dem Treppenabsatz. »Sie brauchen sich nicht zu schämen, wenn Sie der Stimme ... der Ungewißheit nachgeben.« Wieder sah er den Uniformierten durchdringend an.

Stürmer schüttelte den Kopf. »Gerade Sie sollten wissen, Herr von Schilsky, was es bedeutet, unter allen Umständen seine Pflicht zu erfüllen, einen Befehl auszuführen.«

Georg lächelte enttäuscht. »Das ist alles oft nur ein Vorwand, mein lieber Herr Stürmer, hinter dem sich alle möglichen menschlichen Unzulänglichkeiten verbergen. Wir können ja ein andermal darüber reden, wenn Sie mal allein sind, ohne Uniform und lästige Zeugen, wenn Sie es noch wollen.«

»Ich habe eine derartige Auseinandersetzung bestimmt nicht zu fürchten«, erwiderte Stürmer. »Aber passen Sie bis dahin gut auf, Herr von Schilsky, daß unsere Unterredung nicht an einem anderen Ort stattzufinden braucht«, fügte er mit drohendem Unterton hinzu und machte grußlos kehrt.

»Du kannst bei mir einziehen«, sagte Georg, als er wieder mit Hans allein war. »Du kannst jetzt nicht mehr hier wohnen bleiben.«

»Wenn du mich wirklich aufnehmen willst? Ist es dir nicht lästig?« fragte Hans zögernd.

Georg unterbrach ihn mit einer müden Handbewegung. »Es ist nicht gut, in diesen Zeiten allein zu leben, jeder für sich«, erklärte er.

Nebenan aus dem Zimmer hörten sie Leo schreien. »Diese Schweine!« tobte der Junge los, »diese verdammten Schweine. Daß man zu feige ist, sie mit geladenem Revolver in Empfang zu nehmen!«

»Aber, mein Junge«, wollte die Mutter ihn beruhigen. »Wenn Vater rauskommt, hauen wir ab, nicht wahr? Raus aus diesem Land! Wir haben schließlich auch ein Land, ein viel älteres. Nicht nur die haben eines.« Dann hörte man ihn jämmerlich weinen.

»Ja, wir müssen jetzt zusammenstehen«, fuhr Georg fort. »Aber lohnt es sich überhaupt noch?«

Hans ging nicht auf die Frage ein. Leos Worte hallten noch in ihm nach. Er sah das arme Gesicht des Jungen, den Zug der Festgenommenen auf der Hauptstraße. »Was wird aus Stern?« fragte er laut. »Was können wir für ihn tun?«

»Stürmer ist im Grunde ein anständiger Typ«, erwiderte Georg nachdenklich. »Eigentlich viel zu anständig für die Dreckarbeit, die er jetzt macht. Aber es gibt unzählige Sterns in diesem Land, bedenke das! Und keine Hilfe, keine Instanz, an die sie appellieren könnten. Es gibt überhaupt nichts mehr«, fügte er hinzu, »was einen zurückhalten könnte. Keine Hoffnung mehr ... Doch«, verbesserte er sich nach kurzem Zögern, »die Frau, die auf der Straße so geweint hat.«

»Was können denn Tränen dagegen ausrichten?« fragte Hans.

»Glaub mir«, antwortete Georg gedankenverloren, »sie vermögen sehr viel. Mich haben sie vielleicht vor einer vorschnellen Tat bewahrt.« Er starrte wie abwesend vor sich hin. Dann zog er zwei Briefe aus seiner Brusttasche und zerriß sie in kleine Fetzen. »Abschiedsbriefe«, sagte er. Sein Lächeln war traurig und spöttisch zugleich. »Sie gelten jetzt nicht mehr. Ich bin noch nicht soweit.«

»Georg!« rief Hans tieferschrocken. »Du wolltest wirklich ...?«

Sein Freund nickte. »Aber lassen wir das jetzt«, sagte er. »Versuchen wir noch einmal, in diesen herrlichen Zeiten zu leben. In unserer Zeit.«

Doch seine Worte klangen völlig entmutigt, voller Selbstzweifel. Er wirkte wie ein Spieler, der sein letztes Geld auf eine unmögliche Karte gesetzt hat und bereits weiß, daß sein Gegner die bessere Hand hält.

XI

Georg schien sich zunächst in die Verhältnisse geschickt zu haben. Oft zog er sich lange in sein Arbeitszimmer zurück. Er müsse das neue Semester vorbereiten, behauptete er. Sein undeutbares Lächeln wollte Hans aber nicht gefallen. Hinter dieser Fügsamkeit schien sich etwas zu verbergen. So machte sich Hans seine Gedanken, als Georg ihm beiläufig mitteilte, diesmal wünsche er sich wirklich eine zahlreiche Hörerschaft. Solch eitler Ehrgeiz schien eher zu Professor Müller zu passen.

Das Sommersemester begann mit mannigfachen Neuerungen. Im Lehrkörper klafften Lücken. Professoren, unter ihnen Gelehrte von Rang, waren aus ihrem Amt entfernt worden. Die meisten waren Juden, andere hatten nunmehr unliebsam gewordene politische Ansichten vertreten. Studenten waren auch schon relegiert worden. Während der ersten Vorlesungstage wurden die Eingänge der Universität von Nazistudenten überwacht. Sie kontrollierten nicht nur die Ausweise. Sie sahen sich die Gesichter der Besucher auf semitische Merkmale hin an. Dabei kam es zu merkwürdigen Mißgriffen. An der Universität war schon ein Institut für Rassenforschung eingerichtet worden. Im Lichthof vermischten sich akademische Veranstaltungsankündigungen mit politischer Propaganda. So gab es da eine Proklamation des Nationalsozialistischen Studentenbundes zur Judenfrage. Darin hieß es wörtlich: »Wenn ein Jude deutsch schreibt, lügt er.« Auch das war eine beredte Selbstdarstellung des neuen Geistes. Die eingemeißelte Widmungslosung der Alma mater war immer noch »Für Forschung und Lehre, für Freiheit und Ehre, treu, wahr und gerecht«.

Hans Hesse war bisher nur ein einziges Mal an der Universität gewesen. Professor Müller war gesund und jovial, strahlender und selbstsicherer denn je zurückgekehrt. Er schien erleichtert, geradezu dankbar, daß Hesse seine Doktorarbeit unerwähnt ließ. Er hoffte wohl, der junge Mann habe auch Vernunft angenommen und sich ebenfalls zu einer den Zeitläuften angemessenen Haltung bequemt. Die Studentenschaft hatte für einen der nächsten Tage eine feierliche öffentliche Verbrennung der verbotenen und unerwünschten Bücher angekündigt. Die meisten dieser Titel waren in Hesses Doktorarbeit eingeflossen. Müller hielt das nun wohl für einen unweisen Mangel an Voraussicht kommender Dinge.

Eines Tages erhielt Georg eine knappe, schreibmaschinengeschriebene Benachrichtigung: »St. ist freigelassen worden. H. S.«

Der junge Dozent faltete das Papier nachdenklich zusammen. »Ein schlechter Nazi«, sagte er. Einen Augenblick lang erhellte sich sein Gesicht.

»Ein anständiger Nazi«, bemerkte Hans.

Georg schüttelte den Kopf. »Bestimmt ein anständiger Junge«, sagte er bitter. »Aber deine Begutachtung stellt einen Widerspruch in sich selbst dar. Denn die Nazis haben keine Entschuldigung für das, was sie tun. Wäre es möglich, gleichzeitig anständig und Nazi zu sein, stünden wir vielleicht in ihrem Lager. Ich jedenfalls. Stürmer glaubt natürlich, daß beides miteinander vereinbar ist, ja, sich geradezu gegenseitig bedingt.«

Hesse ging am Abend zu Sterns, um sich nach dem Befinden des Mannes zu erkundigen. Die Familie schien ihn nur ungern zu sehen.

»Danke, es geht ihm sehr gut. Ausgezeichnet geht es ihm«, behauptete Frau Stern. »Man hat ihn wirklich gut behandelt. Wir haben kein Recht, uns zu beklagen. Wirklich, glauben Sie mir schon«, fügte die Frau überflüssigerweise hinzu. Dabei blickte sie ihn verständnisheischend an.

Leo kam ins Zimmer. Er reichte Hesse sogar die Hand und versuchte ein schwaches Lächeln. Der Junge schien in den wenigen Tagen älter und reifer geworden. Seine Augen wirkten sehr angestrengt. Seine Mutter strich ihm liebkosend übers Haar.

»Er arbeitet viel zu viel«, erklärte sie, stolz und sorgenvoll zugleich. »Den ganzen Tag über und noch die halbe Nacht dazu hockt er über seiner hebräischen Grammatik. Er möchte die Sprache beherrschen, wenn wir ...« Sie hielt inne, als habe sie schon zuviel gesagt. »Wir verkaufen nämlich das Geschäft«, gestand sie dann doch. »Natürlich mit großem Verlust. Viele verkaufen jetzt. Und wird man das Geld überhaupt mitnehmen dürfen? Wir wollen doch nichts weiter als leben.«

Hans bemerkte, wie alt und gebeugt sie auf einmal war. Leo flüsterte ihr etwas ins Ohr. Sie fuhr auf.

»Ruf sofort den Arzt an!« befahl sie dem Jungen. »Ich gehe gleich zu Vater. Er hat starke Schmerzen.« Hesse nickte beklommen. Er hatte nur zu gut verstanden. »Es handelt sich um eine alte Sache«, versuchte Frau Stern abzuwiegeln. »Glauben Sie ja nicht, das hätte etwas mit seiner Verhaftung zu tun.«

»Natürlich nicht«, ging Hans auf sie ein. Er reichte Leo zum Abschied die Hand.

Der Junge sah ihn zögernd an. »Sie haben seine kranken Nieren mit Fußtritten behandelt«, flüsterte er Hesse zu. »Das ist die Wahrheit. So sind die.« Seine Stimme bebte. »Der Arzt glaubt aber, daß er durchkommt.«

Am nächsten Morgen saßen Hans und Georg beim Frühstück. Durch die weitgeöffneten Fenster strömte milde Frühlingsluft zu ihnen herein. Alles schien friedlich. Auch zwischen den Freunden gab es keine Spannung mehr. »Seit Gerda weg ist«, dachte Hans auf einmal. »Es ist, als ob wir sie vertrieben hätten.« Wie rasch Trennung zur Gewohnheit wird! Auch für Georg, das spürte er, bedeutete diese Verbindung nicht mehr viel. Aber was zählte für den Freund überhaupt noch? Er schien sich immer mehr abzukapseln. Wenn er die Zeitung las, verzog er immer verächtlicher den Mund, wie gerade jetzt. Wenn er auf der Straße Uniformierten begegnete, und das war unvermeidlich, machte er mit deutlichem Widerwillen einen Bogen um sie. Mit besonderem Ekel sprach er von der Bücherverbrennung, die heute abend stattfinden sollte. In seiner Eigenschaft als Angehöriger des Lehrkörpers der Universität war er unmißverständlich zur Teilnahme am Autodafé aufgefordert worden. Hans und Georg hatten tagelang über die bevorstehende Schandtat diskutiert. Hesse war in diesem Punkt empfindlich. Bücher waren für ihn nicht nur Arbeitsmittel. Sie waren ihm Gesprächspartner, geistige Führer und Mahner zugleich. Sie waren zu einem wichtigen Teil seines Lebens geworden.

Als Georg zum ersten Mal von der geplanten Bücherverbrennung hörte, schien er entschlossen, eher auf seine Lehrtätigkeit zu verzichten, als an ihr teilzuhaben. Und als Hans ihm aus Vorsicht zu einer Scheinunterwerfung riet, schleuderte ihm Georg mit einer geradezu feindseligen Heftigkeit ins Gesicht, er habe von diesen ewigen Kompromißvorschlägen genug. Unvermittelt hatte er dann seine Meinung geändert. Er erklärte sich plötzlich bereit, dem als akademischen Akt ausgegebenen Vorhaben doch beizuwohnen.

»Man muß den Kelch bis zur Neige leeren«, sagte er.

Hans sah seinen Freund nachdenklich an. Dieser hatte wieder zu lesen begonnen. Georg erbleichte plötzlich. Er starrte ungläubig und fassungslos in die Zeitung. Dann glitt sie ihm aus den Händen. Ein Stöhnen war zu hören. »Das ist doch nicht möglich!« ächzte er endlich.

Hans war aufgesprungen. »Was gibt es? Was hast du denn?« fragte er.

Georg hielt ihm wortlos die Zeitung hin. Mit zitterndem Finger zeigte er auf eine Nachricht aus Berlin: »In seiner Junggesellenwohnung in der Kochstraße ist der Ministerialdirektor am Innenministerium Wilhelm von Schilsky tot aufgefunden worden. Es handelt sich zweifelsfrei um Selbstmord. Die Motive für die Verzweiflungstat sind unbekannt.« Darunter eine weitere Kurzmeldung: »Wie wir von autorisierter Seite erfahren, sind alle Gerüchte über politische Meinungsverschiedenheiten zwischen von Schilsky und seinen Vorgesetzten unbegründet und frei erfunden.«

Georg faßte sich mühsam. Er ging im Zimmer auf und ab. Seine Lippen waren zusammengepreßt, seine Augen starr. »Selbstmord!« sagte Georg schneidend. »Selbstmord! Er hat zuviel gewußt.«

Hesse erinnerte sich der Anspielung, die sein Freund nach seiner Rückkehr aus Berlin gemacht hatte. Hans hatte Angst. »Bist du in diese Sache verwickelt?« fragte er hastig.

Georg zuckte die Achseln. Er ging ans Fenster und atmete tief durch. Dann machte er es zu. Seine Augen waren noch immer starr. »Irgendwer hat nicht dichtgehalten«, kommentierte er. »Man kann offenbar zu niemand mehr Vertrauen haben. Ob ich kompromittiert bin, fragst du?« Wieder dieser verächtliche Ton. »Nun ja, wir sind Verwandte, das stimmt schon. Aber was ich von ihm erfahren habe, hat er mir unter vier Augen anvertraut.« Er senkte die Stimme. »Jetzt kann ich es dir ruhig sagen, streng unter uns. Er interessierte sich besonders, wohl auch auf Drängen einiger Parteifreunde, für die Hintergründe des Reichstagsbrands. Vielleicht war er unvorsichtig genug, sich ein paar Notizen zu machen, aber ich kann mir das von ihm kaum vorstellen. Nun, was er wußte, wissen inzwischen einige andere auch, dafür hat er noch gesorgt. In dieser Hinsicht sind die Leute zu spät gekommen, die ihm den Revolver in die Hand gedrückt oder ihn selbst erschossen haben.« Er nahm die Zeitung auf und las die Nachricht noch einmal. »Ein sauberer Tod«, murmelte er. Dann schaute er auf die Uhr. »Entschuldige bitte«, sagte er hastig, »ich muß jetzt ein paar eilige Besuche machen. Das Telephon wird gewiß schon überwacht.«

Hans wollte ihn davon abhalten. »Keine Unvorsichtigkeiten!« bat er.

Georg sah ihn etwas von oben herab an. »Ich wäre dir sehr verbunden«, erklärte er irritiert, »mich in Zukunft mit diesen banalen Redensarten zu verschonen. Ich sage dir das in aller Freundschaft. Diese Klischees von ›vernünftig sein‹ und ›nur keine Dummheiten machen‹ wirken auf mich sehr peinlich. Sie klingen sogar etwas nach Feigheit, wenn man sie am Ernst der Zeit und an gewissen Aufgaben mißt, die wir nun einmal haben. Aber laß es dir gesagt sein«, fügte er etwas milder hinzu, »jetzt kann mich niemand mehr zurückhalten.«

Als Georg zurückkam, schien er ruhiger. Aber gerade diese Gelassenheit beunruhigte Hans. Der Freund hatte sich gegen seine Gewohnheit bei geöffneter Tür an seinen Schreibtisch gesetzt und vertiefte sich in die Lektüre alter Briefe. Danach begann er selbst welche zu schreiben. Es waren wohl mehrere. Er steckte diese in bereits vorbereitete Briefumschläge. Hans wagte nicht, ihn zu stören. Er verfolgte Georgs Tun mit einem unguten Gefühl. Dann sah er erstaunt, wie Georg zwei alte Photographien auf seinen Schreibtisch stellte.

»Das ist sein Bild«, erläuterte Georg und deutete auf eines der Photos.

Hans trat näher. Aufmerksam musterte er die Ablichtung. Am auffälligsten schien ihm der große kahle Schädel, dann ein breites bulliges Gesicht. Aber die Augen wirkten unerwartet sanft, erinnerten etwas an die von Georg. Das andere Photo zog Hans viel stärker an. Es zeigte ein junges Gesicht, das eher noch einem Knaben als einem Jüngling gehörte. Tiefe Melancholie verschleierte den Blick. »So muß Georg einmal ausgesehen haben«, dachte Hans. Er konnte sich nicht von dem Bild trennen. Aber diese Züge, edel und geheimnisvoll, ragten aus dem steifen Kragenaufschlag einer Militäruniform hervor.

»Bist du das, in jungen Jahren?« fragte Hans überrascht, obwohl er wußte, daß Georg nicht mehr Soldat gewesen war.

»Es ist mein Bruder«, sagte Georg leise.

»Ich wußte gar nicht, daß du einen hast«, antwortete Hans.

»Hattest«, verbesserte Georg. »Er ist tot.«

»So jung«, murmelte Hans. »Gefallen?«

Georgs Gesicht hatte sich verdunkelt. »Das erzähle ich dir ein andermal«, wehrte er ab.

»Diese Ähnlichkeit!« bemerkte Hans wie zu sich selbst. »Ich habe wirklich gedacht, es sei dein Bild.«

Georg schaute ihm tief in die Augen. »Ich könnte mein eigenes Photo neben diese beiden stellen«, sagte er dumpf. »Es gehört zu ihnen.«

»Was willst du damit sagen?« fragte Hans irritiert. »Ein andermal«, versprach Georg. »Du verstehst sowieso alles immer erst später.«

Hans wandte sich ab. Er schämte sich, weil er dem Freund in diesen Stunden nicht beistehen konnte. Es gab da Dinge, an die er nicht rühren durfte, von denen er ausgeschlossen blieb. Unwillkürlich stellte er das Radio an. Er erinnerte sich, daß er in dieser Wohnung schon mehrfach zu diesem Mittel gegriffen hatte, um seine Befangenheit zu überspielen. Man hörte eine wichtigtuerisch dozierende Stimme, die Hans bekannt vorkam. Stutzig geworden, guckte er in die Programmvorschau der Zeitung. Man brachte gerade die »Stunde des deutschen Wortes«. Die Ankündigung lautete: »Die reinigende Flamme. Sinn und Wert einer Säuberungsaktion für die deutsche Literatur. Vortrag von Herrn Professor Dr. Hermann Müller.« Und dann vernahm Hesse: »... und deshalb danken wir Gott für unseren Führer, der mit einer demütigenden Phase unserer Geschichte zugleich einer kläglichen Epoche unserer Literaturgeschichte ein Ende bereitet hat. Wenn die lodernden Flammen den Schmutz und Schund verschlungen haben und unsere Bibliotheken von dem volksverderbenden Unrat gereinigt sind, wird endlich der Weg frei sein für eine deutsche Literatur, die unseren wahren Geist ausdrückt. Und das wird und kann nur ein aus unserem Blut und Boden erwachsenes Schrifttum sein, ein echtes Dichttum edelster deutscher Art.«

Hesse wußte nun, wo Professor Müller sein neues Selbstbewußtsein her hatte. Er hatte vermutlich nicht nur diesen Preis dafür bezahlt. Hans war es zum Kotzen elend.

»Stell das Ding endlich ab«, befahl ihm Georg. Hans gehorchte. »Wenn ich Ordinarius wäre wie dieser Mensch«, sagte Georg, »müßte ich mich heute abend noch tiefer demütigen. Die Lehrstuhlinhaber müssen nämlich in Talar und mit Doktorhut dem Brandgut voranschreiten.«

»Am liebsten würde ich meine eigene Arbeit zusammen mit den anderen Büchern auf den Scheiterhaufen werfen«, sagte Hans.

Georg blickte ihn ironisch an. »Nichts hindert dich daran, deine Dissertation gleich hier in den Ofen zu stecken«, bemerkte er verweisend. »Die Ehre, sich denen zuzurechnen, deren Werke heute abend verbrannt werden, läßt sich nicht mit einer Augenblicksaufwallung von schöner Empörung erkaufen.«

Hans schwieg eingeschnappt. Fast hätte er vergessen, daß er Georg geraten hatte, an dem üblen Akt teilzunehmen, um sich nicht verdächtig zu machen. »Schließlich wirst auch du anwesend sein«, meinte er pikiert, schämte sich aber gleich wieder seiner Worte.

»Jetzt merkst du wohl endlich, worum es geht«, bemerkte Georg spitz. »Jetzt, wo es an deine geliebten Bücher geht, trifft es dich härter. Stellt alles in Frage, nicht wahr? Vielleicht erkennst du jetzt auch, zu welcher niederträchtigen Unterwerfung du mich anstiften wolltest. Aber achte auf meine Worte. Ich werde für diese Schande zahlen, und zwar den vollen Preis.«

Hans machte einen Schritt auf ihn zu, als wolle er ihn um Vergebung bitten. Er war machtlos vor diesen Entwicklungen. Er würde nicht mehr lange über Georg wachen können. In dieser Absicht lag sowieso eine Anmaßung. Die Verwundung seines Freundes war zu tief. Georg entglitt ihm völlig, das verspürte er mit unabweisbarer Gewißheit.

»Hast du einen Revolver?« fragte er unvermittelt.

Georg verneinte. Ein Lächeln huschte über sein Gesicht. »Ich brauche keinen«, sagte er.

Hans atmete auf. Aber er war nicht beschwichtigt. »Versprich mir, dir nichts anzutun«, beharrte er. Unter Georgs abweisendem Blick hielt Hans inne.

»Ich habe mir selbst ein paar Versprechen gegeben, die ich einzuhalten gedenke, Hans«, antwortete Georg. »Kann man deinen kommunistischen Freund einmal kennenlernen?« fragte er dann übergangslos. Hans sah ihn überrascht an. »Versuch doch bitte, ihn heute abend hierher zu bringen, nach dieser Bücherschändung«, fuhr Georg unbeirrt fort. »Ich möchte danach gern ein paar anständige Gesichter um mich haben.«

»Ich werde es versuchen«, versprach Hans. »Aber ich muß nach ihm suchen. Leider bin ich nicht der einzige, der das tut. Wie stellst du dir das vor?« Er war verdutzt. »Und bedenke, daß solche Abendunterhaltungen für Franz Heldt unter den jetzigen Umständen nicht gerade das Richtige sind und vor allem gefährlich für ihn sein könnten.«

»Bei mir wird ihm kein Haar gekrümmt«, behauptete Georg

nicht ohne Schärfe. »Dafür kann ich wohl noch immer einstehen.«

»Zähne zusammenbeißen, Schnauze halten, blöde grinsen«, befahl sich Hesse. Er stand fest eingekeilt in der Menge der Schaulustigen auf dem Rathausplatz. Der Scheiterhaufen brannte schon. Aber Hans konnte sein Gesicht nicht einmal zur Andeutung einer Grimasse verziehen. Er war wie gelähmt. Alle Muskeln waren angespannt. Hier war kein Lächeln mehr möglich, nicht einmal ein Hohnlächeln. In fast allen Gesichtern stand grausame Neugier, als warte man auf eine Hinrichtung. Die meisten der hier Versammelten beanspruchten anscheinend ihren Anteil an der Untat. Sie schienen durch ihre Zustimmung ihre Mittäterschaft zu bezeugen. Was vermochte da Vernunft gegen die Wogen der Vernichtungswut? Nie zuvor war Hesse von seinem Land so beschämt und gedemütigt worden. Auf einmal verstand er Georgs Erklärung, daß man hier nicht weiterleben konnte. Hesse war endgültig aus seinen Gaukelträumen erwacht. Er befand sich jäh in einer anderen Welt. In einer fremden Welt, zu der er nicht mehr gehörte. Ein Volk verriet offen und öffentlich seine Dichter, seine Denker, seinen Geist. »Vielleicht wissen sie wirklich nicht, was sie tun?« legte sich Hesse eine Entschuldigung zurecht. Aber dieser Trost war lendenlahm. Er zwang sich, ein unbestechlicher Beobachter zu sein. Auf dem Rathausplatz waren nicht nur Hunderte, sondern Tausende versammelt. Wie viele unter ihnen dachten und fühlten wie er? Hans wußte es nicht. Hatte Angst vor den Folgen ihres Wegbleibens oder Gefolgschaft für die Brandstifter sie herbeigeführt? Es gab jetzt unter den Menschen mehr Verstellung und Falschheit als je zuvor. Überall war man von Mißtrauen und Verdacht umgeben.

Eine Kapelle der SA spielte Militärmärsche. Das Publikum ging melodiepfeifend und taktstampfend mit. Die mitreißende Marschmusik benebelte die Sinne und unterband jedes selbständige Denken. Gegen die mobilisierten Massen und das höhere Recht der größeren Zahl schien der einzelne machtlos. Hesse fiel auf, wie laut, lärmend, herausfordernd, protzerisch hierzulande seit der Machtübernahme der Braunen sich alles gab.

Nun nahte sich der Festzug der Bücherverbrenner. Die Musik brach ab, die Menge verstummte. Diese plötzliche Stille war unheimlich, obwohl sie nur kurze Zeit währte. »Wie die Stille vor dem Sturm«, meinte Hesse für sich. Er spürte ein herannahendes Unwetter. »Wenn sie doch nur weiter johlten und brüllten«, wünschte er sich. »Dann würde niemand den Aufschrei hören, den ich vielleicht nicht mehr lange unterdrücken kann.« Dabei stand er ruhig auf seinem Platz. Er war nun auf eine geradezu verwegene Art neugierig, zu sehen und zu erleben, wie die Geistesaustreiber ihr Spiel treiben würden.

Ein Fahnenmeer von riesigen schwarzen Hakenkreuzen auf rotumrandetem weißen Feld wogte heran. Dahinter marschierte eine Kolonne Schlägertypen der Schwarzhemden. Hinter diesen kamen Scharen von Braunhemden, junge und ältere Männer. Ihr Aufmarsch wirkte nicht ganz so eindrucksvoll wie der der SS. Die harten Marschtritte schienen das Schweigen nicht zu brechen. Sie machten es drückender und bedrohlicher. Dann kamen die Studentenverbindungen in großem Galawichs. Fackelträger flankierten den Zug. In der hereinbrechenden Dämmerung kamen ihre Lichter nicht gegen die Flammen des Scheiterhaufens an. Dennoch wirkte dieses Feuergefunkel auf Hans wie das Vorspiel zu einem gespenstischen Weltenbrand.

Auf einmal löste sich die Spannung in der Menge. Man hörte erstaunte, dann jubelnde Zurufe. Schallendes Gelächter lief durch die Reihen und verbreitete sich unwiderstehlich. Das schrille Kreischen der Frauen, das tiefe Grunzen der Männer verriet höchste Belustigung. Die Lachwelle war von der Hauptstraße aus aufgestiegen. Jetzt unterschied man auch die Rufe inmitten der Lachsalven: »Phantastisch! Unbezahlbar! Ganz toll!« Hesse reckte sich höher und höher und konnte endlich erkennen: Ein mit Büchern hochbeladener Mistkarren, von Ochsen gezogen, schwankte heran. Hans schloß die Augen. Wieder war es ihm zum Kotzen. Das war also ihr Humor? Seine Wangen glühten. »Das ist eine Fieberphantasie«, dachte er in dem ohnmächtigen Versuch, gegen das Zeugnis seiner eigenen Augen anzukämpfen. Dann meinte er den Verstand verloren zu haben. Er spürte plötzlich einen Schlag in seinem Magen und fing selbst an, lauthals zu lachen. Er brüllte vor Lachen. Ein paar Leute neben ihm schauten ihn verdutzt an. »Lachen, lachen!« rief eine Stimme in ihm. »Sie lachen doch alle. Das ist die Wirklichkeit.«

Hinter dem Mistkarren schritten Universitätsprofessoren in Talar und Barett. Professor Müller marschierte in der ersten Reihe. Mit erschreckender Klarheit begriff Hesse, um was es sich bei dieser Marschordnung handelte: Es war eine gezielte Verhöhnung, eine gewollte Demütigung, diesen Platz direkt hinter dem Mistkarren und danach zwangsläufig in der ersten

Reihe um das Schafott den Herren Professoren in voller akademischer Berobung zuzuschanzen. Ihnen schlossen sich in zwangloser wirkendem Durcheinander Privatdozenten und Verwaltungsbeamte der Universität an. Hesses Augen suchten den Freund, fanden ihn aber nicht. Hans blickte noch einmal auf die unerschütterlich würdevoll wandelnden Professoren. Sie wollten ihm plötzlich wie Pastoren an der Spitze eines Trauerzuges erscheinen. »Aber sie haben selbst den Geist aufgegeben«, dachte Hesse. »Sie geleiten ihre Berufung ins Grab.« Ihn überkam Bitterkeit, Verachtung und Haß. Das waren also die geistigen und moralischen Führer, denen man sich anvertraut hatte, wenn auch mitunter nicht ganz ohne Vorbehalte und wohl auch nicht in allen Fällen! Das waren also die Männer, die dauernd von der ihnen so heiligen Unantastbarkeit von Forschung und Lehre geredet und in hochtrabenden Vorlesungen die »zweckfreie Wissenschaft« gefeiert hatten. Ein kleiner Druck von oben auf den richtigen Erpressungsknopf, ein bißchen Verwirrung und Angst, vor allem die Angst, Amt, Besoldung und Pension aufs Spiel zu setzen, hatten sie so leicht so weit gebracht. »Jawohl, die neuen Herren haben das Spiel gewonnen«, gestand Hesse sich ein. »Das hier, diese niederträchtige öffentliche Zurschaustellung, was der Geist in diesem Lande und in den Augen der Machthaber wert ist, bestätigt das. Das Entscheidende bei dieser Bücherverbrennung ist die Komplizenschaft, derer sie sich versichert haben, diese weithin sichtbare Demütigung von Geistesträgern, diese offen bekundete Verachtung, die diese in den Augen vieler nun auch zu verdienen scheinen.« Jetzt schämte sich Hans, daß er Georg zugeredet hatte, an dieser Veranstaltung teilzunehmen. Er schämte sich, den Freund in diesem Zug der Entwürdigten vermuten zu müssen und sich selbst hier auf diesem Platz zu wissen. »Wie wird es weitergehen?« fragte er sich. Zum ersten Mal stellte er sich die Frage nach seinem eigenen Schicksal. Man konnte sich mit diesen Verhältnissen nicht abfinden. Unmöglich, in diesem Land weiterzuleben. Unmöglich, schon durch Duldung und Absonderung auch nur die geringste Verantwortung an den Dingen mitzutragen. Müller hinter dem Mistkarren, und Kirchburg an der Spitze der Redaktion! Konnten die Nazis überhaupt auf solche Verbündete stolz sein? Aber das war eine müßige Frage. »Sie haben heute alle Bande zwischen mir und dem Vaterland zerrissen«, dachte er in hilfloser Wut. »Sie haben mir meine Freiheit wiedergegeben«, spann er den Gedanken weiter, als er die Gruppe der Talarträger vorübergehend aus den

Augen verloren hatte. »Aber was soll ich mit dieser Freiheit anfangen?« »Frei«, dieses Wort hatte längst seinen echten Klang verloren. Nicht nur hierzulande, wo eine Unterdrükkungsherrschaft und damit die Knechtschaft begonnen hatte. Auch für Hans selbst, da er diesem Wort nicht sogleich einen praktischen Sinn geben konnte, außer dem »nur fort von hier«.

Hesse verfolgte den weiteren Ablauf wie von einem bösen Zauber gebannt. Reden wurden gehalten. Er konnte aber kaum etwas verstehen. Er sah, wie Studenten auf den Mistkarren kletterten. Sie warfen die Bücher Kommilitonen zu, die direkt am Feuer standen. Ein hünenhaft gewachsener blonder Jüngling in schwarzer Uniform stand jetzt auf der Rednertribüne. »Wir überliefern den Flammen ... Schmutz und Schund ... marxistisches Gift ... jüdische, kulturbolschewistische Machwerke ...« Der Wind trug Hans diese Wortfetzen und den stechenden Brandgeruch zu.

Da stieß ihn jemand von hinten zaghaft an. Hans drehte sich um. Ein dunkles Augenpaar schaute ihn freundschaftlich und verschmitzt an. Hans kramte in seinem Gedächtnis. Dann erkannte er René Latil. Hesse hatte dem jüngeren Studenten aus Frankreich zwei Semester lang deutschen Nachhilfeunterricht erteilt. Ehe sich Hans von seiner Überraschung erholen konnte und dem hierorts besonders fehl am Platze wirkenden Neuankömmling die Hand schütteln konnte, war er erst einmal äußerst verlegen.

»Gehen wir ein Stück zusammen?« fragte der junge Franzose. Sie bahnten sich ihren Weg durch die Menge, die ihnen nur widerwillig Platz machte. »Uff«, entfuhr es Latil.

Hans wußte nicht so recht, ob dieser Seufzer der Erleichterung nur der Tatsache galt, daß sie sich endlich aus der Masse der Zuschauer herausgewunden hatten. Dieses unerwartete Zusammentreffen wollte Hesse sowieso nicht gefallen. Sein Begleiter schien ihn etwas nachdenklich zu mustern.

»Sind Sie jetzt auch Nazi?« fragte Latil geradeheraus.

Hesse schüttelte erbost den Kopf. »Je fiche le camp«, brach es aus Latil hervor. In seiner überreizten Empfindlichkeit hegte Hans den Verdacht, sein früher so sympathischer Begleiter spreche französisch, um eine Schranke zwischen ihnen aufzurichten.

»Ich verstehe überhaupt nichts mehr«, fuhr Latil fort. »Das Deutschland eines Bach, Goethe, Kant, Heine ...«

Hans vernahm die vertrauten Namen mit gemischten Gefühlen. Sie klangen bei Latil wie eine auswendig gelernte Lektion und wie ein naives Glaubensbekenntnis. »Verstehen Sie, als Deutscher, was das alles bedeutet?«

»Mir wäre es lieber gewesen, Sie wären schon früher abgereist und hätten das heute nicht zu sehen brauchen«, entgegnete Hans verlegen. »Es ist wirklich nicht sehr erbaulich. Aber glauben Sie ja nicht«, rief er dann heftig aus, »daß alle Deutschen diese Sache gutheißen!« Er merkte, daß es seinen Worten an Überzeugungskraft gebrach. Man konnte ja nicht gut ableugnen, was sie beide eben mit eigenen Augen gesehen hatten.

»Pardon!« sagte Latil. »Ich hatte vergessen, wie peinlich das für Sie sein muß. Es ist ja Ihr Land. Welche Veränderung! Ich kann es nicht verstehen. Es ist doch eigentlich ein großes Land – ein großes Land, ganz gewiß.« Seine Augen schienen Hesse um eine andere Art von Nachhilfe zu bitten als früher.

»Reden wir nicht davon«, antwortete Hans müde. »Trinken wir lieber noch ein gutes Glas Bier zum Abschied.« Ihm lag daran, den Gesprächsgegenstand zu wechseln.

Latil nahm die Einladung hocherfreut an. »Ihr Bier ist immer noch gut«, sagte er. »Hoffentlich wird es nicht auch – wie sagt man doch jetzt – gleichgeschaltet.«

Sie gingen in die nächstgelegene kleine Kellerkneipe.

»Hier ist es wirklich gemütlich«, meinte Latil. Er ließ das letztere Wort genüßlich auf der Zunge zergehen. Offenbar hielt er es für den Schlüssel zur deutschen Seele. »Qu'est-ce que vous allez devenir dans tout cela?« fragte er Hans, als sie sich gesetzt hatten. Es war die Anteilnahme der Höflichkeit. Ein paar Gäste warfen ihnen vom Nachbartisch her argwöhnische Blicke zu.

»Sprechen Sie doch bitte deutsch«, bat Hans leise. »Sie haben es bestimmt noch nicht verlernt.«

»Im Gegenteil. Ich habe viel gelernt, sehr viel«, meinte Latil lebhaft.

Hans wußte nicht recht, ob das ironisch gemeint war oder ob es sich lediglich um die Selbstgenugtuung eines eifrigen Sprachschülers handelte. Hesses Laune wurde dadurch nicht besser. Er rief bald den Kellner und zahlte. Latil protestierte.

»Das nächste Mal sind Sie an der Reihe«, scherzte Hans. Auf einmal machte Latil ein ernstes Gesicht. »Wenn Sie auch abreisen sollten, kommen Sie bestimmt mich bitte besuchen. Hier ist meine Adresse.« Er reichte Hesse eine Visitenkarte. »Bei uns bezahle ich den Apéritif.«

»Einverstanden!« ging Hans lächelnd auf die Einladung ein, die er nicht ernst nahm. Plötzlich verspürte er jedoch aufs neue das unwiderstehliche Verlangen, abzuhauen, ganz gleich wohin, in ein Land, wo man keine Bücher verbrannte und keine Jagd auf Menschen machte, die über die politische Zukunft und mehr noch die geistige Entwicklung ihres Vaterlandes andere Vorstellungen hatten. In ein Land, wo man auch dieses Marschlied nicht mehr zu hören brauchte, das einen hier auf Schritt und Tritt wie eben wieder peinigte: »Die Fahnen hoch, die Reihen dicht geschlossen ...«

Der Franzose und der Deutsche verabschiedeten sich voneinander. Hesse geriet sofort in den Sog der vom Rathausplatz zurückflutenden Menge. Zufällig stieß er dabei auf Franz Heldt, den hier zu treffen er eigentlich nicht erwartet hatte. Übrigens erkannte er ihn nicht gleich. Der junge Kommunist hatte den Hut tief in die Stirn gedrückt. Außerdem trug er eine Brille, die ihn auf eine verblüffende Weise harmlos und zerstreut erscheinen ließ. Sie schwiegen, bis sie eine stille Nebengasse erreicht hatten.

»Die Bücher von Karl Marx haben sie zwar verbrannt«, sagte Heldt halblaut. »Aber die Menschen, die seine Werke kennen und sie sich ins Herz eingegraben haben, können sie schließlich nicht alle auch auf den Scheiterhaufen bringen.« Er lachte kurz auf, als habe dieser Gedanke wirklich etwas Belustigendes.

Hesse war noch immer über diese unerwartete Begegnung verblüfft. Er hatte Heldt ganz woanders gesucht. Den ganzen Nachmittag hatte er sich nach ihm umgesehen, ohne recht zu wissen, wo und wie er ihn erreichen könnte. Hans war bis zu dem Haus in der Vorstadt gegangen, wo das Taxi in der Nacht des Reichstagsbrandes gehalten hatte. Er hatte sogar im zweiten Stock geklingelt, wo damals das Licht angegangen war, und nach »Franz« gefragt (»Franz, nur Franz«, wie es ihm Herbert seinerzeit eingetrichtert hatte). Man hatte ihn mißtrauisch gemustert und ihm die Tür vor der Nase zugeschlagen. Als er die Treppe hinunterging, zischte ihm eine Stimme »Spitzel« nach.

»Gerade in der Menge ist man am sichersten, besonders bei so einer Volksbelustigung wie heute«, erklärte Heldt gutgelaunt.

»Könntest du einen Sprung zu mir heraufkommen?« fragte Hesse. »Ich wohne jetzt bei Schilsky, dem Privatdozenten. Du kennst ihn ja.«

Heldt blieb stehen und schaute Hans mit unverhohlenem Argwohn an. Aber seine Züge entspannten sich wieder. »Dieses ewige Mißtrauen! Man kann es einfach nicht mehr abschütteln. Zwar eine notwendige, aber mitunter mißliche Gewohnheit«, erläuterte er. »Einen Augenblick lang habe ich wirklich gedacht, sei mir nicht böse, daß du ...« Er brach jäh ab.

»Ich verstehe«, sagte Hans tieftraurig. »Es gibt keine Gemeinheit mehr, die man in diesem Lande nicht für möglich hält.«

»Ich komme mit«, sagte Heldt. »Schließlich ist er dein Freund.«

XII

Georg streckte Heldt herzlich die Hand entgegen. Als er dessen Zurückhaltung wahrnahm, sagte er: »Mein Freund hat mir viel von Ihnen erzählt.«

Der Gast blieb auf der Hut. »Ich hielt ihn nicht für so geschwätzig«, knurrte er.

»Wir haben keine Geheimnisse voreinander«, erklärte Schilsky. Hans fühlte sich dabei nicht recht wohl. »Ich respektiere Ihren Einsatz«, fügte Georg hinzu.

Heldt verharrte in seiner Abwehr. Er war fast feindselig. »Wir kämpfen nicht, um ein paar Zuschauer auf den besseren Plätzen durch eine würdige Haltung zu beeindrucken«, sagte er abweisend. Er sah sich mit einem beredten Blick im Wohnzimmer um. »Sie sitzen hier wohlversorgt im trockenen. Sie können unsereinen kaum verstehen.«

»Verlierer werden immer leicht aggressiv«, meinte Georg. »Auch ich gehöre zu den Verlierern. Dennoch will ich keine großen Worte machen. Bei Ihnen ist doch sonst so viel von Solidarität die Rede. Wollen Sie diese heute abend nicht auch auf mich ausdehnen?« Heldt schwieg verbissen. Georg verbarg seine Enttäuschung nicht. Dann sagte er wie nebenher: »Ich erwarte noch einen Besucher. Horst Stürmer. Kennen Sie den?«

»Den Nazi!« rief Heldt und sprang auf. »Wie soll ich das verstehen?«

Georg beschwichtigte ihn. »Er kommt sozusagen als Freund. Auf jeden Fall ist sein Besuch reine Privatsache. Er wird alleine kommen, in Zivil und ohne Hintergedanken. Darauf kann ich mich verlassen. Er hat mir ehrenwörtlich versprochen, meine Gäste, wer sie auch seien, zu respektieren. Ein paar Stunden politischer Burgfriede, sozusagen.«

Heldt ging nervös im Zimmer hin und her. Er schien eher verdutzt als verstört. »Was Sie da versuchen, ist unmöglich«, stellte er fest. »Wie können Sie von uns verlangen, nicht nur von mir, auch von Stürmer, uns gegenseitig etwas vorzumachen? Schließlich stehen schwerwiegende Dinge zwischen uns, jetzt auch schon Blut. Außerdem ist er ein Nazi, und das heißt heutzutage, er ist uns gegenüber zu allem fähig. Der könnte mich hier glatt hochgehen lassen, ohne mit der Wimper zu zukken.«

»Das wird er ganz bestimmt nicht tun«, erwiderte Georg.

»Wie ich Hesse kenne, Herr von Schilsky«, meinte Heldt nachdenklich, »fällt es mir schwer anzunehmen, Sie sympathisierten mit diesen Hakenkreuzlern. Sie sind allerdings noch immer im Amt«, fügte er brutal hinzu, »und das heißt jetzt wohl schon Unterwerfung oder Mitmachen.«

Georg von Schilsky verzog keine Miene. Er zündete sich eine Zigarette an und vergaß, den anderen eine anzubieten. »Dieser Scheiterhaufen hat mich furchtbar mitgenommen«, sagte er wie entschuldigend. »Ihren Vorwurf kann ich gut verstehen. Ihre politische Überzeugung und Ihre, hm! Arbeit bringen es wohl mit sich, daß Sie in gewissen Schablonen denken und die Menschen nach Ihrer vorgefaßten Meinung einteilen, was immer ein viel zu enges Bild ergibt. In Ihrem Weltbild, Herr Heldt, haben Freunde und Feinde genau die gleichen Hauptmerkmale wie bei den Nazis. Wer nicht für uns ist, ist gegen uns. Oder, um in einer Ihnen vertrauteren Terminologie zu sprechen: Antifaschismus ist für Sie nur mit Kommunismus identisch. Das meinen Sie doch?«

»So simpel ist das nun wieder nicht«, versuchte Heldt ihn zu verbessern.

Georg wehrte den Einwand ungeduldig ab. »Vergessen wir doch heute abend einmal die Parteiprogramme«, bat er dringlich. »Nicht Parteigänger sollen sich hier auseinandersetzen, sondern Menschen sollen miteinander reden, einfach und schlicht Menschen. Die kann man letztendlich nicht gegen politische Lehrformeln oder ideologische Glaubensbekenntnisse austauschen. Sprechen wir doch einmal auf eine ganz andere Art miteinander. Mit einfachen, verständlichen Worten. Es sollte doch noch möglich sein, sich auf einen, wenn auch noch so bescheidenen Generalnenner aus moralischem Anstand, gutem Willen, gegenseitiger Achtung und Duldung zu beziehen. Mir, und wohl auch meinem Freund Hesse, scheint eine solche Haltung eher selbstverständlich. Wir gehören ja zu keiner Partei und dienen keiner. Natürlich kenne ich die Einwände«, behielt er das Wort, als Heldt ihn unterbrechen wollte. »Unsere Vorstellung erscheint wie eine Sammlung sinnentleerter Phrasen, Heuchelei der Wirklichkeit gegenüber, angesichts der unerbittlichen Gegensätze und vor allem im Lichte rücksichtsloser Verfolgungsmaßnahmen. Und an diesen Einwänden ist auch etwas dran. Aber in den Losungen der politischen Parteien, die Ihrige nicht ausgenommen, gibt es auch vieles, was grundfalsch ist, und leere Phrasendrescherei schon allemal. Auch Sie, Herr Heldt, machen sich die Sache zu einfach, versimpeln die Probleme. Sie glauben an die Gesellschaft von morgen. Stürmer, den wir erwarten, an den Staat von heute oder, um ihm gerechter zu werden, an denjenigen, den man jetzt zu errichten versucht. Im Grunde haben Sie mit diesem mir sonst nicht unsympathischen jungen Mann mehr gemeinsam als mit uns.« Er blickte dabei Hans an, jedoch mit einem gewissen Zweifel: »Was Sie, in meinem Fall, Unterwerfung nennen«, fuhr Georg fort, »stimmt ganz und gar nicht. Machen Sie mich doch nicht glauben, man sei schon zur Unterwerfung bestimmt, nur weil man oder solange man nicht zu Ihrer Partei gehört. Als ob die Verweigerung diesem Regime gegenüber nur von der Disziplin einer Organisation, von einem Parteidogma abhinge, von einer Parteivorschrift oder gar«, er zögerte kurz, »von einer Anweisung des Moskauer Rundfunks.«

Heldt war daran, Geduld und Selbstbeherrschung zu verlieren. Man merkte ihm an, wie er mit sich kämpfte. Aber schließlich begnügte er sich damit, geringschätzig die Achseln zu zukken.

»Was tun Sie denn praktisch anderes, als sich mit den Umständen abzufinden, also sich zumindest diesen zu unterwerfen?« fragte er ohne Umschweife. »Sie geben hier schöne Worte von sich. Das kann für Sie ganz interessant sein, ist es aber nicht für mich. Diese Worte kommen direkt aus dem Elfenbeinturm, aus sicherer Entfernung, ohne Tuchfühlung mit der harten Wirklichkeit. Die Sorgen der Menschen, für die wir kämpfen, kennen Sie gar nicht, Herr von Schilsky. Die Lohntüte, zum Beispiel. Ja, Sie dürfen den Mund verziehen. Aber wissen Sie denn, was für die Ausgebeuteten eine Mark Lohn mehr oder weniger bedeutet? Was wissen Sie denn von der Arbeiterklasse? Was wissen Sie von dem neuen Krieg, der uns nun droht? Ich meine den imperialistischen Krieg der Schlotbarone und Stahljunker, die an ihm wieder einmal fette Profite machen werden.«

»Ich weiß«, sagte Georg. »Und dennoch halte oder besser hielt ich nicht allzuviel von diesen Kundgebungen, die im Namen des leeren Magens alle anderen Werte beiseite schieben, die auch verteidigt werden müssen. Auch wenn man den einzelnen und seine Freiheit im Namen des Hungers der vielen eingrenzen will, bleibt das immer noch Knechtung. Welche Verwirrung, welche Widersprüche! Aber lassen wir das«, meinte er müde. »Man vergißt, schon in der Theorie, und mehr noch in der Praxis, eben immer den Menschen.«

»Sie brauchen einen Beichtvater«, bemerkte Heldt ironisch. »Bekenntnisse einer Schönen Seele. Entschuldigen Sie meine scharfe Gangart. Sie sind ja auch nicht gerade sanft mit gewissen Dingen umgegangen, die mir am Herzen liegen. Der Mensch«, echote er bitter, »der Mensch! Keine Angst. Wir werden schon an ihn denken, an Ihren Menschen. Aber der neue Mensch ist erst in einer neuen Gesellschaft möglich. Diese Gesellschaft zu errichten, ist unsere vordringliche und wichtigste Aufgabe. Und was können Sie jetzt schon von den Ergebnissen von morgen wissen, vom Ausgang unseres Experiments? Ihr Leben, Herr Doktor, ist immer noch auf die Mentalität und die Privilegien Ihrer Klasse gegründet. Schon deshalb können Sie sich von gewissen Vorurteilen nicht freimachen. Natürlich werden wir gründlich aufräumen, reinen Tisch machen, vollständiger als diese Nationalen, die sich Sozialisten schimpfen.« Verachtung klang aus Heldts Stimme. »Wir werden nämlich eine wirkliche Revolution machen, eine echte, darauf können Sie sich verlassen! Es ist durchaus möglich, daß dabei auch ein paar Sächelchen kaputtgehen, an denen Sie hängen. Aber das bedeutet nichts angesichts des Endziels. Arbeit für alle, nie wieder Krieg, unbegrenzter technischer und sozialer Fortschritt.«

»Glauben Sie das wirklich alles immer noch? Bei allem, was wir jetzt erleben?« fragte Georg. »Ich kenne den Fortschritt, den Revolutionen der Menschheit beschert haben. Wenn er tatsächlich erfolgte, dann immer auf Kosten des einzelnen Menschen, seines bißchen Glücks.«

»Und der Rückschritt? Der Rückfall ins finstere Mittelalter, den wir jetzt erleben?« fragte Heldt. »Ziehen Sie das etwa vor? Da sollte Ihnen die Wahl zwischen uns und denen doch leichtfallen!«

»Ich ziehe einen Mittelweg vor«, sagte Georg. »Den Ausgleich zwischen Bewahren und Verändern. Aber das sollte heute abend kein Streitgespräch werden.« Er war nun etwas ratlos. »Sehen Sie«, fuhr er unsicher fort, »als ich Hesse gebeten habe, Sie einzuladen, da hatte ich das Gefühl, oder wenigstens doch die Vorstellung, man könne in diesen vier Wänden einander alles sagen, alles erklären. Das ist aber nicht mehr möglich, ich sehe es nun ein. Unsere Welt ist aus den Fugen. Um uns tobt es wild. Das ist nicht der geeignete Rahmen zur Nachdenklichkeit. Man kann dieser Entfesselung, den Taten und Untaten der anderen, nicht mehr nur Worte entgegensetzen. Man muß zu anderen Mitteln greifen. Aber mir liegt daran, daß Sie und ein paar andere davon überzeugt sind, daß ich keineswegs das dulde oder gutheiße, was sich jetzt abspielt, und daß ich mich nicht unterwerfe.«

»Wer sich nicht unterwirft, muß das mit Taten beweisen«, sagte Heldt kühl. Georg war jetzt aufgesprungen. Er schien auf einmal wie verwandelt, von neuer Festigkeit beseelt. »Das kann man auch, und das werde ich auch«, sagte er mit Überzeugung. »Wenn auch mit anderen Mitteln als Sie und Ihre Genossen.«

»Es ist Ihnen doch hoffentlich nicht entgangen«, antwortete Heldt bitter, »daß viele meiner Genossen schon im Zuchthaus und manche sogar bereits umgebracht worden sind. Das zählt doch wohl!«

»Ja«, sagte Georg, »das zählt und schlägt mir die Waffen aus der Hand. Denn das ist wirklich kein schöngeistiges Gesprächsthema mehr und ist es in meiner Absicht auch nie gewesen. Aber ist Märtyrertum auch tatsächlich der unumstößliche Beweis für die Richtigkeit, den Wert und die Größe einer Idee? Ich will damit sagen«, fuhr er zögernd fort und suchte behutsamer nach Worten, »daß man, und ich denke dabei gewiß nicht nur an Ihre Kampfgefährten, daß man auch, durchaus überzeugt von der Überlegenheit der eigenen Gesinnung, dennoch im Dienste einer schlechten Sache sterben kann. Und wie steht es mit denen, oder wie steht es um sie, die ohne jede parteipolitische Überzeugung, ohne parteigängerische Motivierung, aus ganz persönlichen Gründen wie etwa der Verachtung des Bestehenden, der inneren Weigerung, sich mit dieser plötzlich radikal veränderten Welt abzufinden, auch einfach aus Abscheu vor der derzeitigen und«, er schaute Heldt gerade ins Gesicht, »der kommenden Barbarei lieber in den Tod gehen als die Schande ertragen – die so etwas tun, ohne dafür von Parteigenossen, sondern bestenfalls von ein paar wirklichen Freunden vermißt zu werden?«

Heldt schaute Georg mit zunehmender Verständnislosigkeit an und wandte sich wie ratsuchend Hesse zu. Hans hatte schweigend zugehört. Beim Anblick seiner beiden Freunde verspürte er zunehmende Bitterkeit. Am liebsten hätte er ihnen zugebrüllt, Schluß mit dem Palaver zu machen. Er fühlte sich weit von ihnen entrückt. Er empfand plötzlich unstillbaren Haß auf diese elende Zeit, in der er leben mußte, und auf alle, die an dieser Misere schuld waren. Er meinte damit die Anstifter eines Verderbens, das sie so weit vorangetrieben hatten, daß nun die beiden Menschen, die ihm nahestanden, ihre Opfer zu werden drohten.

Heldt kam endlich zu Wort. »Der Tod, den Sie, Herr von Schilsky, doch wohl nur rhetorisch, wie ich annehme, als Vision für das Schicksal eines von Ihnen erfundenen, der Gesellschaft überlegenen Menschen-Ichs bemüht haben, das recht anmaßend als das moralische Über-Ich schlechthin auftritt, wäre praktisch sinn- und nutzlos. Absurd in jeder Hinsicht, da politisch zwecklos.« Heldt war nun erregt. »Nachdem ich in Hesse einen politischen Waisenknaben entdeckt habe, der immerhin etwas guten Willen bekundet, also eine gewisse Lernfähigkeit, muß ich in Ihnen einen politischen Werther finden. Weltschmerz, Gesellschaftsverdruß, Lebensekel ... Sie scheinen es für eine persönliche Beleidigung zu halten, daß der Mensch nun einmal weder so gut noch so edel ist, wie Sie es glauben möchten und daher wünschen. In einem geschichtlichen Augenblick, wo jeder Mensch aus Verstandeseinsicht oder Gewissensgründen unzweideutig politisch Partei nehmen muß, ohne sich aus ästhetischer Empfindsamkeit um den Dreck zu kümmern, den er dabei anfassen muß, predigen Sie die Fahnenflucht, die pathetische Verzweiflungsgeste, vielleicht nicht ganz ohne den anmaßenden Hintergedanken ›die Welt war seiner nicht würdig‹. Und dabei lesen Sie über Geschichte und nicht über Literatur! Glauben Sie bloß nicht, in der Geschichte ein stichhaltiges Beispiel für Ihren melodramatischen Vorschlag eines Selbstmordes aus moralischem Feingefühl zu finden! Man liest heute viel von Selbstmorden. Wo es sich dabei um unsere Genossen handelt, so sind sie geselbstmordet worden. Und was Sie da zur Erwägung anheimstellen, ist ohnehin nur theoretisch, möchte ich hoffen«, fügte er mit bewußter Herausforderung hinzu.

Georg blickte den Sprecher mit wachsender Sympathie an. Er lächelte schwach, ironisch und anerkennend zugleich. »Mein Freund Hesse kann Ihnen bestätigen, daß ich keinen Revolver besitze«, sagte er.

»Ich weiß, Sie haben in Ihren Übungen den Ruf eines geschickten Diskussionsleiters«, antwortete Heldt herb. »Ich habe nicht vergessen, daß wir hier eine rein theoretische Debatte ohne praktische Konsequenzen führen.«

Es klingelte. Georg ging aufmachen.

»Ein merkwürdiger Mensch, dein Schilsky«, meinte Heldt. »Ich hatte den Eindruck, er spreche im Grunde nur zu sich selbst. Eigenartiger Mensch! Und welche Verrücktheit, Stürmer hierher zu bitten, wenn ich da bin. Vielleicht versteht er sich besser mit dem. Romantiker unter sich.« Sein Auflachen gelang nicht recht.

Stürmer kam, von Georg gefolgt, ins Zimmer. Er trug den gleichen dunkelblauen Anzug, der Hans beim Presseball aufgefallen war. Ohne Uniform wirkte er ungelenk und verlegen. Er hielt sich übertrieben steif. Bei Heldts Anblick erstarrte er noch mehr. Um diesem nicht die Hand geben zu müssen, vermied er auch die von Hesse. Das Schweigen wurde peinlich.

»Na, immer noch im Land?« wandte sich Stürmer an Heldt, der betont gleichmütig vor ihm stand.

»Wie du siehst«, erwiderte der junge Kommunist. »Ist ja nicht nur deines.«

Stürmer biß sich auf die Lippen. »Also immer noch Genossenwirtschaft«, knurrte er bissig. »Immer noch wahllos alle Leute duzen.«

»Nicht alle«, berichtigte Heldt.

Georg griff in die Auseinandersetzung ein. »Sie sind beide meine Gäste«, erinnerte er beschwichtigend. »Und Sie, Herr Stürmer, haben mir ausdrücklich versprochen, heute abend gewisse Vorurteile draußen zu lassen.«

»Ich werde mich bemühen«, brummte der junge Nazi.

Georg holte Gläser und Wein. Seine Besucher musterten ihn leicht erstaunt.

»Ein festlicher Empfang«, meinte Stürmer verlegen.

»Ob es gerade ein festlicher Anlaß ist, bleibt dahingestellt«, erklärte Georg.

Heldt unterbrach ihn. »Ich trinke nicht«, sagte er. »Und ich sehe wirklich keinen Grund zum Feiern.«

Georg schaute ihn enttäuscht an. Dann wandte er sich Stürmer zu. »Das große Ereignis von heute abend«, sagte er leise und blickte den Studenten voll an, »sollte doch wenigstens für Sie Anlaß zur Genugtuung sein. Ich selbst habe vielleicht einen anderen.«

Auch Hans verstand diese Anspielung nicht.

Stürmer schob mit einer unwilligen Geste sein Glas weg und wurde rot. »Überall woanders als hier«, brach er los, »wären die Gesprächspartner andere und der Ton anders. Hier, bei Ihnen, bin ich einer gegen drei. Bitte nutzen Sie es nicht aus, daß ich aus freien Stücken hierhergekommen bin, aus rein persönlicher Sympathie für den Gastgeber, und ohne Hintergedanken.«

»Ich bitte Sie um Verzeihung«, sagte Georg mit einer Milde, die Hans eigentlich überraschte. »Verzeihen Sie mir bitte«, wiederholte der junge Dozent. »Sehen Sie, diese Sache mit den Büchern ist mir eben verdammt nahegegangen. Ich bin dem Festakt zwar doch ferngeblieben, obwohl man mir da einen Platz im Zweiten Rang reserviert hatte. Denn ich mußte an einen Text von mir letzte Hand anlegen. Und glauben Sie ja nicht an eine Einheitsfront von drei gegen einen in diesem Raum, Herr Stürmer. Hätten Sie unsere Unterhaltung hören können, ehe Sie kamen, wären Sie in dieser Hinsicht völlig beruhigt. Wir stimmen keineswegs miteinander überein, weder unter uns noch gegen Sie. Allerdings hatte ich gehofft, heute abend hier nicht nur Gäste zu haben, sondern ...« Er brach ab und suchte nach Worten.

»Sondern?« drängte Stürmer.

»Eine andere Art von Einheitsfront, eine menschlichere«, versuchte Georg zu erklären. Man sah ihm an, daß ihm selbst das Wort unglücklich gewählt schien. Wieder einmal herrschte ein peinliches Schweigen in der Runde.

Hans versuchte es zu überspielen, indem er die Gläser neu füllte. Zu seinem Erstaunen reichte Heldt ihm nun sein leer gebliebenes Glas.

»Ich mache ein Zugeständnis«, sagte Franz, »und trinke einen Schluck. Aber unter der Bedingung, daß ich auch etwas zu essen kriege. Ich habe Hunger.«

Hans schämte sich, nicht eher daran gedacht zu haben, denn wohlgenährt sah Heldt nicht gerade aus.

»Ich kann nicht immer ans Essen denken«, erklärte Franz. In seiner Stimme schwangen etwas Verachtung und viel Spott. »Mir geht es da wie den meisten Proleten«, fügte er an Stürmers Adresse hinzu.

Hans brachte ihm rasch Brot, Butter und Aufschnitt aus der Speisekammer. »Das hättest du doch gleich sagen können«, meinte er vorwurfsvoll.

Heldt lächelte und sah Georg an. »Man hat mir nicht gerade Zeit dafür gelassen«, bemerkte er.

»Verzeihen Sie mir«, stammelte Georg. »Ich schiebe manchmal wirklich Wolken.«

Heldt bekräftigte das mit einem Kopfnicken.

»Es gibt noch immer eine Menge Leute, die in den Wolken leben, um sich vor der harten Forderung des Tages zu drücken«, mischte sich Stürmer ein. Heldt ließ sich nicht beim Kauen stören. »Wissen Sie denn immer noch nicht, Heldt«, bohrte Horst Stürmer weiter, »weshalb wir den Endsieg erringen werden? Wir werden nämlich den Proleten, wie Sie unsere arbeitenden Volksgenossen nennen, Arbeit und Brot geben. Das ist kein leeres Versprechen. Eines Tages, sehr bald, werden Sie das merken.«

»Eines Tages«, echote Heldt spöttisch. »Wie ist es denn jetzt und hier? Wo bleibt da euer sogenannter Sozialismus? Schließlich habt ihr doch die Macht, oder meint es wenigstens.«

»Das Dritte Reich«, antwortete Stürmer feierlich, »wird lange genug währen, um auch die soziale Frage in aller Ruhe zu lösen. Unser Führer wird nie vergessen, daß gerade die Armen und Enterbten an der Schaffung des neuen Reiches mitgewirkt haben, daß wieder einmal Deutschlands ärmster Sohn auch sein treuester gewesen ist. Jawohl, das Dritte Reich wird alle Probleme lösen, auch dasjenige, welches Sie, Herr Doktor«, er wandte sich jetzt direkt an Georg, »heute abend in einem vertrauten Kreis, der das wegen unserer Gegensätze gar nicht sein kann, ansprechen möchten: die Herstellung einer gleichsam moralischen, parteiübergreifenden Einheitsfront. Die haben wir doch schon: ›Ein Volk, ein Reich, ein Führer!‹«

»Glaubst du den Stuß denn wirklich?« fragte Heldt, der weiter gleichgültig seine Stulle kaute.

Stürmer nickte in heftiger Bestätigung. Er störte sich sichtlich noch immer an dem »du«, das er unerträglich fand. »Wäre ich sonst dabei?« fragte er. »Und wenn es anders kommt?« beharrte weiterhin gutgelaunt Heldt in seinem Verhör. »Wenn die berühmte ›Zinsknechtschaft‹ nicht gebrochen wird? Wenn der Sozialismus nicht errichtet wird? Wenn die Banken und Konzerne weiterhin das bleiben, was sie immer waren, die wirklichen Herrscher im Lande? Wenn sie weiterhin ungeschoren ihre unerbittliche Profitwirtschaft treiben und die Fäden halten, an denen ihr wie Marionetten tanzt? Für sie seid und bleibt ihr doch nur Werkzeuge, Strohmänner, Landsknechte und Lakaien, nützliche Krüppel zur Niederhaltung des Proletariats. Und ihr wollt da von Vaterland reden? Ein schönes Vaterland!« rief er bitter, »euer Vaterland, das der Reichen. Und eines Tages wird man euch großzügig erlauben, für diese Art von Vaterland euer Leben zu lassen.«

»Es scheint Ihnen immer noch nicht aufgegangen zu sein, Heldt, daß sich die Zeiten geändert haben«, antwortete Stürmer. »Wir brauchen uns gar nicht mehr mit Worten zu streiten.

Wir haben die Macht, wir regieren, wir erlassen die Gesetze. Aber ich scheue mich natürlich auch nicht vor einer Diskussion. Unser Programm wird Punkt für Punkt erfüllt werden, das werden Sie schon sehen. Die erhabene Gestalt unseres Führers steht viel zu hoch«, hier konnte sich Heldt das Lachen nicht verkneifen, »als daß irgend jemand das Recht hätte, an seinem gegebenen heiligen Wort zu zweifeln. Nicht einmal seine Gegner haben dieses Recht, denn er arbeitet auch noch für sie, wenn er an der Größe, an der Wiederaufrichtung Deutschlands arbeitet. Ich müßte ja jede Selbstachtung aufgeben, wenn ich Ihre Einwände überhaupt ernst nähme. Für Ihren notorischen schlechten Willen, für Ihre niedrige Art, alles herabsetzen zu wollen, was groß ist, gibt es nur eine Erklärung. Sie schleppen noch das Erbe einer nunmehr untergegangenen Epoche mit sich, die von Juden und Kulturbolschewisten verseucht worden ist. Sie, Heldt, sind außerstande, die einmalige Größe der von der Vorsehung bestimmten geschichtlichen Sendung dieses einzigartigen Mannes auch nur im entferntesten zu fassen. Sie wollen einfach nicht sehen. Aber eines kann ich Ihnen sagen. Sollte der Führer uns jemals verraten, wären wir die ersten, die ...« Er hielt jäh inne und warf einen erschrockenen Blick um sich, als habe er sich bei einem Frevel ertappt.

Heldt ergänzte den Satz für ihn: »... ihn niederschießen würden, nicht wahr? Eher wohl schon er euch«, fügte er hinzu.

»Ich hätte nicht übel Lust, Sie zu züchtigen«, brach Stürmer los. Georgs Blick gebot ihm Schweigen, doch die stumme Bitte blieb wirkungslos. »Sie sind ein Spielverderber und vergiften uns diesen Abend«, machte Stürmer weiter seinem Unwillen Luft. »Aber wir beide, Heldt, werden uns bald einmal woanders sprechen.« Der Angeredete würdigte ihn keiner Antwort. »Auf jeden Fall«, sagte Stürmer, »ist Ihre ganze Einladung ein Reinfall, Herr von Schilsky.« Er war aufgestanden und ging im Zimmer hin und her. Vor Georgs Schreibtisch blieb er stehen. Zerstreut oder schon aus der Gewohnheit des Hausdurchsuchers musterte er prüfend die Photographien, die dort aufgestellt waren. Mit jäh erwachtem Interesse nahm er diejenige von Georgs Bruder in die Hand. »Ich wußte nicht, daß Sie noch Soldat waren. Ich hielt Sie für jünger.«

Georg hatte sich neben ihn gestellt. »Mein Bruder«, erklärte er. »Er ist sehr jung gestorben. Das ist das letzte Bild von ihm.«

»War er an der Front?« fragte Stürmer. Hans meinte einen fast neidischen Respekt herauszuhören.

»Heldentod ... nicht wahr, das erwarten Sie doch?« sagte

Georg. Sein Gesichtsausdruck war abweisend. »Nun ja, eigentlich hätten Sie damit recht. Von Ihrem Standpunkt aus ist er auch den Heldentod gestorben. Wollen Sie hören, wie?« Er wandte sich ebenfalls seinen beiden anderen Gästen zu.

»Wenn das nicht eine alte Wunde aufreißt«, murmelte Stürmer.

Hans merkte, wie Heldt zusammenzuckte und die Fäuste ballte.

»Ich wußte nicht, daß ein Nazi taktvoll sein kann«, flüsterte er Hesse zu.

Aber der schaute ihn rügend an. »Kann schon vorkommen«, erwiderte er leise. Die feindseligen Bemerkungen, die hier ausgetauscht wurden, gingen ihm allmählich auf die Nerven. Auch fand er den anmaßenden Tonfall der Streitenden unerträglich. Er merkte wieder einmal, wie fern er ihnen im Grunde trotz aller menschlichen Sympathie stand. Wenn jemand aus der ohnehin verunglückten »Einheitsfront« dieses marottenhaften Burgfriedeabends ausgeschlossen war, dann doch wohl er, Hans Hesse. Diese großen Worte von Kampf, Heldentum, Opfer oder gar Tod, denn auch dieses Wort war schon gefallen und schwebte im Raum, diese viel zu gelassen hingeworfenen Kampfrufe sagten ihm nichts. Auf jeden Fall nichts Gutes. In dieser von Wahnideen besessenen Zeit mußte er sich weigern, ihnen einen Sinn zuzuerkennen. »Sie sind, wie ich, alle noch junge Menschen«, dachte er. »Keiner von uns ist schon dreißig. Bevor sie überhaupt wissen, was sie mit ihrem Leben anfangen können, werfen sie sich schon dem Tod in die Arme. Als ob das Antwort und Lösung wäre. Soll ich mich etwa von ihrem Wahnsinn anstecken lassen, soll auch ich diesem Impuls nachgeben, sich selbst oder die anderen zu vernichten, sich selbst und die anderen?«

»Mein Bruder war vier Jahre älter als ich«, begann Georg. Er blickte dabei starr auf das Bild, das Stürmer wieder an seinen Platz gestellt hatte. »Er war schon als Kind sehr zart, eigentlich kränklich, überaus empfindsam und hochbegabt. Vor allem für Musik. Schon von früh auf wollte er Musiker werden. In unserer Familie ist eine künstlerische Laufbahn nicht gerade üblich«, fügte er ironisch hinzu. »Übrigens diejenige eines Offiziers auch nicht, zu der man ihn trotz aller Anzeichen fehlender Eignung bestimmt hatte. Der Krieg kam. Der änderte alles, auch für meinen Bruder. Sie wissen ja, Begeisterung, Opfergeist, Patriotismus, Pflichtgefühl. Kurzum, man steckte ihn gleich in die Kadettenanstalt. Nebenbei bemerkt hatte man für später mit mir dasselbe vor. Er war dort sehr unglücklich. Sie brauchen sich nur das Bild genau anzugucken. Unglücklich in dieser Uniform. O, es fehlte ihm nicht an gutem Willen, an Ehrgefühl und Vaterlandsliebe. Aber es war hart für ihn, zu hart. Er litt unter allem, erstickte an dieser Atmosphäre, einer Atmosphäre ohne Musik, völlig unmusisch, ohne Harmonie im umfassendsten Sinne, wohl auch im überspanntesten, den er diesem Wort gab. Er litt unter der strengen Disziplin, den brutalen Anforderungen der ständigen Unterordnung, der Engstirnigkeit und Dummheit seiner Kameraden, bestimmt auch unter den üblichen sexuellen Demütigungen. Wir haben ja wohl inzwischen alle einiges darüber gehört, wie es da in den Schlafsälen zuging. Er litt auch unter der Anmaßung und Arroganz der Junkersöhne, die tonangebend waren, und jeder ältere Kadett war ja gleichzeitig ein sogenannter Vorgesetzter des jüngeren. Auf jeden Fall, er litt. Ich habe noch Briefe von ihm, die er an unsere Mutter schrieb. Aber, nicht wahr? die Zeiten waren hart, man erzog die Jungen zur Härte, sogar seine Mutter war hart ihm gegenüber. Die Familie hatte ihn gleichsam schon lebendigen Leibes auf dem Altar des Vaterlandes geopfert. Mit mir hätte sie es, wie gesagt, genauso gemacht, wäre ich nicht noch zu jung gewesen. Man hatte ihn sozusagen zum Heldentod bestimmt. Sein Ende? Er war schon Offiziersanwärter, sollte bald an die Front. Sie wissen ja, wie man damals die Schützengräben mit Halbwüchsigen füllte. Aber da kam die Revolution, wie man die damaligen Unruhen fälschlicherweise noch immer nennt, die Niederlage, das Erwachen, und das war schrecklich für die, die es nie gewagt hatten, es vorauszusehen, weil man ihnen diesen ewigen Durchhalteglauben eingetrichtert hatte.«

Von Schilsky hielt kurz inne und schob wie unwillig eine Haarsträhne zurück. »Die sogenannte Revolution, nun, die hätte ihn genauso verschont wie der Krieg. Ohne diesen einen Zwischenfall. Denn vor der Kadettenanstalt, das heißt, vor den Augen der angehenden jungen Offiziere, für die damals eine Welt zusammenbrach, riß eine aufgebrachte Gruppe von Zivilisten mit roten Armbinden einem höheren Offizier die Achselklappen ab. Sie wissen, oder sollten es wenigstens wissen, daß sich die Revolution von 1918 meistens mit dieser Art von, hm! Gewalttätigkeiten begnügt hat.« Seine Stimme klang höhnisch. »Furchtbare Aufregung in der Schule. Ein paar Diskussionen, ein paar hitzköpfige Brandreden, verschwörerische Geheimtreffs in der Latrine. Die meisten Kadetten gaben sich der fixen Idee hin, sie dürften diese Schande nicht überleben. Die Uniform, die sie trugen, war in ihren Augen entehrt worden. Ein entehrtes Leben schien für etliche dieser noch halben Kinder nicht mehr lebenswert. Ich weiß natürlich nicht, was mein Bruder wirklich dachte, das heißt, jetzt glaube ich es zu wissen und zu verstehen ... Während die anderen noch sprachen, hatte er schon seinen Revolver gezogen. Sechzehn Jahre«, sagte Georg leise und traurig, »sechzehn Jahre. In dem Alter fängt man gerade erst an zu leben. Er wäre nun doch frei gewesen für seine Laufbahn, eine Berufung vielleicht. Dennoch war er der erste, der einem Ehrenkodex gehorchte, den er tiefinnerst nicht einmal richtig anerkannt hatte. Er konnte nicht mehr leben, so meinte er wohl, als sein Blick plötzlich auf eine ihm verächtlich scheinende Welt fiel, wo nichts mehr von den früheren Werten galt und wo ihm sogar sein Opfer und sein Verzicht ›für Familie und Vaterland‹ sinnlos erscheinen mußten.«

»Ich, Herr von Schilsky, bewundere Ihren Bruder«, erklärte Stürmer. »Ein edler Tod für eine große Sache, Deutschland. Auch wir sind bereit, dafür unser Leben hinzugeben, wenn man uns ruft. Das schulden wir den Toten des letzten Krieges, denen sich Ihr Bruder aus freiem Entschluß zugesellt hat.«

Georg antwortete sarkastisch: »Ich bin davon überzeugt, daß niemand Sie hindern wird, den Heldentod zu sterben, ganz im Gegenteil.«

»Wenn man weiß, wofür«, setzte Stürmer zu einer neuen Bekenntnisablegung an.

Georg unterbrach ihn. »Das ist es ja gerade, wofür«, sagte er. »Es gibt immer ein Wofür. Meistens ein verlogenes.«

»Eigentlich würde mir die Geschichte noch besser gefallen«, erklärte Stürmer, »wenn er ein paar von den Rabauken mit in den Tod genommen hätte, die sich an einem deutschen Offizier vergriffen haben.«

Heldt lachte schallend auf. »Bravo, Stürmer, bravo!« rief er. »Das war das erlösende Wort. Da kommt die wahre Natur wieder durch. Besten Glückwunsch, Herr von Schilsky, für den vollen Erfolg ihrer edelmenschlichen Absichten. Aber auch für Ihre Geschichte, die mich berührt hat, wenn auch anders als meinen Vorredner. Fast hätte ich gefürchtet, der Abend ende tatsächlich mit einer allgemeinen Verbrüderung. Die gibt es heutzutage wohl nur noch in dem politischen Wolkenkuckucksheim, wo Sie sich Ihrem eigenen Geständnis zufolge angesiedelt haben.«

Stürmer wandte sich wütend dem Spötter zu, als wolle er auf

ihn losgehen. Er atmete keuchend. »Immer müssen Sie provozieren«, zischte er.

Heldt bewahrte seine Ruhe. »Natürlich sind wir immer die Provokateure«, erwiderte er mit schneidender Stimme. »Wir haben den Reichstag angesteckt. Wir haben heute abend die Bücher verbrannt. Wir mißhandeln unsere eigenen Genossen in SA-Kasernen. Wir erschießen sie danach auf der Flucht. Und wir werden natürlich auch der Sowjetunion den Krieg erklären.« Er lächelte nun nicht mehr. Sein Gesicht war hochrot, in seinen Augen blitzten Wut und Haß.

»Hans drängte sich zwischen die Streitenden. Er versuchte es mit einem schwachen Scherz. »Sie haben beide nicht genug getrunken, um handgreiflich zu werden.«

Die Gegner sahen ihn befremdet an. »Man braucht wirklich nicht zu trinken«, meinte Stürmer dann wegwerfend, »um entflammt zu sein, wenn es um unsere höchsten Güter geht.«

»Auf Ihr Wohl!« prostete Hans ihm zu. Er hatte von diesem Pathos endgültig die Nase voll.

»Und wie halten Sie es mit dem großen Beispiel Ihres Bruders, Herr Doktor?« fragte Stürmer, der sich dazu durchgerungen zu haben schien, Heldts Anwesenheit nicht länger zu beachten. »Die Art und Weise, wie Sie die Geschichte erzählt haben, läßt da leider wenig Zweifel. Und dennoch, das Beispiel ist da, der Anruf, auch für Sie.«

Georg zitterte. Er war nun wieder in den Anblick des Bildnisses verloren. »Das Beispiel?« fragte er leise und zweifelnd. »Seine Haltung vielleicht schon. Aber doch nicht die Sache, der er in seiner Verwirrung zu dienen meinte. Und ich verbiete Ihnen«, rief er mit unerwarteter Heftigkeit, »ihn jetzt für Ihre Sache in Anspruch zu nehmen! Er starb nicht für Ihr Vaterland, nicht für Ihre Sache.« Er zitterte heftiger. Hans nahm ihn bei der Hand und nötigte ihn in einen Sessel.

»Weshalb bin ich eigentlich hergekommen?« fragte Stürmer mit aufrichtigem Bedauern. »Zwischen uns geht doch überhaupt nichts.« Man sah ihm an, wie er sich zwang, nicht feindseliger zu werden. Dafür wußte Hans ihm auch Dank. »Schade, Herr von Schilsky«, sagte Stürmer. »Ehrlich schade!« Noch immer war eine Spur von Respekt und Zuneigung in der Betonung zu erkennen, mit der er diesen Namen aussprach. »Übrigens«, fragte er plötzlich, und sein Blick wurde dabei sehr mißtrauisch, »ist dieser von Schilsky, über dessen Selbstmord in Berlin die Zeitungen berichtet haben, etwa ein Verwandter von Ihnen?«

Georg antwortete gereizt: »Natürlich. Logisch genug. Es

sollte Ihnen heute abend aufgefallen sein, daß meine Familie aus Selbstmördern besteht.«

»Verzeihung«, murmelte Stürmer und fügte hinzu: »Glücklicherweise sind Sie ja am Leben.«

»Das klingt fast wie ein Vorwurf«, entgegnete Georg spöttisch, aber sein Lachen klang falsch. »Vielleicht haben Sie in Ihren hehren Träumen mir auch schon einen Heldentod zugedacht?« reizte er ihn weiter.

»Mit solchen Dingen soll man keinen Scherz treiben«, gab Stürmer ernst zu bedenken. »Es gibt schon einen berechtigten Heldentod. Den für unser Land, für unsere große Sache.«

»Gibt es nur den?« fragte Georg. »Nur den für Ihre Sache? Und wenn man sich nun für eine andere opfert?« Und völlig übergangslos fügte er hinzu: »Kommen Sie doch morgen in meine Vorlesung!«

Stürmer war überrascht, denn der unerwartete Vorschlag hatte mit ihrem vorausgegangenen Gespräch nichts zu tun. »Welchen Stoff behandeln Sie denn?« fragte er höflich. »Ich muß zugeben, daß ich mich in der letzten Zeit nicht besonders um den akademischen Betrieb kümmern konnte.«

»Da untertreiben Sie aber«, sagte Georg trocken. »Heute haben Sie sich doch beispielsweise um gewisse Bücher gekümmert, deren wissenschaftlicher Wert unleugbar ist. Mein Stoff? Eine ganz olle Kamelle im Grunde, italienische Geschichte nach Ausgang des Mittelalters, Herkunft und Bedeutung der Kondottieri, vielleicht nicht ganz frei von ein paar Ausblicken und Nutzanwendungen auf die Jetztzeit, für feinhörigere Veranstaltungsteilnehmer.«

Stürmer sah ihn mit unverhohlenem Unbehagen an. Ihre Blicke bohrten sich ineinander, gleichzeitig wohlwollend und herausfordernd. Keiner der beiden senkte die Augen. »Ich werde da sein, Herr Doktor«, sagte Stürmer endlich. Seine Stimme klang heiser. »Und unter den gegebenen Umständen werde ich nicht allein kommen.« Er wandte sich ab, trotzig und bekümmert zugleich.

»Bringen Sie nur so viele Kameraden mit, wie Sie wollen«, ermunterte Georg ihn. Sein Gesicht war nun wie versteinert und wirkte dennoch entspannt. Sein Blick war der eines Menschen, der weiß, was er tut. »Auf morgen!« sagte er, und es klang wie ein Befehl.

»Auf morgen«, echote Stürmer mit erstickter Stimme. »Auf Wiedersehen, Herr von Schilsky.«

»Augenblick mal!« griff Heldt ein. »Ich muß um das Vorrecht

bitten, als erster gehen zu dürfen.« Er wandte sich dabei mit unverhohlener Grobheit an Stürmer. »Die SA-Kaserne ist mir zu nahe«, erklärte er.

»Ich habe nur ein Ehrenwort«, entgegnete Stürmer kalt. »Ihr ganzes Benehmen, Heldt, ist auf unerträgliche Weise undeutsch.«

»Ich wollte dir nur einen Gewissenskonflikt ersparen«, antwortete Heldt in dem gleichen feindseligen Ton. »Ich fürchte, verehrter Herr Doktor«, wandte er sich an Georg, »Ihr Versuch der Gründung eines überparteilichen Tugendbundes ist gründlich danebengegangen. Aber machen Sie sich keine allzu großen Sorgen über das Schicksal der freischwebenden bürgerlichen Intelligenz. Warten Sie ab, bis wir einen Zustand hergestellt haben, der nützlicheren geistigen Bemühungen förderlicher sein könnte. Auf jeden Fall war diese kleine Sitzung sehr aufschlußreich. Auf Wiedersehen, Hans! Du hättest auch mal was sagen können.«

Als hätten sie auf dieses Stichwort gewartet, schauten alle Hesse an, der noch immer am kleinen Tisch saß und vor sich hintrank. Ihre Blicke richteten sich erstaunt auf ihn, als hätten sie erst jetzt bemerkt, daß er den ganzen Abend über ein Schweigen bewahrt hatte, das sie plötzlich zu beirren schien. Hans stand schwerfällig auf. Er sah die drei jungen Männer wie von weither an, als befinde er sich im Nebel. Er kämpfte gegen Trauer, Angst und Auflehnung. Was erwarteten diese todessüchtigen deutschen Jünglinge eigentlich von ihm? Und was hatte Georg wohl erwartet, der ihnen gesittete Turnierregeln vorschreiben wollte, als wisse er nicht, daß sie sich mit oder ohne Schiedsrichter die Schädel einschlagen würden und ohne jede ritterliche Rücksicht auch denen, die zwischen ihre gezückten Schwerter gerieten? Die Gesichter vor ihm schienen zu verschwimmen. »Ich habe zuviel getrunken«, dachte Hans vage. »Aber warum haben die eigentlich nicht mitgehalten?« Er hielt sich die Hand über die Augen, als wolle er sich vor den prüfenden Blicken verstecken. Diese drei Augenpaare schienen dabei mehr und mehr zu einem einzigen zu verschmelzen. Jedenfalls stand in ihnen die gleiche Frage. »Was wollen die denn von mir?« fragte er sich voller Auflehnung gegen eine Forderung, die er nicht anerkannte. Er erschauerte. Wovon hatten die den ganzen Abend geredet? Er wußte sehr wohl, wovon. Er hatte es zutiefst gespürt und richtig verstanden. Jedes Wort, jede Anspielung in dieser makabren Unterhaltung hatte sich unwiderruflich darum gedreht, zu sterben. Hans weigerte sich in einem geradezu panischen Erschrecken, in diese Besessenheit einbezogen zu werden. Er hatte gegen diesen Alpdruck angekämpft. Er wollte diesem Anruf nicht folgen, der Verlokkung zur Auslöschung von Streben und Leben nicht nachgeben. Sollte er wirklich bei diesem tödlichen Spiel mitmachen, nur um einer schönen Geste willen? Der Preis war zu hoch.

Alle drei hatten, ein jeder auf seine Art, den Tod herbeibeschworen. Dieser Stürmer, der von einem Heldentod träumte, wohl an der Spitze seiner Kompanie mit wehender Fahne in der Hand auf den Feind losstürmend, zu sterben, damit Deutschland lebe und später einmal, wer weiß? seine Heldentat in Schullesebüchern glorifiziert zu wissen. Dieser Heldt, der wenigstens den Tod, der ihn jetzt auf jedem seiner Schritte umlauerte, kaltblütiger, realistischer, geradezu logisch anging. Dieser Franz Heldt, der dem Unerbittlichen gegenüber noch die keuscheste Einstellung hatte, ihn im Interesse seiner illegalen Arbeit nicht sinnlos herausforderte, sondern immer noch über einen gesunden Selbsterhaltungstrieb verfügte. Dieser Georg schließlich, dieser Freund, der nur zurückgekommen zu sein schien, um endgültig zu verschwinden, gerade in dem Augenblick, wo man ihn wiedergefunden zu haben glaubte und vermeinen konnte, mit ihm zusammen weiterzuleben, gewiß gegen den Strom dieser Zeit, aber doch leben. Und jetzt wurde Georgs bloße Existenz schon zu einem ständigen stummen Vorwurf, demjenigen nämlich, daß Hans nicht auch zu einer »Familie von Selbstmördern« gehörte.

Aber in dem Augenblick, wo Hesse diesen Verdacht faßte, erinnerte er sich jäh, daß seine Eltern sich auch umgebracht hatten, wenn auch nur durch das Aufdrehen eines Gashahnes, was den Helden hier wohl nicht als die feinste Art gelten würde, von der Szene abzutreten. Und wenn ihn, Hesse, etwas von diesem letzten Schritt abgehalten hätte, dann schon dieses abschreckende Beispiel seiner Eltern. »Mein Freund Georg«, stellte Hans mit unendlicher Traurigkeit fest, »will er denn nicht mehr leben? Was diese bösartigen Besessenen treiben, einschließlich aller ihrer Scheiterhaufen, das sind doch Narrheiten, gemessen an unserem unwiederbringlichen Leben.« Seine Gedanken irrten ab. Plötzlich konnte er nicht mehr an sich halten.

»Ich habe jetzt genug«, brüllte er los. »Ich pfeife auf euer Gerede von Kampf und Heldentod. Ihr seid ja alle verrückt geworden. Wißt ihr denn überhaupt nicht, was Leben ist? Kann man denn nicht einfach und schlicht leben? Euch sollte man ein bißchen mehr Feigheit predigen, euren Instinkt der Selbsterhaltung wieder anfachen, euch Zweifel an alldem einhauchen, worauf ihr euch so großspurig beruft und was doch euren letzten Einsatz nicht lohnt. Man betrügt euch, ihr täuscht euch selbst. Ihr werdet erst verführt und dann verheizt. Und zwar von allen Seiten!«

Er brach ab. Er merkte, daß seine Worte keinen Sinn für die anderen hatten. Sie prallten an der Mauer ihres Schweigens ab. Der Nazi schwieg verächtlich, der Kommunist besserwisserisch, wenn auch mit einer Spur von Nachsicht, und der Freund, der ihm am nächsten stand, voll Trauer und unverhohlener Enttäuschung. Aber alle schwiegen sie gegen ihn. Hans machte eine hilflose Handbewegung. In einer letzten Aufwallung der Auflehnung drehte er ihnen den Rücken zu und stürzte aus dem Zimmer. Es war ihm zum Heulen. Aber er konnte nicht weinen.

»Hesses Erwachen«, kommentierte Heldt. »Auf Wieder...« Er verbesserte sich unverzüglich: »Rot Front!«

Stürmer zuckte die Achseln. »Ich gebe Ihnen fünf Minuten Vorsprung«, rief er Heldt witzelnd nach. Aber die Tür war schon hinter dem Kommunisten zugefallen.

»Also dann, auf morgen!« sagte Georg und gab Stürmer zum Abschied die Hand.

Der junge Nazi drückte sie lange und fest. Er sah Georg jetzt flehend an. »Tun Sie es nicht«, bat er. »Sie wissen nicht ...«

»Doch, ich weiß«, sagte Georg leise. »Sie müssen jetzt zwischen Ihrer parteigängerischen Bindung und Ihrer menschlichen Neigung entscheiden. Eines Tages werden Sie vielleicht über mich nachdenken. Später einmal«, fügte er mit unerwarteter Herzlichkeit hinzu. »Auf Wiedersehen!«

XIII

Georgs Vorlesung war auf zehn Uhr angesetzt. Die Hörsaalverwaltung hatte Dr. von Schilsky einen kleinen Raum zugewiesen. Es gab nur wenige Sitzplätze. Man rechnete mit einer geringen Teilnehmerzahl für die Veranstaltungen frischgebackener Privatdozenten.

Heute hatte man sich jedoch verrechnet. Schon vor Beginn der Vorlesung war der Raum fast voll. Dabei warteten draußen noch zahlreiche Interessenten. Es waren nicht nur die üblichen Nikotinsüchtigen, die unbedingt noch ihre Zigarette auf dem Flur rauchen mußten. Auf der Suche nach Stürmer drängte sich

Hans durch die Wartenden. Hierbei stellte er fest, daß ihm die meisten unbekannt waren. Wahrscheinlich hätten nur wenige einen Studentenausweis vorzeigen können. Hesse war aufgeregt. Er hatte die ganze Nacht nicht geschlafen. Er wollte Georg in letzter Minute retten. Vor dieser Aufgabe mußte er eigentlich verzagen. Er hatte Angst. Denn er wußte, was in wenigen Minuten passieren würde, wenn er es nicht vereiteln konnte.

Nachdem Heldt und Stürmer sich verabschiedet hatten, war Georg zu Hans ins Zimmer gekommen. Er hatte das Manuskript seiner Vorlesung mitgebracht. Er hatte ihm die Seiten in die Hand gedrückt und ihn gebeten: »Sag mir aufrichtig, was du von diesem Text hältst.«

Hans hatte ihn gelesen und Georg unverblümt seine Meinung gesagt. Der Vortrag an sich sei zwar bemerkenswert, aber unter den jetzigen Umständen genüge schon die Hälfte davon, den Verfasser hinter Schloß und Riegel zu bringen. Von Schilsky hatte die Geschichte der italienischen Stadt- und Kleinstaattyrannen zum Vorwand für vermeintliche Parallelen zu den jetzigen Verhältnissen in Deutschland genommen. Die diesbezüglichen Anspielungen hätten selbst dem blödesten Hörer nicht entgehen können. Zum Beispiel forderte die Beschreibung der Landsknechtshorden, deren zügellose Führer sich durch List und Gewalt der Herrschaft bemächtigten und die bestehenden Ständeversammlungen davonjagten, in von Schilskys Formulierung unwiderstehlich einen Vergleich mit den paramilitärischen Wehrverbänden der Nachkriegszeit in der Weimarer Republik heraus. Und die Schilderung der Verfolgungen und Folterungen unter den damaligen Tyrannen mahnte an jetzt umlaufende Gerüchte über die Mißhandlung sogenannter Staatsfeinde im neuen Deutschland. Auch gewisse Rückblenden auf das Prunkgehabe und die Verschwendungssucht einiger jener Gewaltherrscher erinnerten nur zu deutlich an einen auch vom Leibesumfang her gewaltigen Naziprominenten, dessen Phantasieuniformen und Ordensfimmel bei der Bevölkerung schon sattsam bekannt waren.

Für Hesse hatte es seit dieser Lektüre festgestanden, daß sein Freund keinem Argument mehr zugänglich sein würde. Erwartungsgemäß hatte Georg auch starrköpfig alle Versuche zurückgewiesen, ihn von seinem Vorhaben abzuhalten. Dabei war Hans nur von der Überlegung ausgegangen, Georgs Freiheit und Leben seien zu wertvoll, um mit einer ebenso pathetischen wie nutzlosen Geste der Selbstaufopferung aufs Spiel gesetzt zu werden. Als Hans dann in einem letzten Versuch, Georg doch noch zur Vernunft zu bringen, gesagt hatte: »Denk doch auch an deine Freunde!«, hatte ihn Georg mit einer brüsken und abschätzigen Handbewegung abgespeist. Hans wußte, was das bedeutete. Folgte er seinem Freund nicht auf dem Wege, von dem es keine Rückkehr gab, würde ihre Freundschaft über den politischen Verhältnissen zerbrechen.

»Er weiß nicht, welchen Hirngespinsten er nachjagt«, hatte Hans dabei voller Verzweiflung gedacht. »Bis zuletzt täuscht er sich über diese Welt.«

Dann hatte er es mit Ironie versucht und sogar mit verletzendem Spott: »Wenn du dich wirklich abmachen willst, verzichte wenigstens auf die große Geste. Dreh in deinem stillen Kämmerlein den Gashahn auf!«

»Natürlich verstehst du mich nicht«, hatte Georg ungeduldig erwidert. »Du verstehst nie etwas. Siehst du denn nicht, daß ich sie, du weißt schon wen, zwingen will, mir gegenüber mit sich selbst folgerichtig zu handeln? Das heißt, ich will sie zwingen, sich zu entlarven, aber auch mich selber dazu bringen, jeder Verführung zum Kompromiß auszuweichen. Junge Menschen wie Stürmer müssen lernen, daß andere auch Mut und Opferbereitschaft haben.«

Hans hatte geglaubt, einen rettenden Einfall zu haben. Er hatte das Manuskript zerrissen und Georg die Stücke vor die Füße geworfen. »Da hast du dein Opfer«, hatte er gesagt. »Und nun setz dich hin und verfasse dein Rücktrittsgesuch!«

Georg war auf ihn zugegangen. »Liegt dir wirklich soviel daran, daß ich dableibe?« hatte er gefragt. »Das heißt, daß ich lauwarm und verächtlich werde, wie die meisten, wie du?« Georg hatte wohl gefühlt, daß er damit zu weit gegangen war. »Ich habe mehrere Durchschriften«, hatte er dann gesagt. »Außerdem kann ich auch frei sprechen.«

Hesse hatte hin und her überlegt, wie er Georg vor sich selbst bewahren könnte. Es schien keinen anderen Weg zu geben, als vor Beginn der Vorlesung mit Stürmer zu reden. Er rechnete auf dessen Zuneigung zu Georg.

Endlich entdeckte Hesse den Gesuchten. »Ich muß Sie dringend sprechen«, bat Hans. »Wir müssen unbedingt«, er zögerte kurz, »unseren Freund von Schilsky daran hindern, eine Riesendummheit zu begehen. Es handelt sich um seine Vorlesung.«

Stürmer blickte abweisend. »Über die habe ich mir auch meine Gedanken gemacht«, sagte er. »Deshalb bin ich ja hier.

Er hat mich ja geradezu gezwungen. Aber nicht, wie Sie meinen, um irgend etwas zu verhindern. Wir spielen mit offenen Karten. Schließlich hat er es so gewollt. Wenn mir etwas leid tut, dann nur, daß er nicht zu uns gehört. Ich habe mir selten solche Mühe um einen Menschen gegeben.«

Hans sah auf die Uhr. Nur noch fünf Minuten. Es war keine Zeit mehr zu verlieren. »Wir können uns jetzt nicht mit romantischen Spinnereien befassen«, meinte er brutal.

»Ich weiß, daß Sie ein Zyniker sind«, entgegnete Stürmer feindselig und kniff die Lippen zusammen.

»Natürlich bin ich das«, bestätigte Hans. »Man sagt das oft von Leuten, die sich noch eine Spur gesunden Menschenverstand bewahrt haben. Ich bitte Sie nur um eines, bewahren Sie Dr. von Schilsky vor ...« Er zögerte kurz. »Sie wissen besser als ich, wovor«, fügte er in einer unkontrollierten Anwandlung hinzu. »Diese ganze Kundgebung eines spontanen Volkszornes, die Sie hier offenbar schon vorbereitet haben ...«

Stürmer wurde noch verschlossener. »Die gestrige Auseinandersetzung war die letzte«, sagte er hart. »Und ich habe nicht das Recht, mich Herrn von Schilsky in den Weg zu stellen. Ich achte ihn sogar für seine Entscheidung«, fügte er leise hinzu, »und ich möchte gern wissen, wer Ihnen das Recht zur Einmischung gibt?«

»Er ist zufällig mein Freund«, sagte Hans.

»Meiner leider nicht«, erwiderte Stürmer.

Hans hörte einen Unterton von Bedauern heraus. »Lassen Sie ihn unter keinen Umständen zu Wort kommen!« bat er. »Machen Sie Krach, ehe er überhaupt den Mund aufmachen kann. Sie sind ja schließlich Fachmann in der Störung von Versammlungen.« Er vergaß, mit wem er es zu tun hatte. Die Angst um den Freund ließ ihn die Sorge um sich selbst vergessen.

»Hier sind wir nicht mehr einer gegen drei, wie gestern abend«, knurrte Stürmer.

»Nein«, erwiderte Hans, »sondern hundert gegen einen.«

Stürmer schien schwankend zu werden. »Dr. von Schilskys Ansichten könnten sich auf neuen Pfaden fortentwickeln«, versuchte Hesse ihn zu ködern, wobei er jede Selbstachtung fahren ließ. »Es wird zu einem guten Teil von Ihnen abhängen, ihn umzustimmen.«

Stürmer schüttelte den Kopf. »Zu spät!« sagte er mit erstickter Stimme.

»Brauchen Sie plötzlich eine moralische Rechtfertigung, um Radau zu machen?« fragte Hans. Er bedachte nicht, daß er

Stürmer verletzte. »Nun, ich kann Ihnen diesen Vorwand liefern.« Er zog die Morgenzeitung aus der Tasche. »Da, lesen Sie! Herr von Schilsky hat es noch nicht gesehen.«

Stürmer beugte sich widerwillig über das Blatt. Nun las er die Meldung, die Hesse heute früh entdeckt hatte, nachdem Georg schon fort war. Zum ersten Mal seit langer Zeit hatte dieser die Zeitung nicht beachtet. Auch das Frühstück hatte er verschmäht. Unter der Überschrift »Der Fall Schilsky« hieß es: ». . . hatte sich aus politischer Verblendung dazu hergegeben, gewissen Auslandsagenten und Emigrantenkreisen Nachrichten streng vertraulicher Art über Vorgänge in seinem Ministerium zu übermitteln. Von Reue gepackt, bereitete er seinem Leben ein Ende.«

»Das genügt allerdings«, sagte Stürmer mit einer anderen Stimme, die Hans nur deshalb gefiel, weil sie endlich wieder den Fanatiker verriet, auf den er gerechnet hatte. »Unter diesen Umständen können wir es nicht zulassen, daß der Träger eines entehrten Namens an unserer Universität zu Worte kommt. Bei solcher Sippenbindung hat er jedes Recht dazu verwirkt.« Der junge Nazi war nun sehr bleich geworden. »Und hüten Sie sich ja, mir noch einmal zu begegnen!« zischte er Hesse an, als mache er ihn für den Sturz seines Idols verantwortlich.

Die Klingel rief die Wartenden in den Hörsaal. Stürmer eilte von Gruppe zu Gruppe und erteilte tuschelnd Anweisungen. Das Stimmengewirr im Raum war verstummt. Hesse drückte sich noch in die hinterste Reihe. Er war am Ende seiner Kraft. Er konnte die Spannung nicht mehr ertragen. Alles würde jetzt von den ersten Sekunden abhängen. Sein Herz stockte, als er Georg zum Katheder gehen sah.

Der junge Dozent war auffallend blaß. Er zögerte einen Augenblick, bevor er begann: »Meine Damen und Herren!« Hans stellte unwillkürlich fest, daß nicht eine einzige Studentin im Saal war.

Über diese Anrede kam Georg aber nicht hinaus. Ein furchtbarer Lärm brach los. Man pfiff, johlte und scharrte mit den Füßen. Schreie ertönten: »Aufhören! Schnauze! Skandal! Raus!« Hans hatte sich noch nie so über studentisches Randalieren gefreut. Georg blickte zunächst wie ungläubig zu den Rängen empor. Er war auf diesen immer wilder werdenden Tumelt nicht gefaßt gewesen. Einige Hörer kamen drohend auf ihn zu, während die anderen weiter »Aufhören!« und »Raus!« brüllten. Georg zitterte vor Wut. Hilfesuchend blickte er sich um. Er riß sich noch einmal zusammen, versuchte mit einer gebieterischen Handbewegung das Getöse zu beschwichtigen, gegen den Lärm anzukämpfen, seinen Vortrag zu beginnen. Seine Lippen bewegten sich, aber niemand konnte auch nur einen Ton verstehen. Niemand hörte seinen Aufschrei: »Feiglinge!«

Da war schon der Pedell in Begleitung einiger Professoren herbeigeeilt, die aber eingeschüchtert an der Tür stehen blieben. Endlich tauchte der neue Rektor auf. Er galt als strammer Anhänger der Nationalsozialisten. Auch er vermochte es nicht, die Ruhe wiederherzustellen. Das blieb Horst Stürmer vorbehalten, der auf einen Tisch gesprungen war und im Befehlston verkündete: »Die Vorlesung findet nicht statt. Ein von Schilsky hat in diesen Hallen nichts mehr zu suchen.«

Georg sah ihn entgeistert an. Er schien überhaupt nichts mehr zu verstehen. Ein paar Kollegen, denen Hans sich angeschlossen hatte, geleiteten den Dozenten mit sanftem Nachdruck hinaus. Die Nazistudenten stimmten hinter ihnen her ein Kampflied an.

»Ruhig Blut, lieber junger Kollege«, sagte Professor Kunz auf dem Gang. »Ich glaube«, er warf einen verängstigten Blick auf den Hörsaal zurück und fuhr leiser fort, »ich glaube, es ist wegen Ihres Onkels. Sie wissen doch wohl, daß man ihn des Hochverrats bezichtigt.«

Georg schüttelte den Kopf. Er war völlig durcheinander. Mit abwesendem Gesichtsausdruck ging er, nur noch von Hans begleitet, durch die Korridore. Hans sprach kein Wort. Er dachte die ganze Zeit: »Er ist noch da. Er geht ja neben mir.« Verstohlen schaute er Georg an, der ein Bild des Jammers bot. »Ich habe ihm das nicht ersparen können«, versuchte Hans sich zu rechtfertigen.

Sie verließen eiligst das Universitätsgebäude. Hans wollte seinem Freund gut zureden. »Nimm es dir nicht zu Herzen«, sagte er. »Jetzt hast du deine Freiheit wieder.«

Georg ging nicht darauf ein. »Du hast doch vorhin mit Stürmer gesprochen«, sagte er plötzlich. »Was hast du ihm denn gesagt?« Sein Blick war argwöhnisch.

Hans schwieg und senkte den Kopf. »Verstehe«, rief Georg. »Und du willst mein Freund sein? Du hast mich verraten. Laß mich allein!« sagte er und kehrte Hesse den Rücken.

Da kam ihnen ein Trupp SA-Männer entgegen. Stürmer war unter ihnen. Georg blieb stehen. Sein Ausdruck verzerrte sich zu wilder Wut. Stürmer schaute weg und wollte grußlos vorbeigehen. Georg versperrte ihm den Weg.

»Ich wußte nicht, daß Sie so feige sind«, stieß er erregt hervor. »Sie haben wohl Angst vor der Wahrheit? Soll ich Ihnen hier und sofort die Wahrheit sagen, Herr Stürmer?« fuhr er herausfordernd fort.

Hans wollte ihn fortziehen. Seine Augen flehten Stürmer an, weiterzugehen. Aber schon hatten die Nazis sie umstellt. Neugierig gewordene Passanten waren hinzugekommen. Georg zögerte nur einen Augenblick.

»Ihre Parteiführung hat den Reichstag anstecken lassen«, sagte er laut und vernehmlich. Dabei hielt er die Arme über der Brust verschränkt. Die Nazis waren starr vor Überraschung. Sie schienen ihren Ohren nicht zu trauen. Hans fühlte seinen Herzschlag stocken. Alles war vergebens gewesen. »Ja, Ihre Führer haben den Reichstag angesteckt«, wiederholte Georg.

Die ungeheuerliche Behauptung erschien Hesse an diesem Ort sinnlos. Denn Georgs Auflehnung und Verachtung hatten ja ganz andere und viel tiefere Wurzeln.

Stürmer entriß sich endlich seiner Lähmung. Aber einige seiner Begleiter hatten sich bereits auf den Dozenten gestürzt. Ein Faustschlag zwischen die Augen warf ihn zu Boden.

Stürmer trat hinzu. »Kein Aufsehen erregen!« befahl er. »Sofort einen Wagen!« Sein Gesicht war totenbleich geworden. »Das ist alles, was ich noch für ihn tun kann«, flüsterte er Hans zu.

Der stand wie betäubt da. »Und ich kann gar nichts für ihn tun«, dachte er. »Einer gegen zehn, hoffnungslos.« Er rief: »Georg!« und beugte sich über den bewußtlosen Freund. Man stieß ihn brutal zurück. Ein Taxi hielt an. Man schleifte den Geschundenen hinein. »Zur Kaserne!« befahl Stürmer. Seine Stimme war ohne Kraft.

»Und ich?« fragte Hans betroffen.

Stürmer blickte ihn geringschätzig an. »Sie?« sagte er verächtlich. »Was habe ich schon mit Ihnen zu tun?«

Der Wagen fuhr an. Hans sprang schnell an die Tür und sah Georg auf dem Boden liegen. Zwei SA-Männer bewachten ihn. Georg schien wieder zu sich zu kommen. Es schien Hans, als werfe er ihm einen triumphierenden Blick zu. Er lächelte ein wenig. Dieses Lächeln sollte Hans lange verfolgen. Es war furchtlos und frei. Hans hatte noch nie ein solches Lächeln gesehen. »Wie erlöst«, dachte er.

Georgs Entführer hatten Hans einfach stehen lassen. Auch die Gaffer hatten sich verlaufen. In seinen Ohren gellte noch immer Stürmers Befehl: »Zur Kaserne!« Georg war verloren.

Hans konnte ihn nicht mehr retten. Der Freund hatte sich selbst dem Verderben ausgeliefert. Was Hans auch getan hatte, um Georg zu retten, war zu dessen Schaden ausgeschlagen. »Jetzt bin ich wirklich allein«, empfand Hans wirr. Er riß sich von der Unheilsstelle los. Studenten strömten aus der Universität. Sie schwatzten, lachten und rauchten. Das Leben ging weiter. »Ich muß doch etwas unternehmen«, redete sich Hans beharrlich ein. »Es muß doch etwas für Georg getan werden.« Sollte er Professor Kunz aufsuchen? Der hatte möglicherweise noch Einfluß, Beziehungen zu den heute Mächtigen. Dann sah Hans wieder Georgs Lächeln. Es war ein Abschied gewesen, fühlte er. Georg hatte sein Schicksal frei gewählt. Dieses Lächeln war aber auch ein Zuspruch. Es erinnerte an Georgs Kopfnicken, wenn sie sich voneinander verabschiedet hatten: »Mach's gut, alter Junge!« – »Ich werde ihn das nie mehr sagen hören«, dachte Hans. »Etwas tun?« Er schüttelte den Kopf. Georgs Wille mußte geschehen.

Hans Hesse ging nach Hause. Das heißt, in Georgs Wohnung. Dort war alles unverändert. Nur der Mensch fehlte, der diesen Räumen bislang sein Zeichen aufgedrückt hatte. Die Möbel standen da wie zuvor. Aufgeschlagene Bücher und Manuskriptpapier lagen auf dem Schreibtisch, als erwarteten sie die Heimkehr ihres Eigners. Die Bilder von Onkel und Bruder standen noch immer an ihrem Platz. Wie mechanisch zog Hans ein Photo des Freundes aus seiner Brieftasche und stellte es neben die anderen. »Jetzt ist die Reihe komplett«, dachte er.

In seinem Zimmer fand Hesse einen Brief von Georg. »Er hat an alles gedacht«, murmelte er bitter. Das Schreiben enthielt keinerlei Aufschluß, keinerlei Rechtfertigung. »Noch damit macht er mir klar, wie wohlüberlegt und absichtlich er mich aus seinen letzten Plänen verbannt hat«, dachte Hans. Diese schmerzlich unpersönlichen Zeilen enthielten lediglich sachliche Anweisungen und materielle Bestimmungen. An Gerda sollte ein Brief abgeschickt werden, der sich in der rechten Schublade des Schreibtisches befände. Offenbar hatte Georg keine näheren Familienangehörigen mehr. Hans wußte, daß seine Eltern gestorben waren. »Die bis Jahresende bezahlte Miete und die Möbel gehören dir«, las Hesse weiter. »Verfüge über alles! Mit dem Erlös und dem beiliegenden Scheck«, er lautete auf fast zweitausend Mark, »kannst du dann ins Ausland gehen, denn hier wärest du verloren.« Das letzte Wort war unterstrichen. Eine Nachschrift war dazugekritzelt worden. »Ich frage mich dennoch, Hans, ob dir überhaupt ein anderer Weg bleibt als meiner. Ahnst du immer noch nicht, daß alles, was sich jetzt abspielt, bloß das Vorspiel zu noch viel fürchterlicheren Dingen ist?«

Hans legte die Ellbogen auf den Tisch und stützte den Kopf in die Hände. »Das ist doch alles widersinnig«, ging er gegen seine eigene Überzeugung an. »Er lebt doch nocht.« Hans klammerte sich an diesen Strohhalm. Aber die Kaserne. Wenn Heldt recht hatte und die Gerüchte stimmten, gab es keine Hoffnung mehr. Vielleicht würde Stürmer doch seine Hand schützend über Georg halten. Ins Gefängnis würde er wohl kommen. Sein Lehramt verlieren. Später ließe sich immer noch anderswo ein neues Leben beginnen. »Welche wahnsinnigen Vorstellungen von Heldentum haben die doch bloß alle«, dachte er und dachte dabei vor allem an Georgs besessenen Opfergang und die verstiegenen Streitgespräche des letzten Abends. Mit einer gewissen Erleichterung erinnerte er sich dabei an Stürmers spontanen Ausruf: »Glücklicherweise sind Sie ja am Leben!«

Da schrillte die Klingel. Er fuhr zusammen. »Stürmer kommt wohl zur Hausdurchsuchung«, dachte er bitterböse. Oder wollte man ihn abholen? Er schob hastig Georgs Brief in die Tasche. Das Klingeln war immer dringender geworden. Mit Herzklopfen ging er zur Tür.

»Aufmachen im Namen des Gesetzes!« hörte er eine ungeduldige Stimme.

»Polizei!« sagte sich Hans. Er war erstaunt und beruhigt zugleich. Denn er erinnerte sich an Heldts Bemerkung, es sei immer noch besser, mit der Polizei als mit SA oder SS zu tun zu haben. Georg war also gar nicht in der SA-Kaserne. Die Polizei schien die Sache in die Hand genommen zu haben. Zwei Kriminalbeamte kamen grußlos herein. Sie zeigten nicht einmal ihre Erkennungsmarke. Das war wohl heutzutage nicht mehr nötig.

»Durchsuchung«, erklärten sie und hielten Hesse einen Wisch vor die Nase. In seiner Aufregung las er ihn gar nicht. Er begleitete aber die Beamten durch alle Räume. Ihre Bemühungen schienen nicht erfolgreich. Achselzuckend gaben sie die Suche auf. »Es wäre in Ihrem Interesse«, sagte der eine, »wenn Sie gleich mit uns aufs Präsidium kämen. Wir müssen Sie verhören.«

Hans war nicht sicher, ob die Prozedur rechtens sei, aber er wußte, daß neue Zeiten angebrochen waren. Er machte also keine Einwendungen. Er ging folgsam mit und wunderte sich, daß er dabei keine sonderliche Furcht hatte. Er hoffte nur, Georg helfen zu können.

Das Auto brachte sie rasch zum Polizeipräsidium. In dem Büro, in das man ihn geführt hatte, traf Hesse einen alten Bekannten. Es war jener Geheimpolizist, der sich damals so hinterhältig in seine Vernehmung in der Sache Lemke gegen Feldberg eingemischt hatte. Heute war Hans keineswegs sicher, nur als Zeuge geladen zu sein. »Vorgeladen« war wohl auch nicht das richtige Wort, »vorgeführt« wäre treffender gewesen. Sein Hiersein glich schon eher einer Verhaftung. Er würde alle Kaltblütigkeit und Klugheit brauchen, um diese Probe zu bestehen. »Lange nicht mehr gesehen, Herr Hesse«, begann der Kommissar. Sein Ton war burschikos. Aber diese Jovialität ließ Hans auf der Hut bleiben. Der Tonfall machte ihn stutzig. Mit gespielter Gleichgültigkeit vertiefte sich der Beamte in ein Aktenstück, als habe er die Anwesenheit des Studenten schon wieder vergessen. Hesse, dem man keinen Stuhl angeboten hatte, wurde von den Kriminalbeamten, die ihn hergebracht hatten, weiterhin scharf beobachtet.

»Sie wohnen also nicht mehr in diesem Bordell?« fragte der Vernehmende plötzlich. Seine gute Laune schien zuzunehmen. »Der Besitzer dieses Puffs hat inzwischen die Wohnung gewechselt«, bemerkte er nebenher. »Er sitzt jetzt hinter Gardinen, die gar keine sind, ha, ha! Aber das ist eine andere Geschichte. Nachdem Sie einige Zeit bei einer jüdischen Familie namens Stern gewohnt haben«, er betonte das Wort jüdisch, als stelle es einen Anklagepunkt dar, »sind Sie zu Herrn von Schilsky gezogen, nicht wahr? Warum denn diese plötzliche Luftveränderung?«

»Herr von Schilsky ist mein Freund«, sagte Hans schlicht.

»Gewiß! Ein politischer Freund, natürlich«, bestätigte der Kommissar mit unverhohlener Spöttelei. »Ist Ihnen nicht schon selbst aufgefallen, daß Sie eine merkwürdige Neigung haben, Ihre Freunde ausgerechnet unter Personen zu suchen, mit denen wir uns von Amts wegen ganz besonders beschäftigen? Zufall, was? Harmloser, unerklärlicher Zufall!«

Hans schwieg. Diesen Schnüfflern gegenüber war ein ungesprochenes Wort schon Gewinn.

»Also, Herr von Schilsky beschäftigte sich mit Politik?« fragte der Beamte ohne Umschweife.

Hans erklärte ausweichend: »Vielleicht theoretisch. Sie wissen zweifellos, daß er Historiker ist.«

»Ach so, nur theoretisch«, kicherte der Vernehmende. »Nun, welche Theorie vertritt er denn zum Beispiel unserem neuen Staat gegenüber?«

»Darüber kann Ihnen Herr von Schilsky bestimmt besser Auskunft geben als ich«, sagte Hans, wiederum lavierend. »Ich selbst interessiere mich nämlich kaum für Politik«, fügte er vorsichtig hinzu. Das Kichern des Kommissars wurde immer lästiger.

»Stimmt vielleicht. Sie interessieren sich nur für Leute, die sich politisch betätigen«, bemerkte er sarkastisch. »Zum Beispiel für Heldt und von Schilsky. Sind Sie über die Beziehungen Ihres Freundes zu seinem Onkel, dem inzwischen dahingeschiedenen Ministerialdirektor, auf dem laufenden?« fragte er jäh.

»Ich habe von seiner Existenz ...«, Hans hielt inne, denn ihm war aufgefallen, daß dieses Wort für einen Toten doch etwas unangebracht war, »von der Existenz dieses Herrn von Schilsky erst aus den Zeitungen erfahren. Und daß es da eine Familienbeziehung gibt, habe ich erst anläßlich der heutigen Zwischenfälle an der Universität gehört«, behauptete Hans.

»Sie lügen schlecht«, sagte der Beamte höhnisch. »Sie wissen sehr wohl, daß Ihr Freund mit seinem Onkel in Berlin politische Gespräche geführt hat, höchstwahrscheinlich konspirative. Er ist ja eigens zu diesem Zweck nach Berlin gefahren. Sehen Sie, dieser Onkel war vielleicht ein tüchtiger Regierungsbeamter, aber ein zu impulsiver Mensch. Stellen Sie sich vor, der hat Tagebuch geführt. Aber das ist wieder eine andere Geschichte. Wenn Sie jedoch weiter lügen wollen, können wir Ihnen gern sehr viel Zeit geben, darüber nachzudenken, ganz allein und ungestört. Wir haben dafür die richtigen Gemächer.« Und noch drohender fügte er hinzu: »Außerdem wäre es nicht ausgeschlossen, daß sich noch ganz andere Leute als wir für Sie interessieren könnten.«

Hesse kriegte es mit der Angst zu tun. Die Drohung war deutlich. Trotz der Gefahr, in der er schwebte, empfand er gleichzeitig eine krankhafte Lust zu lachen. In diesem Lande konnte einem die Polizei damit drohen, sich nicht mehr mit ihm zu beschäftigen, sondern ihn an eine viel gefährlichere Stelle abzugeben.

»Ja, wir können Ihnen soviel Zeit geben wie Ihrem Freund von Schilsky«, fuhr die Stimme unerbittlich fort.

Georgs Name ließ Hans seine Selbstbeherrschung verlieren. »Ist er hier?« fragte er.

Der Beamte zuckte die Achseln. »Ich darf Ihnen darüber keine Auskunft geben«, stellte er trocken fest.

»Kann ich ihn sehen? Mit ihm sprechen?« bat Hans.

Der Kommissar kicherte nun noch bösartiger. »Wir können Ihnen die Möglichkeit geben, wieder mit ihm zusammen zu sein«, sagte er brutal. »Allerdings glaube ich kaum, daß Ihnen, Herr Hesse, sehr viel daran gelegen sein wird.«

Hans hatte verstanden. Georg war also doch nicht in den Händen der Polizei. Hesse schaute flehend auf den Kommissar. Er versuchte vergeblich, in den groben Zügen dieses geröteten Gesichts wenigstens eine kleine Spur von Verständnis und Menschlichkeit zu entdecken. »Was kann ich denn für meinen Freund tun?« rief er verzweifelt.

Der Beamte stand behäbig auf. Sein Gesichtsausdruck hatte sich gewandelt. Er legte dem Studenten väterlich die Hand auf die Schulter. Hans ertrug schweigend die Berührung. »Wenn Sie wirklich sein Freund sind«, redete der Vernehmende ihm gut zu, »haben Sie jetzt eine Gelegenheit, das zu beweisen. Ich kann natürlich nichts versprechen. Aber gewisse Hafterleichterungen ...« Er ließ den Satz unvollendet in der Luft hängen und blickte den Studenten verschlagen an.

»Wie die Schlange das Kaninchen«, dachte Hans. Ihm war vor diesem Blick nicht wohl. »Was also?« fragte er dennoch leise.

»Wenn Sie uns beispielsweise sagen könnten, wo sich dieser Heldt jetzt verbirgt«, sagte der Kommissar blitzschnell. Hans befreite sich brüsk von dem widerwärtigen Druck auf seiner Schulter. Hitze stieg ihm in die Wangen. Er sah seinen Versucher abweisend an. Beinahe hätte er gelächelt. Was wußten diese Polizisten schon von Georg, von Heldt, von Hesse selbst? Georg würde nie verzeihen, seine Freiheit dem Verrat an einem anderen zu verdanken. Hesse hätte Heldt nie Lügen gestraft, der zu ihm gesagt hatte: »Nein, Sie werden Ihre Freunde nicht verraten.« Es gibt Dinge, die man einfach und schlicht nicht tun konnte. Es gibt eine Grenze, wo man nicht mehr »eben auch nur ein Mensch« sein durfte. Hesse spürte in sich Kräfte, von denen diese Menschenjäger keine Ahnung hatten. Er wurde ruhig und stark, bereit, eine Verhaftung auf sich zu nehmen.

»Nein«, sagte er, »das kann ich Ihnen nicht sagen.«

Der Kommissar hatte wieder Platz genommen. »Wie Sie wollen«, meinte er mit gespieltem Gleichmut. »Mein Angebot erfolgte in Ihrem eigenen Interesse. Jetzt kann ich für nichts mehr garantieren. Es gibt ja auch andere Mittel.«

Hans schloß kurz die Augen. Er ahnte, was ihm bevorstehen konnte. Er machte sich schon die richtige Vorstellung von diesen »anderen Mitteln«. Er fürchtete sie auch. »Der Weg zu

Georg ist gar nicht so weit«, dachte er. Dann sah er das letzte Lächeln des Freundes wieder vor sich. Und er glaubte sich nun auch fähig, mit dem gleichen Lächeln abzutreten, wenn es sein mußte.

»Sie wissen also nicht, wo Heldt sich versteckt?« nahm der Beamte sein Verhör wieder auf.

»Ich weiß es nicht«, sagte Hans leise.

»Wann haben Sie ihn denn zum letzten Mal gesehen?« bohrte der Vernehmende weiter.

Hans gab keine Antwort. Sein Gesicht blieb verschlossen. Er vermied den Blick des »Geheimen«, so nannte er den Kommissar nun wieder für sich.

»Auf jeden Fall schwindeln Sie nicht mehr«, stellte der Beamte fest. »Sie sollten doch wissen, daß die Polizei sehr gut informiert ist. Wenn auch manchmal ein bißchen zu spät«, fügte er ärgerlich hinzu. »Also keine Fisimatenten. Sie haben den gesuchten Heldt spätestens gestern abend in Herrn von Schilskys Wohnung gesehen. Die Sache stinkt, junger Mann. Das riecht nach Verschwörung, Zusammenschluß von Staatsfeinden verschiedenster Couleur. Einheitsfront, was?«

Hesse schwieg weiterhin. Er spürte Herzstechen. Das konnte nur einer verraten haben: Stürmer! Und dem hatte Georg vertraut. Den hatte er arglos für würdig befunden, an dem verstiegenen Experiment einer politischen Grenzüberschreitung durch menschliche Begegnung teilzunehmen. Welch ein Risiko! Hans fröstelte.

»Wollen Sie jetzt endlich auspacken, ja oder nein?« entriß ihn die Stimme des Kommissars brutal seinen trüben Betrachtungen. »Also nein!« stellte er fest, als Hans stumm blieb.

Der Kommissar rief einen seiner Kollegen herbei. Sie tuschelten. Der Vernehmungsleiter nickte mehrmals zustimmend. Dann wandte er sich wieder Hans zu.

»Sie können gehen«, sagte er unerwartet. »Auf jeden Fall sind sie gewarnt worden. Das nächste Mal geht es nicht so glimpflich für Sie ab.«

Hans sah ihn überrascht an. Er glaubte nicht richtig gehört zu haben. Dieser Abbruch des Verhörs war ihm verdächtig. Auf einmal zitterte er. Ihm wurde bewußt, welcher Gefahr er noch einmal entronnen war. In seiner Verwirrung hätte er fast gesagt: »Besten Dank, Herr Kommissar.« Natürlich tat er es nicht. Er konnte also gehen. Aber wohin? Und was sollte aus ihm werden? Er nahm seinen letzten Mut zusammen und stammelte: »Und Herr von Schilsky?«

Der Kommissar zuckte die Achseln. »Wenn man so gute Freunde hat, wie Sie es sind, ja, dann hat man nicht mehr viel zu hoffen«, sagte er höhnisch.

Zu seinem eigenen Erstaunen seufzte Hans nicht vor Erleichterung, als er das Polizeipräsidium unbehindert verlassen hatte. Ziellos streifte er durch die Straßen. Er gelangte in eine abgelegene Gasse. Seit einigen Minuten hörte er hinter sich in gleichbleibendem Abstand das unverkennbare Geräusch schwerer Militärstiefel auf den Pflastersteinen. Er hatte das Gefühl, jemand folge ihm. Er warf einen verstohlenen Blick über seine Schulter und blieb dann kurzentschlossen stehen. Hinter ihm starrte ein SA-Mann angelegentlich in ein Kurzwarenschaufenster. Hans wollte sich vergewissern, ob er wirklich verfolgt würde oder ob er das Opfer seiner Einbildung sei. Er ging rascher, bog unvermittelt in andere Gassen ab. Es war kein Zweifel mehr möglich. Er wurde beschattet. Hesse plante, so rasch wie möglich in die Hauptstraße zu gelangen, um dort auf die nächstbeste Straßenbahn aufzuspringen. Sein Verfolger hatte jedoch seine Absicht durchschaut und ahmte sein Manöver nach. Der Uniformierte stand nun auf der hinteren Plattform und kehrte ihm den Rücken zu. Hans stieg an der nächsten Haltestelle aus. Sofort klangen die harten Tritte wieder hinter ihm auf. Hesse wurde des Spiels überdrüssig. Er wollte sich Gewißheit verschaffen. Also machte er plötzlich kehrt und ging direkt auf seinen Verfolger zu. Er hatte dabei ein bißchen Angst vor seiner eigenen Courage. Die Straße war menschenleer. Hans blickte seinem Bedränger scharf ins Gesicht, der ihm unbeirrt entgegengekommen war. Zu seiner Überraschung erkannte Hesse in seinem Verfolger jenen Herbert, der damals Heldts Koffer abgeholt hatte. Aber offenbar war Herbert nicht mehr Heldts Genosse. Er trug eine Naziuniform.

»Dufte gemacht, Herr Baron, alle Achtung!« sagte Herbert. »Jetzt sind wir endlich allein. Durch Ihre Tricks ist uns keiner mehr auf den Fersen.«

»Was wollen Sie von mir?« fragte Hans ungeduldig. Beim Anblick dieser Uniform fühlte er sich sehr unbehaglich.

»Immer mit der Ruhe«, sagte der frischgebackene Nazi. »Es ist wegen Franz.«

»Der würde sich freuen, Sie in dieser Kluft zu sehen«, kommentierte Hans abfällig.

»Tut er wirklich«, entgegnete Herbert und lachte kurz auf.

»Man kann ihm vertrauen«, hatte Heldt einmal gesagt. Wie

erbärmlich das alles war! »Die neue Uniform steht Ihnen ausgezeichnet«, bemerkte Hesse sarkastisch. »Aber Ihre neue Gesinnung gefällt mir weniger.«

Herbert grinste breit. »Beefsteak«, stieß er hervor.

»Ich verstehe«, sagte Hans leise. Traurigkeit überwältigte ihn. »In der Kaserne kann man sich den Bauch vollschlagen, was?«

Herbert tippte sich mit dem Finger auf die Stirn.

»Sie verstehen ganz und gar nicht, Herr Baron«, entgegnete Heldts einstiger Mitkämpfer. »Kennen Sie denn die Sache mit ›Beefsteak‹ nicht?« Er zwinkerte mit einem Auge. »Außen braun und innen rot. Man tut eben, was man kann, bei diesen Zeiten.« Dann wurde er ernst. »Du hast doch Heldt nicht verpfiffen?« fragte er geradezu. Hans schüttelte empört den Kopf. »Du darfst ihn nicht mehr sehen«, fuhr Herbert hastig fort. »Ich wette, sie haben dich nur laufen lassen, damit du sie auf seine Spur führst. Kapiert?«

Hans hatte kapiert. Nur wußte er nicht, wieso Herbert so gut informiert war. Er fragte ihn rundheraus.

»Franz weiß, mit was für Leuten er es zu tun hat«, antwortete Herbert stolz. »Seit sie deinen Freund abgeschleppt haben, mußte man damit rechnen, daß sie es mit dir versuchen würden. Und meine braune Tarnkappe macht uns das Schnüffeln leichter. Na denn, viel Glück!«

Er wollte gehen. Da tauchte eine kleine Gruppe SA-Männer auf. »Schön den Arm hochheben«, flüsterte Herbert Hans zu. »Heil Hitler!« grüßte er laut und vernehmlich. Sein Gruß wurde mit der gleichen Forschheit erwidert.

»Sehen Sie, immer schön den Arm heben, Herr Baron«, empfahl Herbert. »Das erspart einem heutzutage manche Scheiße. Am besten ist es, sagt Franz, in den Rachen des Raubtiers hineinzuspazieren. Da ist man dann sicher wie bei Muttern. Meiner Mutter Sohn jedenfalls.«

»Ein gefährliches Spiel«, befand Hans.

Herbert war unbeeindruckt. »Gefährlich?« echote er. »Na und? Was ist denn heute nicht gefährlich für unsereinen?« Er drehte sich um und ging davon.

Hans folgte ihm mit den Augen. »Kein Georg mehr, kein Franz mehr, Gerda weit weg«, dachte er. »Es ist an der Zeit, hier zu verschwinden. Wo man alles verloren hat, hat man selbst nichts mehr zu suchen. Aber erst muß ich wissen, was sie mit Georg machen.«

Zwei Tage später erfuhr er es. Horst Stürmer kam zu ihm. Hans brauchte den unerwünschten Gast nur anzusehen, um Bescheid zu wissen. Der junge Nazi war totenbleich. Er schien innerlich gebrochen und hielt sich auffallend schlaff.

»Ich wollte es Ihnen selbst sagen«, stotterte er. »Vergessen wir, was uns trennt, in dem Sinne, wie er es gewollt hat. Bitte! Nur Mensch zu Mensch. Mein tiefes Beileid, meine aufrichtige Anteilnahme.«

Hans übersah die hingestreckte Hand. Sie blieb in der Luft hängen, fiel dann langsam herunter. »Und ich sage Ihnen, gute Arbeit!« stöhnte Hans. »Und nun nehmen Sie mich gleich mit. Besser aber, Sie lassen mich abholen. Denn ich weiß nicht, was ich mit Ihnen machen würde.«

Stürmer blieb von diesem Ausbruch unbeeindruckt. »Nehmen Sie sich zusammen, Hesse«, bat er. »Ich bin bestimmt nicht daran schuld. Und wenn ich jemals rauskriege, wer es gemacht hat, dann gnade ihm Gott!« Er hielt inne, über seine eigenen Worte erschreckt, und senkte hilflos die Augen.

»Wenn er jetzt heult, knalle ich ihm eine«, versprach sich Hans.

»Ich habe ihn geschützt, so gut ich konnte«, fuhr Stürmer wie im Selbstgespräch fort.

»Mit durchschlagendem Erfolg«, höhnte Hans. Jetzt erst kam ihm voll zu Bewußtsein: »Er ist tot.« Hesses Schmerz war nicht wild, eher weh auf unerwartet sanfte Weise. Er hatte sich seit einiger Zeit an den Gedanken eines solchen Endes gewöhnen müssen, Georg selbst hatte ihn daran gewöhnt.

»Wenn Sie nur selber besser auf ihn aufgepaßt hätten«, klagte Stürmer ihn jetzt an.

»Soviel ich weiß, habe ich Ihnen gerade vor zwei Tagen bewiesen, wie sehr ich auf ihn aufpaßte«, erwiderte Hesse schroff. Stürmer machte ein paar Schritte im Zimmer auf und ab. »Wir hätten ihn reden lassen sollen«, sagte er nachdenklich. »Dann wäre alles wenigstens ... würdiger verlaufen.«

»Was kann noch Würde haben, wenn ihr es anfaßt«, dachte Hans außer sich. »Das Ergebnis wäre das gleiche gewesen«, begnügte er sich zu antworten. »Georg ist tot. Er wäre es so oder so. Und welchen bedauernswerten Unfall geruhen Sie öffentlich als Todesursache anzugeben?« fragte er schneidend. Stürmer ging auf die Herausforderung nicht ein. In seinen Augen stand Schmerz. »Das ist die Höhe!« dachte Hans, aus der Fassung gebracht. »Er leidet wirklich, er ist tatsächlich niedergeschlagen. Und dabei hat er das Seine dazu beigetragen.

Er faselt von Würde, von moralischer Haltung, ausgerechnet er!«

»Ein furchtbarer Irrtum, ein schicksalsverhängtes Unglück!« behauptete Stürmer. »Er, der im Grunde eher einer der Unseren war, es hätte werden können.«

»Irrtum nennen Sie das?« fragte Hans empört. »Ein nicht wiedergutzumachender Irrtum, allerdings, aber lassen Sie das Schicksal aus dem Spiel. Und machen Sie sich keine Sorgen! Sie brauchen mir nicht den bewegenden Bericht über sein Ende und seine letzten Worte vorzutragen.«

Stürmer sah ihn entgeistert an. »Sind Sie wirklich so herzlos?« fragte er.

»Ich kann jetzt nicht in schöner Seele machen«, versetzte Hans feindselig. »Ich habe nun einmal keine Begabung zur noblen Geste. Und außerdem hat Georg es so gewollt«, schloß er bitter und geleitete Stürmer zur Tür.

»Sie kommen doch zur Beerdigung?« fragte der Nazi zögernd.

»Wenn Sie die Güte hätten, mich wissen zu lassen, wann und wo sie stattfindet.« Hesse konnte seine Verachtung nicht verbergen.

»Wollen Sie denn nicht sehen, daß auch ich unter diesem schrecklichen Verlust leide?« sagte Stürmer. Sein Blick war weicher geworden. »Sein Tod sollte uns einander näher bringen.« Er schwieg verwirrt, wußte nicht mehr recht weiter.

»Meinen Sie das wirklich?« Hans sah ihn an. »Mir scheint, daß Georgs Tod mich von Ihnen und Ihresgleichen ein für allemal trennt.«

Man kann sich mit alltäglichen Verrichtungen beschäftigen und dennoch um einen dahingeschiedenen Freund trauern, selbst wenn das unvereinbar scheint. Nach außen hin gleichmütig, machte sich Hans mit pedantischer Sorgfalt an die Vollstrekkung von Georgs Testament. Zuerst schickte er an Gerda den für sie bestimmten Brief ab. Vorher hatte er ein Telegramm mit bezahlter Rückantwort an sie aufgegeben. Diese war umgehend eingetroffen: »Kommen unmöglich. Spielplanänderung ausgeschlossen. Traurig.«

»Spielplanänderung ausgeschlossen«, wiederholte sich Hans. Er knüllte das Telegramm zusammen. »Im Grunde ist es gut so«, dachte er. Gerdas Anwesenheit würde ihn unerträglich an die frühere Trübung seines Verhältnisses zu Georg erinnert haben. Außerdem wollte es ihm geradezu gerecht scheinen, daß

Gerda dem Grabe des Mannes fernblieb, der sie aus grausamer Fürsorglichkeit aus seinem Leben verbannt hatte.

An der Universität wurde viel über Schilskys Tod gemunkelt. Die tollsten Gerüchte liefen um. Das Weltblatt druckte an unauffälliger Stelle einen kurzen Nachruf: »In einem Anfall von Depression hat sich der vielversprechende junge Gelehrte nach einer gerichtlichen Vorladung erhängt.« Hans konnte bei der Lektüre ein bitteres Lachen nicht unterdrücken. Diesen Leisetretern fehlte es wirklich an Phantasie.

Die Beerdigung fand am Vormittag unter einem regenverhangenen Himmel statt. Stürmer hatte Hesse unaufgefordert abgeholt. Er war sogar in Zivil. »Er erweist ihm nicht mal die letzten militärischen Ehren«, mokierte sich Hans. Auf dem Weg zum Friedhof sprachen sie kein Wort miteinander. Es gab nur wenige Trauergäste. Auch ein Pastor war da. Hans meinte zu wissen, Georg sei nicht kirchengläubig gewesen. »Man erspart ihm nichts«, dachte er gequält. »Nicht einmal diese elende Komödie.« Gegen gängigen Brauch hatte man Georg nicht aufgebahrt. Hans war eigentlich darüber froh. So behielt er das letzte Lächeln seines Freundes unzerstört im Gedächtnis. Aber er ersparte Stürmer die Frage nicht: »Warum ist einem kein letzter Blick gegönnt?«

Der junge Nazi senkte die Augen. »Wofür soll das gut sein?« meinte er verlegen, obwohl er nun wieder den harten Mann spielte.

»Ist er sehr entstellt?« bedrängte ihn Hesse weiter. »Haben Sie ihn noch gesehen?«

Stürmer verneinte mit einer Kopfbewegung.

In der Friedhofskapelle war nur die erste Bankreihe besetzt. Vier Studenten. Sie sahen verschüchtert aus. Der Fachordinarius, Professor Kunz, hielt sich auch im Sitzen stocksteif. Hans hatte sich neben ihn gesetzt. In dem zerfurchten Gesicht des alten Hochschullehrers lag unendliche Müdigkeit. »Der Herr hat's gegeben, der Herr hat's genommen, der Name des Herrn sei gelobt!« sprach der Pfarrer. Hans konnte sich dieser Meinung nicht anschließen. Aber er war dem Geistlichen für dessen deutliche Bemühung dankbar, sich kurz zu fassen. »Er stand in der Blüte seiner Jahre«, konnte sich der Pastor zu bemerken nicht enthalten. Hans fragte sich, ob es der Kirche überhaupt erlaubt sei, die Leiche eines »Selbstmörders« einzusegnen. Die Katholiken taten das jedenfalls nicht. Er hatte Stürmer im Verdacht, dieses Begräbnis veranlaßt zu haben. »Diese Mischung aus Sentimentalität und Brutalität«, dachte Hesse. Er fühlte, wie ihm schlecht wurde.

Vier Männer hoben den einfachen Sarg auf und trugen ihn hinaus. Nicht einmal alle Trauergäste folgten ihm. Vor dem frisch ausgehobenen Grab sprach der Pastor noch ein paar Worte. Hans hörte ihm nicht zu. Stürmer trat vor und warf eine Schaufel Erde auf den versenkten Sarg. Sie schlug dumpf auf den Deckel. Zwei Studenten folgten Stürmers Beispiel. Professor Kunz trat an den Grabrand. Er zerdrückte wie zerstreut ein paar Erdkrumen zwischen den Fingern und ließ sie mit abwesendem Blick herabrieseln. Hesse hielt sich abseits. Der Pastor warf ihm einen ungeduldigen Blick zu. Die anderen starrten ihn an. »Eines Tages werde ich Georg beweinen«, dachte Hans. »Jetzt kann ich es nicht.«

Stürmer stand auf einmal vor ihm. »Man erwartet Ihren letzten Gruß!« drängte er. Hans empfand tiefe Verachtung für dieses bleiche Gesicht mit den fanatischen Augen. Er drehte sich um, ohne der Aufforderung Folge zu leisten.

Hans Hesse ging langsam zum Friedhofsausgang. Professor Kunz hatte ihn eingeholt.

»Er gab in seinem Fach zu großen Hoffnungen Anlaß«, sagte er zu dem Studenten. »Ich habe ihn besonders geschätzt. Sie waren sein Freund, nicht wahr?« Hans nickte. Der alte Gelehrte beugte sich vertraulich vor. »Glauben Sie an einen Selbstmord?«

Hans sah ihn nachdenklich an. »An Selbstmord schon«, erwiderte er zögernd. »Aber nicht an die amtliche Lesart. Auf jeden Fall weiß ich, daß Dr. von Schilsky genug von allem hatte.«

Der Professor schaute ratlos vor sich hin. »Seien Sie vorsichtig«, riet er. Hans antwortete nicht. Er war entschlossen, sich vorzusehen. Es lohne sich nicht, für diese Menschen zu sterben, noch dazu durch ihre Hand. »Ich habe meine Versetzung in den Ruhestand beantragt«, teilte ihm der alte Herr mit. »Es hat keinen Sinn mehr.«

Er brach ab. Zögernden, unsicheren Schrittes ging er davon. Seine gebeugte Gestalt erinnerte Hans an den alten Major am Tage des Judenboykotts.

XIV

Die ungewohnte Stille in der Wohnung war unerträglich. »Totenstille«, empfand Hans. Er hatte hier nichts mehr zu suchen. »Laßt die Toten die Toten begraben«, dachte er. »Und die Besessenen unter sich«, fügte er hinzu. War das die neue Freiheit, was sollte er mit dieser Leere machen? Nicht einmal Schmerz durfte man zeigen. Es war gefährlich, sich seinen Gefühlen hinzugeben. Die ihnen nachgegeben hatten, waren den Folgen erlegen. Die Zeitläufte hatten Hesse gelehrt, seine Herzensaufwallungen zu zügeln. Sogar ohne Ziel und ohne Aufgabe hatte er noch vitale Kräfte. Ein Georg von Schilsky hatte aus Verachtung sterben müssen. Hans Hesse konnte trotz Verachtung weiterleben. Es war wohl auch Neugier im Spiel. Aber zum Weiterleben mußte er fort von hier. Zuerst mußte er räumlichen Abstand zwischen sich und sein Vaterland bringen. Auf diesem Land schien ein Fluch zu lasten, den die meisten jedoch für einen Segen hielten. Er war nicht bereit, sich an einem Götzendienst zu beteiligen, der Menschenopfer forderte.

Der Abreise stellten sich Hindernisse in den Weg. Man brauchte polizeiliche Erlaubnis, ein Ausreisevisum. Hesse glaubte kaum, daß man ihm einen Unbedenklichkeitsvermerk geben würde. Er fürchtete sich nicht vor der Fremde, seitdem man ihn zu Hause das Fürchten gelehrt hatte. Es gab für ihn kein Wunschgestade. Feste Berufspläne hatte er auch nicht. Hans war im eigenen Land heimatlos. Vaterlandsliebe machte ihm nicht zu schaffen. Für ihn hatte sie mit der heutigen Berserkerwut nie etwas zu tun gehabt. So etwas war eher selbstverständlich und ohne große Worte. Es wirkt immer peinlich, wenn man seine Liebe von den Dächern schreit. Dazu noch im Befehlston. Unter den jetzigen Umständen hatte der Ausspruch des französischen Revolutionspatrioten, man könne sein Vaterland nicht an den Schuhsohlen mitnehmen, keine Geltung mehr. Hans Hesse meinte, er könne sein Vaterland in seinen Lieblingsbüchern im Koffer mitnehmen. Und woran er hing, konnte er im Herzen bewahren. Nein, es hielt ihn hier nichts mehr. »Hier wärest du verloren«, hatte Georg ihn gemahnt. So begann er erst einmal seine Koffer zu packen.

Stürmer störte ihn dabei. »Ich habe lange nachgedacht«, erklärte er, nachdem Hans ihn widerstrebend eingelassen hatte. »Über Georg von Schilsky. Über Sie. Auch über mich«, fügte er fast verschämt hinzu. »Sie sind mir nie sympathisch gewesen, Hesse«, sagte er, »und ich mußte mir Gewalt antun, Sie überhaupt aufzusuchen. Eigentlich bin ich überrascht, hier zu sein. Aber es gibt eben ein Bindeglied.«

»Gab es«, korrigierte Hans. »Und auch das war ein Irrtum Ihrerseits. Übrigens, was Sie da von wegen sympathisch sagen, beruht auf Gegenseitigkeit.«

»Manchmal denke ich, Sie seien sein böser Geist gewesen«, gestand Stürmer. »Ihre ganze Art, die Dinge mit Ihren Kommentaren klein zu machen, nichts anzuerkennen, die wirklichen Opfer nicht zu begreifen, die gebracht worden sind und weiter gebracht werden, das alles ist schon ein verderblicher Einfluß.«

Hans war irritiert. Zwischen ihnen gab es keine gemeinsame Sprache. »Im Augenblick gehören Sie doch wohl eher zu denen, die Opfer fordern, als zu den Opfern, falls ich gewisse Vorgänge richtig verstehe«, sagte er. »Und ich soll Einfluß auf Georg gehabt haben?« Er lachte bitter auf. »Glauben Sie denn, er wäre tot, wenn ich nur den geringsten Einfluß auf ihn gehabt hätte?« Auf einmal überkam ihn Trauer. »Nein, Stürmer«, sagte er leise. »Ich habe ihm nicht einmal Leid zufügen können.« Er dachte an Gerda. »Vielleicht gehörte Schilsky wirklich irgendwie zu Ihrer Geistesart. Und Sie haben ihm ja Wunden schlagen können.« Er schwieg und war beschämt, daß er sich vor diesem Besucher zu einer so persönlichen Bemerkung hatte hinreißen lassen.

Stürmer ging nicht darauf ein. »Sicher«, sagte er langsam, »am Anfang geht nicht alles so, wie wir es wollten, wie wir es uns vorgestellt haben. Auch wir haben es mit Menschen zu tun. Menschen, die durch die vorausgegangene Entwicklung, also das Regime der Krämerseelen dieser Weimarer Republik, klein geworden sind. Aber wir werden sie umkrempeln, das werden Sie erleben. Sehen Sie«, fuhr er hastig fort, »Herr von Schilsky«, der Name erklang wie eine Klage, »hat mich in meiner Entschlossenheit gefestigt, meinen vorgezeichneten Weg weiterzugehen und meiner Überzeugung treu zu bleiben. Natürlich gibt es auch in unseren Reihen unsichere Elemente, die ausgemerzt werden müssen. Es haben sich schon ein paar Schurken bei uns eingeschlichen, Provokateure. Wir wissen, wer sie uns in den Pelz gesetzt hat, und werden sie rücksichtslos beseitigen«, sagte er.

»Und ausgerechnet Georgs sogenannter ›Unfall‹ hat Ihnen plötzlich diese Einsichten vermittelt?« fragte Hans spöttisch.

»Haben Sie ein Bild von ihm?« fragte Stürmer.

Hesse wußte, weshalb er den Besucher nicht hinausnötigte. Er wollte möglichst unbelästigt das Land verlassen. So ging er zum Schreibtisch. »Nehmen Sie das hier«, forderte er Stürmer auf. »Wollen Sie auch das Photo seines Bruders?« Eigentlich schämte er sich seines kaum unterdrückten Hohns. Denn in Stürmers Blick war ehrlicher Kummer. Gerade das stieß Hesse ab. »Dieser Bursche hat auch kein besonderes Talent zum Leben«, schoß es ihm durch den Kopf. »Nehmen Sie die Bilder nur!« drängte er. »Vielleicht gehören Sie bald selbst zu dieser Sammlung von früh abberufenen Götterlieblingen.«

Stürmer zuckte zusammen. »Wer weiß?« murmelte er. »An einem elenden Leben ist mir sowieso nicht gelegen. Glücklicherweise hat dieses Leben jetzt aber ein hohes Ziel und damit einen Sinn.«

»Sie predigen ja wie der Pastor bei der Beerdigung«, bemerkte Hans sauer. »Aber bei mir brauchen Sie keine Bekehrungsversuche anzustellen. Nach allem, was geschehen ist, muß ich Angst haben, was dabei herauskommen würde. Mit den Bildern habe ich Ihren Wunsch erfüllt und bitte Sie um eine Gegenleistung. Ich möchte verreisen. Leider muß ich fürchten, mit meiner Ausreiseerlaubnis Schwierigkeiten zu kriegen. Könnten Sie da was für mich machen? Schließlich haben Sie mir das eingebrockt. Denn Sie haben Ihren Gewissenskonflikt auf höchst originelle Art gelöst, indem Sie Heldts Besuch bei uns der Polizei gemeldet haben.«

»Wenn Sie wüßten, weshalb ich das tat, würden Sie Ihre Worte bedauern.«

Hans winkte müde ab. »Sie schulden mir keine Erklärung«, sagte er kühl. »Ich habe nur eine Tatsache festgestellt. Sie haben wieder einmal nur ihre Pflicht getan, nicht wahr?«

»Ich habe gegen sie verstoßen«, erwiderte Stürmer verstört.

»Achten Sie auf Ihre Worte«, höhnte Hans. »Sie wollen doch nicht etwa durchblicken lassen, daß Georg bei Ihnen nicht in guten Händen war?«

Stürmer senkte den Blick. »Ich habe einen anderen Ausgang der Sache angestrebt«, gestand er leise.

»Kommen wir zu meiner Sache«, erinnerte ihn Hans. »Was können Sie für mich tun?«

Stürmer schaute unentschlossen auf die Bilder in seiner Hand. »Nichts«, erklärte er hart. »Wenn Sie erst einmal im Ausland sind, werden Sie bestimmt gegen uns arbeiten. Ihnen ist jetzt schon unter Hetzern und vaterlandslosen Gesellen viel zu wohl in Ihrer Haut.«

»Es bleiben noch genug davon im Land«, bemerkte Hans stichelnd.

»Eine Handvoll Verschwörer, was ist das schon«, meinte Stürmer verächtlich. »Und verstehen Sie doch«, fuhr er erregt fort, »ich kann einfach nichts für Sie tun. Alles, was mit ihm zusammenhing, hat mich schon zu Kompromissen verleitet, geradezu zur Untreue an meiner eigenen Sache. Aber Sie verstehen ja nichts von Pflichterfüllung.«

Hesse setzte ihm ein gleichgültiges Lächeln entgegen. »Reden wir nicht mehr davon«, sagte er trocken. »Ich kann nur hoffen, daß jeder Parteigenosse mit der gleichen Gewissenhaftigkeit seine Pflicht erfüllt wie Sie.«

Es war ihm nämlich plötzlich eine Idee gekommen.

Um nichts unversucht zu lassen, ging er am nächsten Tag zuerst einmal zum Kommissariat und stellte einen Antrag auf Ausreiseerlaubnis. Man behandelte ihn mit unverhülltem Mißtrauen. Schon die Absicht, außer Landes gehen zu wollen, machte einen verdächtig. Man fragte ihn, wohin er denn reisen wolle. Er war auf diese Frage nicht vorbereitet. Sein Wunsch fortzugehen war stärker gewesen als die Frage wohin. Ihm fiel seine letzte Begegnung mit René Latil ein. »Bei uns bezahle ich den Apéritif«, klang die Stimme des Franzosen in ihm auf. Er sagte, er wolle nach Frankreich. »Eigenartig«, dachte er dabei, »daß man so selbstverständlich an dieses Land denkt, wenn man Freiheit meint.«

Der Beamte machte ein säuerliches Gesicht. »Was wollen Sie denn da?« fragte er.

»Zur Erholung«, sagte Hesse. Er lachte innerlich, denn diese Erklärung hatte einen tieferen Sinn. Es gebe auch ausgezeichnete Kurorte in Deutschland, meinte der Beamte mißbilligend.

»Aber nicht genug Sonne«, antwortete Hesse. Man bestellte ihn auf den Nachmittag. Als er kam, eröffnete man ihm, sein Gesuch sei abgelehnt worden.

»Warum?« wagte Hans mit geheuchelter Empörung zu fragen.

»Darüber steht mir kein Auskunftsrecht zu«, belehrte ihn der Beamte eisig. »Aber Sie werden es schon selbst am besten wissen«, fügte er mit drohendem Unterton hinzu.

Hesse war auf diesen Bescheid gefaßt gewesen. Jetzt mußte er einen anderen Weg gehen. Er begab sich unverzüglich zur Feldberg-Villa. Wenn Stürmers Gewissensbedenken nicht zu beseitigen gewesen waren, so könnte es andere Parteigenossen geben, die weniger Skrupel hatten. Man mußte nur die richtigen Argumente haben. Hesse hatte einen kurzen Besuch bei der Bank gemacht, um seine Brieftasche mit den nötigen Argumenten zu spicken.

Er klingelte. Anna machte ihm auf. Sie ist also noch immer da, stellte er erleichtert fest.

»Na, was wollen Sie denn?« fragte sie. »Diesmal haben Sie hier doch nichts mehr abzuholen.« Ihr Empfang war ausgesprochen unfreundlich. »Es gibt Sie also noch immer?« fügte sie feindselig hinzu. »Was wollen Sie denn? Herr Feldberg ist nicht mehr hier. Der sitzt im Kittchen.«

»Sehr interessant«, bemerkte Hans. Er konnte sich nun die diesbezügliche Bemerkung des »Geheimen« erklären. »Was hat er denn angestellt? Ach ja, das hatte ich ganz vergessen! Zufrieden, ihn hinter Gitter gebracht zu haben?«

»Ich?« fragte Anna entrüstet.

»Es ist doch gewiß wegen dieser Geschichte von damals«, meinte Hans.

Anna senkte die Augen. »Vielleicht, aber auch noch ganz andere Sachen. Doch das geht Sie gar nichts an«, sagte sie patzig.

»Und Ihr Herr Verlobter?« erkundigte sich Hans.

»Ach, der!« sagte Anna wegwerfend. Sie runzelte die Stirn. Hesse konnte der Versuchung nicht widerstehen zu fragen, ob Walter noch immer hinter der Gnädigen her sei. Zu seinem Erstaunen bejahte Anna die Frage, aber mit einer ebenso mürrischen wie bösartigen Genugtuung.

»Dann ist Herr Schmidt jetzt ja sozusagen der Herr des Hauses«, stellte Hesse fest.

»Oh, die alte Ziege tut mir eher leid«, giftete Anna. »Wenn die sich einbildet, auf die Tour was für ihren Mann auszurichten, ist sie falsch gewickelt.«

Hesse zeigte wenig Anteilnahme. Er hatte zu lange die etwas faule Luft dieses Hauses geatmet, um sonderliche Sympathie aufbringen zu können. Es tat ihm nur leid, daß Feldberg sich so oft verrechnet hatte.

»Könnte ich Herrn Schmidt sprechen?« fragte Hesse. »Keine Angst, ich will nicht wieder mieten.«

Anna sah ihn mißtrauisch an. »Weshalb denn sonst?« fragte sie.

»Geschäftlich«, antwortete er. »Wichtige Geschäfte.«

Anna musterte ihn ungläubig. »Sie sind doch gar nicht in der Partei, nicht wahr?«

»Darum handelt es sich ja gerade«, sagte er vieldeutig. »Was nicht ist, kann noch werden.«

»Sie sind also genau wie alle anderen«, erklärte Anna verächtlich. »Zum Schluß kommen sie alle auf allen vieren angekrochen, die feinen Herren, zur neuen Butterseite.« Sie lachte schrill auf. »Ah, die Männer!« sagte sie abschätzig. »Walter kann jeden Augenblick kommen. Wollen Sie warten?«

Natürlich wollte er das. Er folgte Anna in die Küche. Der Raum war schmutzig und unappetitlich.

»Ich habe Durst«, legte Hans seinen Köder aus.

»Wollen Sie ein Glas Wasser?« fragte Anna. Sie war nun eine Spur liebenswürdiger.

»Wenn es wirklich nichts anderes gibt«, erwiderte er anzüglich.

Anna lachte. »Walter kann den Anblick einer vollen Pulle nicht ausstehen«, erklärte sie. »Er säuft wie ein Loch.«

Hans konnte nicht recht unterscheiden, ob das nach Bedauern oder Bewunderung klang. »Wollen Sie mir einen Gefallen tun? Wie früher so oft?« bat Hesse. Er zog seine Brieftasche. Anna sah, daß sie nicht ganz dünn war. Sie warf einen gierigen Blick auf die herausragenden Ecken der Geldscheine. »Können Sie ein paar anständige Flaschen Wein besorgen? Herr Schmidt wird doch einen guten Tropfen nicht verschmähen?«

»Na, Sie haben's aber dicke«, sagte Anna bewundernd. »Haben Sie eine Erbschaft gemacht?«

»Erraten«, bestätigte Hesse, und sein Herz krampfte sich zusammen.

Anna kam bald mit ein paar Flaschen zurück. Sie hatte keine Ausgabe gescheut.

»Für mich habe ich einen süßen genommen«, miaute sie geziert.

»Behalten Sie das bitte für Ihre Mühe«, sagte Hans, als sie ihm zögernd das Wechselgeld wiedergeben wollte.

Anna wurde nun zutraulicher. »Sie sind ein richtiger Kavalier«, erklärte sie. »Man tut sein Bestes«, sagte er.

Endlich kam Walter Schmidt polternd in die Küche. Er war in Uniform. Er schien noch massiger und ungestalter geworden zu sein. Sein Gesicht war gedunsen. Er erkannte seinen Besucher mit unverhohlener Überraschung.

»Man kehrt immer wieder zu seiner ersten Liebe zurück«, witzelte er. »Ich hab' es doch immer gewußt, daß Sie es auf Anna abgesehen haben.« Er lachte und warf dem Mädchen einen unfreundlichen Blick zu. »Aber nehmen Sie sich in acht. Bei der war schon der ganze Sturm drüber. Sowas kann Andenken hinterlassen.« Er ergriff Anna roh beim Handgelenk. »Nicht wahr, Anna?« brüllte er.

»Du bist besoffen«, sagte sie nur und warf ihm einen haßerfüllten Blick zu. Er ließ sie los.

Schwankenden Schrittes kam er auf den Studenten zu. »Man muß ihr zeigen, wer Herr im Hause ist«, erklärte er augenzwinkernd. »Und was verschafft uns die Ehre?« Er flegelte sich auf einen Stuhl und streckte die Beine mit einem wohligen Grunzen von sich.

Anna brachte Gläser. »Herr Hesse gibt heute einen aus«, sagte sie.

Schmidt musterte den Besucher. »Sie wollen doch bestimmt was von Walter Schmidt«, sagte er mißtrauisch und einladend zugleich. Er leerte sein Glas mit einem Zug und goß sich sofort nach. »Wenn's brennt, kommen die studierten Herren zu Walter. Wenn der Ast kracht, auf dem sie sitzen, finden die plötzlich den Weg zu Walters Tür. Stimmt's?« Er lachte saftig auf. »Sehen Sie jetzt endlich ein, wer schon immer richtig gelegen hat, Herr Doktor? Habe ich es Ihnen nicht gleich gesagt, bei uns wären Sie richtig? Na denn, prost! Los, rücken Sie schon raus damit!« rief er ungeduldig.

Hans füllte die Gläser neu und warf einen Blick auf Anna.

»Ach so«, brummelte die, »verstehe auch ohne Brille.« Sie ging trällernd hinaus.

Walter knurrte befriedigt. »Benimm hat die«, kommentierte er anerkennend. »So eine wie die findet man nicht alle Tage.« Dann beugte er sich vertraulich vor. »Irgendwas Heißes rausschaffen?« fragte er. Hans nickte. »Was und wieviel?« fragte Schmidt.

»Mich.«

Der SA-Mann pfiff durch die Zähne. »Dummheiten gemacht?«

»Wie man's nimmt.«

»Also Sie wollen abhauen und können nicht?« Hans bestätigte wiederum durch ein Kopfnicken. »Böse Sache!« meinte der Nazi. »Schwer zu machen.«

Er war aufgestanden und ging schwankend in der Küche umher. Plötzlich blieb er stehen und lauschte. Er schlich auf Fußspitzen zur Tür und öffnete sie mit jähem Ruck. Man hörte einen Aufschrei. Anna schlug lang vor ihn hin. Er gab ihr einen Fußtritt. »Das wird dir beibringen, dich in Männersachen einmischen«, brüllte er sie an. »Raus!« Anna gehorchte. »Diese Weiber und ihre verfluchte Neugier!« schimpfte Schmidt. Dann goß er erst sich und danach dem Gast ein. »Und jetzt stehen Sie da mit Ihrem Talent«, wandte er sich hämisch an den Studenten. »Und Sie meinen da einfach, dieser herzensgute Walter Schmidt wird mich schon aus der Scheiße holen. O nein, Herr Doktor, da haben Sie sich in der Adresse geirrt.« Er trank und starrte vor sich hin.

Hans wartete. Mußte er seinen gewagten Schritt bedauern? Nein, das war nicht möglich. Diese scheinbare Ablehnung war nur gewiegte Händlerlist.

»Könnte Ihnen nur guttun, wenn man Sie nicht mehr mit Glacéhandschuhen anfaßt«, sagte Schmidt mit offener Schadenfreude. »Sie haben hier immer den feinen Herrn markiert. Neulich hatten wir auch so einen Doktorgelehrten.« Er wieherte vor Lachen. Aber plötzlich verwandelte sich sein Ausdruck zu wachsamem Argwohn. »Mit diesen Studierten hat man immer nur Ärger«, erklärte er unvermittelt. Seine Augen wurden stumpf. Er war sehr betrunken. »Alles nur, weil einem mal der Stiefelabsatz ausrutschen kann«, murmelte er eigensinnig, als verteidige er sich gegen einen unsichtbaren Ankläger. »Was ist schon ein eingeschlagener Schädel mehr oder weniger!« Er hatte sich mühselig erhoben. Dabei riß er eine Streichholzschachtel zu Boden. Seine verschwommenen Augen starrten auf sie. Dann zerquetschte er sie mit dem Absatz. »Siehst wie ein Köpfchen aus«, stammelte er wie im Delirium. »Nichts mehr übrig.«

Auf einmal schien er wieder normal. Hans schaute ihn entsetzt an. Ein furchtbarer Verdacht hatte ihn übermannt. Schmidt sah ihn argwöhnisch an. Er torkelte drohend auf ihn zu. Hans roch den widerlichen Säuferatem. Der Kerl packte nun ihn beim Handgelenk. »Habe ich was gesagt?« lallte er. Hans bewahrte kaltes Blut. In den Blicken seines Gegenübers stand Mordlust. Hans meinte schon den Griff der Hände an seiner Kehle zu spüren.

»Sie reden durcheinander«, sagte Hesse beschwichtigend. »Daraus kann niemand klug werden. Zuviel Dienst. Sie vertragen nicht genug.«

Der Nazi musterte ihn noch immer voller Tücke. Aber dann konnte er sich nicht mehr auf den Beinen halten. Er schwankte, wollte sich am Tisch aufstützen und fiel hin. Hans zwang sich, seinen Abscheu nicht zu zeigen. Er half Schmidt wieder auf und drückte ihn auf seinen Stuhl.

»Sie haben mir noch immer nicht auf meinen Vorschlag geantwortet«, sagte Hesse, eigentlich nur, um die Gedanken des Betrunkenen in eine andere Richtung zu lenken, denn er sah wohl, daß dieser nicht mehr verhandlungsfähig war. Er blickte den SA-Mann an. Sein Auge fiel auf den Revolver, der aus Schmidts Tasche hervorragte. »Soll ich ihn abknallen?« dachte er erregt. Aber er bezwang die Versuchung. Sie war ohnehin nicht überwältigend. »Wozu? Stürmer kann das besser machen«, ging es ihm durch den Kopf. Jetzt ging es um seine Freiheit, vielleicht um sein Leben.

Da kam Walter Schmidt Hans zu Hilfe. Er brüllte nach Anna. Sie kam mit rotverweinten Augen. »Kaffee!« befahl der Herr des Hauses. Sie gehorchte unterwürfig.

Es dauerte eine Stunde, ehe Schmidt seine Sinne wieder beisammen hatte. Hans mußte wohl oder übel in der Küche ausharren. Als der SA-Mann zu sich kam, hatte er offenbar vergessen, was vorgefallen war.

»Wein schmeißt einen manchmal um, wenn man nichts Gutes mehr gewöhnt ist«, behauptete er zur Entschuldigung.

Hans steuerte direkt auf sein Ziel los. Er verfügte nunmehr über die Mittel, es zu erreichen, und war fest entschlossen, sie auch einzusetzen. »Ich brauche ein Visum«, sagte er.

»Fünfhundert Mark«, erklärte Schmidt ohne Umschweife. Er schielte schon wieder zur Flasche.

Hans entzog sie ihm. Er hatte von dem einen Anfall genug. Er überlegte nur kurz und befand, daß seine Freiheit diese Summe wert sei. »Einverstanden!« sagte er.

»Und das Geld?« fragte Schmidt hinterhältig.

Hans zeigte ihm die nötigen Scheine, steckte sie aber wieder ein, als der andere gierig die Hand danach ausstreckte. »Erst die Ware«, sagte er kalt.

Schmidt warf ihm einen drohenden Blick zu. »Und wenn ich Sie anzeige?« fragte er.

Hesse wußte, was er dann tun würde. »Dann hätten Sie fünfhundert Mark weniger«, sagte er mit gespielter Gleichgültigkeit. »Übrigens liegt im Grunde gar nichts gegen mich vor. Es handelt sich um ein Mißverständnis.«

Walter Schmidt zögerte. »Zweihundert sofort«, bestimmte er.

»Und wer garantiert mir, daß Sie die nicht einfach einstekken?« fragte Hans.

»Mein Ehrenwort«, erklärte Schmidt gespreizt. »Mein Ehrenwort«, bekräftigte er heftiger, als Hans schwieg. »Haben Sie etwa kein Vertrauen in mein Ehrenwort?« Er war aufgesprungen.

Hans schüttelte den Kopf. »Das ist bei Geschäften dieser Art nicht üblich«, sagte er.

Walter Schmidt grinste. »Sie sind gar nicht so dämlich, wie Sie aussehen«, meinte er. Das klang wie ein Kompliment. »Geschäft ist Geschäft. Wir sind keine Oberbonzen, wir einfachen Sturmabteilungsmänner. Wir fahren keinen Mercedes und haben keine geschniegelten Uniformen.« Er lachte höhnisch auf. »Arbeit und Brot. Na wo schon? Wenn die kleinen Geschäfte nicht wären.« Er hatte die Flasche nun doch wieder an sich gebracht und beide Gläser gefüllt. »Die kleinen Geschäfte«, wiederholte er genüßlich. »Erst kommt das Fressen.«

Hans mußte sich zusammennehmen, um nicht hinauszustürzen. Er brauchte dringend frische Luft. Aber schließlich war die Atmosphäre überall verpestet. Er hatte sich auch schon ganz schön an die Fäulnis gewöhnt.

Sie wurden handelseinig. Hesse würde nach Berlin fahren. Hier war nichts zu machen. Er war bestimmt schon »vorgemerkt«, wie Schmidt sachkundig darlegte. In Berlin würde Hans einen »Freund« treffen, der ihm alle nötigen Papiere verschaffen könnte.

»Beziehungssache«, erklärte Schmidt. »Man muß eben Beziehungen haben.«

Hesse und Schmidt würden morgen zusammen die vereinbarte Summe bei einer Bank einzahlen. Hans würde dann in Berlin dem »Freund« gegen Aushändigung der Papiere einen Scheck überreichen. Den würde er solcherart vordatieren, daß er bestimmt schon über die Grenze war, ehe man versucht sein könnte, mit einem Schlag das Geld zu kassieren und den Geldgeber auffliegen zu lassen.

Mit Stürmer schloß Hesse am nächsten Tag auch noch einen Handel ab. Der junge Nazi hatte ihn wiederum aufgesucht. »Eine merkwürdige Art, seine Abneigung zu bekunden«, hatte Hans gedacht und ihm erzählt, er wolle sich nach Berlin absetzen, um dort sein Studium zu beenden. »Ein Klimawechsel«, hatte er vieldeutig hinzugefügt.

»Es freut mich, daß Sie Ihre ursprüngliche Absicht aufgegeben haben und im Land bleiben«, kommentierte Stürmer etwas herzlicher als zuvor. »Sie haben sich also dafür entschieden, nicht vor unserem gemeinsamen Schicksal zu desertieren.«

Hesse schwieg. War es etwa seine Schuld, daß er zu Lüge und Verstellung Zuflucht nehmen mußte? Das Beispiel wurde einem tagtäglich von höchster Stelle geboten. Er wies seinen Gast wie von ungefähr darauf hin, daß er mit der Vermietung der Wohnung und dem Verkauf der Möbel in Zeitnot geraten könnte. Stürmer hatte interessiert zugehört.

»Wie wär's, wenn ich mich hier einmietete und die Möbel zunächst übernähme?« fragte er.

»Ich kann Sie nicht daran hindern«, erwiderte Hans.

Im Grunde fand er das Angebot geradezu unsittlich. Es stellte sich heraus, daß Stürmer über Geldmittel verfügte. Sie einigten sich. Er sollte einen Vorschuß zahlen und die Miete später an Gerda überweisen.

»Ich könnte auf diese Weise ein paar mittellose Parteigenossen unterbringen«, meinte Stürmer.

Hesse schaute ihn ungläubig an. Aber was ging ihn das an.

Vor seiner Abreise hätte er gern noch etwas über Heldts Verbleib in Erfahrung gebracht. Zufällig traf er Herbert.

»Franz ist nicht mehr hier«, sagte der Nazi der vorletzten Stunde.

Hesse erschrak. »Verhaftet?« fragte er.

Herbert grinste beruhigend. »Luftveränderung«, erklärte er. »Hier ist die Luft zu dicke für ihn geworden.«

»Ich mache mich auch dünne«, verriet Hans.

»Wohin begeben sich Herr Baron?« fragte Herbert gutmütig.

Hans biß sich auf die Lippen. Warum konnte man zu niemand mehr Vertrauen haben? Dabei hatte er sein Schicksal gerade in sehr schmutzige Hände gelegt. »Nur nach Berlin«, sagte er ausweichend.

Herbert schien plötzlich hellhörig geworden. Er musterte den Studenten prüfend. »Franz hat immer Vertrauen in dich gehabt«, sagte er leise. »Wenn du mir deine Adresse geben könntest, wäre es schon möglich, daß er dort mal auftaucht.« Er lächelte komplizenhaft.

Hans zögerte zunächst. Dann gab er Herbert Gerdas Anschrift.

In Berlin angekommen, ließ Hesse seinen Handkoffer am Bahnhof und begab sich sofort zu Walter Schmidts »Freund«. Der Mann war uniformiert. Nach ein paar Stunden war alles geregelt.

»Bei meinen Beziehungen!« rühmte er sich anmaßend und beschützerisch, als sie zum Kommissariat gingen. »Bei meinen Beziehungen ist das Ganze ein Kinderspiel. Allerdings etwas teuer. Eines nicht vergessen und stur dabei bleiben: Du wohnst seit einem Monat bei mir. Gemeldet, natürlich. Wie? Das ist meine Sache.« Er lachte auf. »Die Polente kann mir einfach nichts abschlagen.«

Im Büro hatte Hesse Herzklopfen. Dabei lief alles bestens. Ohne Schwierigkeiten bekam er sein Visum. Auf der Straße gab er dem »Freund« den Scheck.

»Empfehlen Sie mich nicht weiter«, witzelte dieser. »Es kann auch mal schiefgehen.« Er ließ sich noch zu ein paar Bieren einladen. »Na, gutes Rauskommen noch!« wünschte er und verschwand.

Hans atmete auf, obwohl er ein gefährliches Spiel trieb. Dieser halbschwere Junge hatte ihm kein sonderliches Vertrauen eingeflößt. Aber Hesse dachte an Walter Schmidt. Dessen Geldgier schien eine Gewähr.

Er ging zu Gerda. Er hatte ihr geschrieben, daß er kommen würde. Sie war nicht allein.

»Herr Dr. Wetter, unser Regisseur«, stellte sie ihren Besucher vor. »Wir proben gerade privat.« Sie lächelte verlegen.

Dr. Wetter grinste amüsiert. »Hocherfreut«, behauptete er und reichte Hesse matt eine feuchte Hand.

Dieser Mann war ihm sofort unsympathisch. Hoffentlich war er wirklich nur ihr Regisseur. Außerdem war er fett und trug eine Hornbrille, die die Hälfte seines schwammigen Gesichts verdeckte. Ein dünner blonder Haarkranz umrankte seine Glatze. Das alles machte keinen erbaulichen Eindruck auf Hans.

»Also dann auf heute abend, Gerdachen«, sagte Dr. Wetter. Er tätschelte ihr zum Abschied leicht die Wange.

»Wiedersehen, Doktorchen«, erwiderte sie und schlug ihm neckisch auf die Hand.

Als die Tür hinter ihm ins Schloß gefallen war, wirkte Gerda leicht angeekelt. Sie zog unwillkürlich ihre Jacke enger zusammen. »Gute Reise gehabt, Hans?« fragte sie und kauerte sich auf den Boden neben den Sessel, in den sie ihn genötigt hatte.

Er nickte nur, als habe ihm die Begegnung die Sprache verschlagen.

Gerda wiederzusehen und dann dieser Empfang, das alles machte ihn verlegen. Er fühlte sich in dieser Wohnung, die nicht ohne Eleganz ausgestattet war, wie ein Eindringling und Gerda gegenüber wie ein Fremder.

»Dir geht es ja gut«, bemerkte er und ließ seine Blicke über die Einrichtung schweifen. »Du mußt eine ganz anständige Gage haben.«

»O, ich kann nicht klagen«, murmelte sie. Es schien sie zu frösteln. Sie rückte etwas von ihm ab. Er fühlte einen Mißklang zwischen ihnen.

»Wir haben uns nichts mehr zu sagen«, meinte er. »Aber haben wir einander jemals etwas gesagt?« Es tat ihm leid um das, was nicht mehr war.

»Bleibst du in Berlin?« fragte sie endlich.

Er glaubte, eher Unruhe als Wunsch herauszuhören. »Ich gehe viel weiter weg«, sagte er langsam. »Erst einmal nach Frankreich. Ich türme, Gerda.«

»Ich kann dich nicht zurückhalten«, sagte sie.

»Ich weiß«, erwiderte er. Und doch war er von ihrer Kälte enttäuscht. Sie schwiegen.

»Nimm mich mit«, sagte sie plötzlich.

Er schaute sie bestürzt an. »Aber ...«, stammelte er.

Sie stand auf und lachte nur. »Hab bloß keine Angst«, sagte sie mit unerwarteter Feindseligkeit. »Du und er, ihr habt beide dasselbe gewollt. Ich sollte allein sein.«

»Allein?« fragte er zweifelnd.

Sie zuckte die Achseln. »Ich muß an meine Karriere denken. Was gibt es denn sonst noch für mich?« fragte sie. »Natürlich muß ich da mitunter gewisse Opfer bringen.«

Die Härte ihres Ausdrucks bestürzte ihn. Es tat ihm weh, sie so zu sehen. Nie zuvor hatte er sie so ablehnend erlebt. Sie war ihm immer zart und liebevoll erschienen.

»Georg hat mich verstanden«, sagte sie nach einer Pause. Bei der Erwähnung des Namens wurde ihr Ausdruck weicher. »Er hat mich in seinem Abschiedsbrief um Verzeihung gebeten. Das hätte er nicht zu tun brauchen. Denk nur an uns beide! Als ich ihn kennenlernte, war ich wohl nicht besser und nicht schlechter als die meisten jungen Mädchen damals. Ein bißchen durcheinander, aber auch skeptisch. ›Sachlich‹ nannte man das wohl. Aber ich hatte auch schon meinen Ehrgeiz. Dabei meinte ich ebenfalls, es wäre schön, für einen Mann zu leben. Ich habe es auch versucht. Aber plötzlich haben ganz andere Dinge Georgs Leben in Beschlag genommen, ihn scheinbar viel mehr ausgefüllt. Nicht andere Frauen! Dagegen hätte ich mich wehren können. Auf einmal zählte ich weniger für ihn. Ich war nur noch eine Art Lebensgewohnheit. Wenn er Besuch kriegte, vor allem von diesen politischen Faselern, merkte ich, daß er eigentlich erwartete, ich würde das Zimmer verlassen. Wenn ich an seiner Arbeit teilhaben wollte, seine Sorgen mit ihm teilen, verschloß er sich, war schlecht gelaunt oder setzte eine mitleidig überlegene Miene auf. ›Arme Kleine‹, pflegte er dann zu sagen. Und als ich merkte, daß du mir nicht gleichgültig warst, war er nicht einmal eifersüchtig. Vielleicht vertraute er uns, oder aber die Sache war ihm gar nicht so wichtig. Was ich für natürlich und menschlich hielt, war für ihn einfach klein. Aber wovon rede ich da? Er ist tot. Es gibt ihn nicht mehr. Es gibt überhaupt nicht mehr viel, außer diesem bißchen Berufsehrgeiz. Und jetzt gehst du auch fort, ohne daß es dir in den Sinn gekommen wäre, mich zu fragen, ob ich mitkommen möchte.«

»Eine derartige Verantwortung ...«, stotterte Hans.

»Das ist es ja gerade«, unterstrich sie. »Die Verantwortung, nicht wahr? Bloß keine Verantwortung für ein menschliches Wesen. Für jedes Hirngespinst, für jede Illusion, vor allem, wenn es eine politische ist, behauptet ihr, diese Verantwortung auf euch nehmen zu müssen. Du siehst ja, wohin das Georg gebracht hat. Auf jeden Fall weiß ich, daß ich nichts mehr tun konnte, um ihm den Geschmack am Leben wiederzugeben. Es stimmt einen nicht gerade stolz, Hans, zu wissen, daß im Grunde niemand an einem hängt, daß man niemand etwas bedeutet. Im Theater klatscht man Beifall. Aber im Leben ... Ach, Männer!« rief sie entmutigt. »Und dabei bin ich keine so dumme Gans. Ich weiß eine ganze Menge. Und wenn ich etwas tue, dann ganz. Ihr wollt eure Umarmung und denkt im Grunde nur an Politik, Geschäfte und was sonst noch. Alles, was nichts mehr mit Vertrautheit zu tun hat. Es soll frigide Frauen geben. Wenn die Männer nur wüßten, wie frigide sie selbst sind. Leider lassen sie einen nicht immer kalt.« Sie brach ab. Diese Bitterkeit hatte Hans früher nie an ihr gekannt. »Du siehst, ich habe hier schon tüchtig Quasselwasser gesoffen. Ich bin keine Provinznudel mehr.«

Es klingelte. Gerda stutzte. Sie schien niemand zu erwarten. Sie ging die Tür aufmachen. »Besuch für dich«, sagte sie überrascht mit leicht tadelndem Unterton. Franz Heldt war ihr gefolgt.

»Du hier!« begrüßte ihn Hans voller Freude.

»Warum denn nicht?« fragte Heldt.

Hans sah Gerda zögernd an. »Entschuldigung«, sagte sie und verließ ihr Zimmer.

Hesse wollte sie zurückhalten. Ihr Blick gab ihm zu verstehen, daß sie ihn auch schon unter die Männer eingereiht hatte, die ihre Frauen aus dem Zimmer scheuchen, wenn Freunde zu Besuch kommen.

»Deine Freundin?« fragte Heldt. »Sie ist hübsch«, sagte er anerkennend. »Schauspielerin, nicht wahr?«

»Ja, sie ist am Theater. Sie lebte einmal mit Georg von Schilsky zusammen«, fügte er wenig taktvoll hinzu. »Allerdings ...«

Heldt blinzelte ironisch. »Privatangelegenheiten gehen mich nichts an«, meinte er. Aber er wirkte dabei verlegen und schaute unbehaglich zu Boden.

»Was weiß ich überhaupt von seinem Privatleben?« fragte sich Hesse plötzlich.

»Sie haben Schilsky umgebracht«, sagte Heldt. »Ich hatte nicht geahnt, daß er die Sache mit seinem Tugendbund so ernst nehmen würde. Typische Tragödie des bürgerlichen Idealismus«, kommentierte er.

Hans wollte seinen Schmerz nicht aufwühlen lassen. Er störte sich aber wieder an Heldts Hang, menschliche Schicksale nach politischen und vermeintlich sachlichen Kategorien einzuordnen. Ihm war auch nicht wohl bei der Frage, nach welchen einengenden Abstempelungen Heldt und seinesgleichen die Menschen einstufen würden, wenn sie eines Tages die Macht haben sollten. Er, Hans, würde wohl dann auch nicht recht in ihr Schema passen.

»Du irrst dich«, erklärte er. »Es war Selbstmord.«

Heldt sah ihn herablassend an. »Das glaubst du doch selbst nicht!« meinte er.

»So technisch habe ich es auch nicht gemeint«, verbesserte sich Hans. »Er hat sterben wollen, und wohl sogar auf diese Weise.«

»Möglich«, gestand Heldt zu. »Aber was ändert das an den Tatsachen? Ich weiß ein paar Einzelheiten über seinen Tod. Durch Herbert.« Er konnte eine Spur von Eitelkeit wegen seiner Informationsquelle nicht unterdrücken.

»Ich habe auch welche«, antwortete Hans. Heldt blickte ihn erstaunt an. »Ich kenne vielleicht sogar den Namen ...« Mehr konnte und wollte er jetzt nicht sagen. »Weißt du, daß ich abhaue?« fragte er, um das Thema zu wechseln.

»Wohin denn?« fragte Held zurück, ohne besondere Überraschung zu zeigen.

Seine Gleichgültigkeit verstimmte Hans ein wenig, aber er ließ sich seine Enttäuschung nicht anmerken. »Zuerst einmal nach Frankreich«, erklärte er, »wie so viele andere.« Dann berichtete er über seine Ausreiseschwierigkeiten und wie er sie selbst gelöst hatte.

Heldt runzelte die Stirn. »Diese Ganovensachen sind gefährlich«, tadelte er. »Ganovenehre gilt nur unter Ganoven. Und mir kommt dieser Preis etwas zu billig vor. Warum hast du mir nichts gesagt?«

Hesse glaubte nicht recht gehört zu haben. »Du hast mir doch verbieten lassen, dich zu treffen«, erinnerte er seinen Besucher.

Aber Heldt kümmerte sich nicht um den Einwand. »Du hättest dir die Ausgabe und das Risiko sparen können«, meinte er.

»Wir haben schon manchen über die Grenze gebracht. Darin haben wir jetzt Erfahrung. Bitter erworben.«

»Deine Genossen dürfen so etwas nur für die eigenen wichtigen Leute riskieren«, drehte Hesse den Spieß in der politischen Bekehrung um. »Du weißt ja schließlich, wie wackelig es mit meiner Gesinnung steht.« Er lachte gezwungen auf.

»Laß dich nicht unterkriegen«, sagte Heldt. »Wehre dich gegen diese Weltuntergangsstimmung. Auch dir werden die Augen geöffnet werden. Du wirst dann sehen, daß es noch Dinge gibt, ich meine vor allem Aufgaben, um die es sich lohnt und für die du dich auch einmal aktiv einsetzen kannst.«

»Vielleicht«, murmelte Hans ohne Überzeugung.

»Wann fährst du?« fragte Heldt.

»Vielleicht schon heute abend, möglicherweise erst morgen früh«, antwortete Hans gleichmütig. »Ein paar Stunden mehr oder weniger machen mir nichts aus.«

»Meinst du wirklich?« erwiderte Heldt gedehnt. »Laß dich bloß nicht in letzter Minute noch erwischen«, fügte er beunruhigt hinzu. Er versank in ein längeres Schweigen und schien etwas Wichtiges zu überdenken. »Ich weiß nicht, ob ich diese Verantwortung auf mich nehmen darf«, sagte er endlich zögernd. »Aber du hast uns schon manchmal geholfen, eigentlich ohne es zu wissen oder auch ausdrücklich gewollt zu haben, wahrscheinlich. Ich möchte dich ein letztes Mal um deine Hilfe bitten.«

»Aber gern«, sagte Hesse bereitwillig, wenn auch etwas beunruhigt.

»Es handelt sich lediglich darum, einen Freund in Paris aufzusuchen und ihm ein kleines Päckchen zu überreichen. Aber nur ihm und niemand sonst, direkt in die Hand, verstehst du? Man darf den Gegenstand aber nicht an der Grenze entdecken. Ein paar unserer Verbindungen sind im Augenblick abgerissen«, erklärte er in sorgenvollem Ton. »Und die Angelegenheit eilt. Es handelt sich um ein Röllchen Photographien.« Er zog es aus der Tasche. »Das sind Aufnahmen von gefolterten und ermordeten Genossen«, flüsterte er. »Man wird sie entwickeln und im Ausland veröffentlichen, um der Welt zu beweisen, daß wir keineswegs Greuelmärchen über die hiesigen Zustände verbreiten, wie man es uns nachsagt.« Er schaute Hans fest an.

»Wird gemacht«, versprach Hesse leise und steckte das Röllchen in die Jackentasche. Dann wiederholte er zweimal die Adresse, um sie auswendig zu wissen. »Wenn nun aber ...?« fragte Hans plötzlich unsicher.

»Dann laß es eben!« entgegnete Heldt fast ungeduldig.

»Emils Photo ist auch dabei. Du erinnerst dich doch noch an Emil? Den haben sie auch fertiggemacht.«

Hans senkte den Kopf. »Schon gut«, sagte er. »Ich kann dich nicht in der Bredouille lassen.«

»Mich?« fragte Heldt beinahe entrüstet. »Kannst du nicht endlich verstehen, daß es hier nicht nur um einzelne Personen geht?«

Gerda kam wieder ins Zimmer. Heldt verabschiedete sich von Hesse mit einem festen Händedruck, von Gerda hingegen so linkisch und verlegen, daß sie lächeln mußte.

»Was ist denn das für einer?« fragte sie, als sich die Tür hinter Heldt geschlossen hatte. »Der hat wirklich komische Manieren. Als ich ihn einließ, hat er seinen Namen nicht sagen wollen. Er hat einfach behauptet, du würdest ihn erwarten.«

»Stimmt auch«, sagte Hans. »Er ist wirklich ein guter Freund von mir. Ein tapferer Kerl«, fügte er hinzu und spielte zerstreut mit dem Photoröllchen, das er unachtsam aus der Tasche genommen hatte.

»Hast du es jetzt mit der Photographie?« fragte Gerda.

»Das sind ein paar Andenken, die ich mitnehmen will«, sagte er. »Andenken aus Deutschland.«

Gerda schaute ihn nachdenklich an. »Mußt du wirklich weggehen?« fragte sie.

Er zögerte. »Die Sache mit Georg ...«, wollte er erklären.

»Ihr seid alle verrückt«, stellte Gerda fest. »Die anderen sind stärker als ihr. Sie tun, was sie wollen. Ihr könnt nichts mehr gegen sie ausrichten. Jetzt sind die dran.«

»Du vergißt deine Großmutter«, sagte er sauer. Ihre Worte hatten ihn geärgert. »Denn wenn du jemals mit diesen Nazis sympathisieren wolltest ...«

»Ich habe nie zuvor soviel an diese Großmutter gedacht wie in diesen Tagen«, antwortete Gerda sorgenvoll. »Aber was verstehst du schon davon?«

Er warf ihr einen ironischen Blick zu. »Natürlich verstehe ich nichts von diesen Dingen«, mokierte er sich. »Und von deiner Andeutung schon gar nichts.«

»Wollen wir uns nun auch noch streiten, und das gar zum Abschied?« fragte Gerda müde.

»Verzeihung«, murmelte er.

»Es ist einmal anders zwischen uns beiden gewesen«, erinnerte sie ihn. Er nickte und wußte nichts zu sagen.

»Kann ich mir diese Andenken einmal ansehen?« fragte sie unerwartet.

Er fuhr zusammen und ließ das Röllchen hastig in seiner Tasche verschwinden. »Noch nicht entwickelt«, sagte er.

»Du hast wirklich Vertrauen zu mir«, meinte Gerda.

»Darum geht es nicht«, erwiderte er verlegen.

»Verstehe!« sagte sie. »Wieder einmal so eine Sache, die die Weiber nichts angeht. Wann fährst du?«

»Gleich, wenn du willst«, antwortete er irritiert. »Diesen Abend, morgen früh.«

»Morgen früh«, entschied sie. »Wenn ich dir nicht zu unsympathisch geworden bin, bleib die Nacht über.« Sie schaute ihn voll an. »Wer weiß, ob wir uns jemals wiedersehen?«

Hans war unentschlossen. Die Erinnerung an ihre gemeinsamen Stunden stieg mächtig in ihm auf. Aber das war Vergangenheit. Er verspürte auf einmal seine Einsamkeit und den unwiderstehlichen Drang nach Zärtlichkeit.

»Außerdem mußt du mich in meiner neuen Rolle sehen«, bestand sie. »Danach erwartest du mich am Bühnenausgang, wie früher.«

Er lächelte traurig und dennoch gerührt. »Wie früher«, wiederholte er ihre Worte für sich. Er hatte das Früher schon fast vergessen. Zuviel war inzwischen gesehen.

Er begleitete sie zum Theater. Sie gab ihm eine Freikarte. »Loge«, sagte sie stolz. Als Gerda in ihre Garderobe ging, blieb Hans unschlüssig am Theatereingang stehen. Er studierte den Programmaushang und fühlte sich auf einmal unbehaglich. Er wollte Gerda hier nicht auf der Bühne sehen. Sie spielte heute abend in einem Erfolgsstück. Es drehte sich darin um ein Schwein namens Jolanthe. Hans hatte für diese Art von Komik nichts übrig. In der letzten Zeit war ihm sowieso der Humor vergangen. Sein Blick fiel auf eine Ankündigung der Oper. Man gab die »Entführung aus dem Serail«. Sein Entschluß war rasch gefaßt. Er fand ein Taxi und kam noch rechtzeitig zum ersten Akt. Ränge und Parkett waren gut besucht. Die Aufführung war ausgezeichnet. Fast ungläubig stellte Hesse fest, daß es noch immer Tröstungen gab. Er erlag der Verzauberung von Musik und Spiel. Man mußte einfach an das Schlüsselwort »Menschlichkeit« glauben, das in diesen Tönen Leben annahm und Verheißung spendete. Es war wieder erlaubt, zärtlich, aufrichtig, empfindsam, sehnsüchtig und gut zu sein. Es kamen ihm die Tränen, als Constanze sang: »Welcher Kummer herrscht in meiner Seele ...« Bei der Arie »Martern aller Arten« zerstörte der plötzlich allzu bezugvolle Text die Verzauberung. Hans dachte an die Folterer im Lande. Doch dann war er wieder im Geist mit Georg vereint, als er hörte »Ordne nur, gebiete, drohe, drohe, wüte ...«. Er sah Georgs Lächeln wieder vor sich, als die Triumphmelodie von Opfer und Sieg aufklang: »Was ist der Tod? Ein Übergang zur Ruh!« Auch er hatte nun begonnen, in dieser Erwartung zu leben. Etwa doch schon angesteckt?

Während der Pausen blieb Hesse auf seinem Platz. Er wollte sich nicht unter die Promenierenden und Sektschlürfer mischen. Er war seltsam erregt. Seine alte Theaterbesessenheit hatte ihn wieder. Seine innere Stimme fragte ihn auch wieder: »Und im Leben? Warum da die Furcht vor Gefühl? Dieses Ausweichen vor Begegnung und Entscheidung?« Das Publikum strömte in den Saal zurück. Das Spiel ging weiter. Die vereitelte Flucht, der Richtspruch, das große Vergeben und dieses immer wieder rührend naive Lob der reinen Menschlichkeit. Vielleicht war ihr die Gesellschaft vor hundertfünfzig Jahren wirklich näher gewesen? Die Geschichte widerlegte das.

»Nichts ist so häßlich als die Rache
Großmütig, menschlich, gütig sein
Und ohne Eigennutz verzeihn
Ist nur der großen Seelen Sache!«

Hans blickte sich im Parkett um. Er konnte nicht in den Gesichtern lesen. Vielleicht verbargen die Besucher ihre Gefühle hinter Applausdonner. Sie hatten eine Botschaft gehört. Hatten sie sie aber erkannt? »Die Frage ist wohl ungerecht«, dachte Hans. So manche hier empfanden möglicherweise genau wie er.

Die Zeit reichte noch, um Gerda wie verabredet abzuholen. Bald würde er überhaupt sehr viel Zeit haben. Bei diesem Gedanken befiel ihn Bangigkeit. Er hatte nicht unbedingt Furcht vor dem unbekannten neuen Leben, setzte aber auch keine zu große Hoffnung darauf.

Er hastete zu Gerdas Theater. Den Weg hatte er erfragen können. Mechanisch beobachtete er zwei ärmlich gekleidete Männer. Sie schienen zu lauern, glitten verstohlen zwischen den Passanten hindurch, blieben kurz bei dem einen oder anderen stehen, verschwanden plötzlich und tauchten unerwartet wieder auf. Jetzt sah er einen der Männer dicht vor sich. Ein forschender Blick streifte ihn. Dann wurde ihm ein Zettel in die Hand gedrückt. »Einstecken, weitergehen, zu Hause lesen!« zischte eine Stimme. Hans gehorchte dem ersten Teil der Aufforderung. Er folgte dem Flugblattverteiler mit den Augen. Der war wieder zu seinem Begleiter gestoßen. Die beiden machten sich so unauffällig wie möglich an andere Passanten heran. Plötzlich rasten auf dem Fahrdamm zwei Polizeiautos herbei. Bremsen quietschten, Polizisten sprangen heraus und bahnten sich einen Weg durch die Menge, die beflissen zurückwich. Die beiden Männer beschleunigten ihre Schritte, versuchten jedoch immer noch, nicht aufzufallen. Schon waren ein paar Polizisten hinter ihnen. Einer der Zettelverteiler rannte nun los. Der andere wurde unverzüglich umringt und abgeführt. Vorher hatte man ihn durch einen Schlag mit dem Gummiknüppel gelähmt. Die Jagd auf den Flüchtigen ging weiter. Wild und Jäger verschwanden im Dunkel einer Nebenstraße. Zwei, drei Schüsse peitschten auf. Hans hörte, oder bildete es sich nur ein, den dumpfen Aufschlag eines Körpers auf Steinpflaster. Er schloß die Augen. Die Passanten gingen unbeteiligt weiter. Hans mußte sich zusammenreißen. »Vor fünf Minuten habe ich noch Mozart gelauscht«, dachte er niedergeschmettert. Ihn fror. Dann war er wieder hellwach. »Höchste Zeit, hier zu verschwinden.«

Aber er wartete erst einmal auf Gerda. Einen Augenblick lang dachte er an jenen Abend, wo er sie vom Theater abgeholt und sie sich zum erstenmal geküßt hatten. Wie er sie damals begehrt hatte!

Heute kam Gerda nicht in Begleitung des Jungen Liebhabers zum Bühnenausgang. Dr. Wetter begleitete sie. Er hatte besitzergreifend ihren Arm genommen. Seine Miene verriet, wie sicher er sich seiner Sache war. Man begab sich zum Souper in ein Moderestaurant. Theaterkollegen und Kritiker waren schon an dem großen Mitteltisch versammelt. Sie musterten Hesse mit Neugier, weil er neben Gerda saß. Darüber hinaus maß man ihm keine Bedeutung zu. Nach dem Essen wurde scharf getrunken. Dr. Wetter schmiß die meisten Lagen. Er schien ziemlich beliebt. Man riß Witze und erzählte Klatsch. Gerda lachte mit den anderen, aber ihr Lachen klang gezwungen. Sie sah Hans entschuldigend an, als seine Blicke sie baten, aufzubrechen. Mit einem bezeichnenden Lächeln in Richtung Dr. Wetters zuckte sie dann bedauernd die Achseln. Zwei SA-Männer waren im Restaurant aufgetaucht und gingen aufdringlich mit ihren Sammelbüchsen klappernd von Tisch zu Tisch. »Für die SA«, forderten sie ihren Tribut auch am Schauspielertisch. Ihr Ausdruck war dabei jedoch eher befangen als selbstbewußt. Dr. Wetter zog allen sichtbar zwei Markstücke aus seiner Tasche und steckte sie mit einem wohlwollenden Lächeln in den Schlitz der Büchse. Die Sammler schlugen dankend die Hacken zusammen.

»Einen Schnaps für unsere tapferen Braunhemden!« machte Dr. Wetter vernehmlich seine Bestellung. »Auf Deutschland und unseren Führer«, prostete er ihnen zu, als sie ihren Klaren kippten. Ihre Gesichter blieben verschlossen. Sie warfen einen begehrlichen Blick auf die Speisereste. Als sie gingen, dünkte es Hans, sie schauten feindselig drein.

»Gehen wir noch in ein anderes Lokal, Gerdachen«, schlug Dr. Wetter vor, der groß in Fahrt war.

Gerda entwand sich seinem Arm. »Ich muß gehen«, sagte sie. »Ich möchte Herrn Hesse noch zum Bahnhof bringen.«

»Bringen wir ihn doch alle hin«, schlug der Regisseur vor. »Da können wir am Büffet noch einen heben.«

Gerda wehrte ab. »Wir haben uns noch einiges zu sagen«, erklärte sie gelassen. »Unter uns.«

Ein paar Teilnehmer der Runde stießen sich ungeniert an. Dr. Wetter kicherte. »Ich kenne ein kleines diskretes Hotel ganz in Bahnhofsnähe«, witzelte er. »Da seid ihr ungestört. Sie betrügt uns mit einem Schatten aus der Vergangenheit«, deklamierte er und bestellte eine neue Lage. »Auf morgen, Gerdachen!« rief er prustend.

»So ein Schweinekerl«, kommentierte sie, als Hans ihr in den Mantel half.

Es war nicht »wie früher« zwischen ihnen. Aber ihre Körper erkannten sich. »Ich hätte nicht bleiben dürfen«, sagte sich Hans, als er Gerda neben sich liegen sah.

Sie hatte ihr Gesicht abgewandt und weinte leise. »Es ist zu spät«, schluchzte sie.

»Dieser Regisseur?« fragte er.

Sie verbarg ihr Gesicht in den Händen. »Er beschützt mich, verstehst du? Die Geschichte mit meiner Großmutter ist auch hier durchgesickert. Wie lange soll das noch gehen? Er hat doch schon alles gekriegt, was er haben konnte, was er sich einbildete, wirklich haben zu können. Es gibt so viele andere Schauspielerinnen, vor allem solche, die es werden wollen, die jungen. Die sind im Bett viel anstelliger, wenn es darum geht, sich eine Laufbahn zu öffnen und nicht eine zu verteidigen. Das ist alles so niedrig.«

Hans schwieg. Er wußte sich schuldig. Nicht sich allein, aber das machte die Sache nicht besser.

Gerda hatte sich im Bett aufgerichtet. Sie blickte ihn ohne erkennbare Gefühlsbewegung an. »Es wäre dennoch so einfach, eine Frau zu lieben«, sagte sie, »und mehr als nur ihren Körper. Warum ist mir das so anders gegangen? Ich hätte jemand eine Frau, zumindest eine wirkliche Geliebte sein können. Und jetzt? Hast du mich jemals geliebt, Hans?«

»Ja«, sagte er und war selbst nicht mehr so überzeugt davon. Er sehnte das Ende dieser Nacht herbei. »Vergib mir«, bat er egoistisch. »Mach mir den Abschied nicht zu schwer.«

Sie strich ihm durchs Haar. Ihr Lächeln war zärtlich, fast mütterlich. »Mir hat man das Leben auch nicht leicht gemacht«, sagte sie. »Aber jetzt mußt du schlafen.«

Er schloß gehorsam die Augen. Sie streichelte ihn sanft. Aber diese Liebkosung war wie von ferne her, das verhallende Echo eines Abschiedsgrußes. Er hörte sie leicht atmen. »Nur keine falsche Rührung«, befahl er sich. Er merkte, daß auch Gerda noch nicht schlief. Er flehte die Wohltat des Schlafes herbei. Aber er blieb wach. Seine Nerven waren überreizt.

Gerda stand langsam auf und machte behutsam ein paar Schritte. Er hörte Knistern und Rascheln und wurde argwöhnisch. Im schwachen Licht der verhangenen Nachttischlampe sah er Gerda in seinen Anzugtaschen wühlen. Er richtete sich mit einem Satz auf. Gerda fuhr zusammen. Sie hielt das Photoröllchen in der Hand. Hans bekam einen bösen Verdacht. Gerda bespitzelte ihn. Sie stand jetzt zitternd vor ihm. Sie fror in ihrem dünnen Nachthemd.

»Was machst du denn da?« fragte er.

Sie senkte die Augen. »Ich habe euch zugehört«, gestand sie. »Ich hatte es wirklich nicht gewollt ... Ich finde, die Sache ist viel zu gefährlich für dich. Ich will nicht, daß du auch wie Georg ...«, stammelte sie.

Er schaute sie an und blieb mißtrauisch. »Schau mir ins Gesicht!« forderte er sie auf. Sie gehorchte erstaunt. »Lügst du auch nicht?« fragte er rauh. »Hast du wirklich nur an mich gedacht?«

»An wen denn sonst?« fragte sie empört.

»Also gut«, lenkte er ein. Aber er sagte es mit erstickter Stimme. »Gib mir die Dinger! Du hast kein Recht, dich da einzumischen, wenn du es auch noch so gut meinst. Ich muß tun, was ich versprochen habe.«

»Tu's nicht, Hans!« beschwor sie ihn ängstlich.

Er zog sie an sich. »Verzeih mir«, bat er, »daß ich auch nur einen Augenblick lang glauben konnte, du ...« Er brach ab, denn sein Verdacht erschien ihm nun unaussprechbar. »Du siehst«, fügte er traurig hinzu, »was man in diesem Land aus uns gemacht hat.«

Sie lagen wieder nebeneinander. »Diese Frau ist das einzige menschliche Wesen«, dachte er bewegt, »dem daran gelegen ist, daß ich am Leben bleibe.«

»Man muß schon Mitleid mit uns haben, Gerda«, murmelte er. »Jammerschade, daß wir so wenig Courage gehabt haben. Und daß nun alles zwischen uns zu spät ist.«

Ihre Augen waren weit geöffnet. Aber sie sah ihn nicht an. Nur einmal bebten ihre Lippen. »Es ist gut, daß du noch mal gekommen bist«, sagte sie.

XV

Hans hatte Gerda gebeten, ihn nicht zum Bahnhof zu begleiten. Es galt jetzt, allein zu sein.

Es war ein trüber, regnerischer Morgen. Der Zug war nur mäßig besetzt. Hans rauchte und las Zeitung. Er starrte aus dem Fenster, ohne sich bewußt zu werden, daß dies ein letzter Blick auf die heimatliche Landschaft war. Er entzog sich den schüchternen Bemühungen einiger Coupégefährten, ein banales Gespräch anzufangen. Schon das wäre ihm verfänglich erschienen.

Gegen Abend kam er wieder in der Stadt an, wo er die letzten Jahre gelebt hatte. Es war keine Rückkehr, denn er verließ die Bahnhofshalle nicht. Er nutzte die Stunde, die ihm bis zur Abfahrt des Zuges nach Paris blieb, um seine großen Gepäckstücke, die er vor seiner Reise nach Berlin hier an der Aufbewahrungsstelle gelassen hatte, nach dem neuen Bestimmungsort einschreiben zu lassen. Ohne Verwunderung fühlte sich Hesse dabei schon wie fremd und ausgeschlossen unter den Menschen, die ihn gleichgültig umdrängten.

Er hatte in einem Abteil dritter Klasse einen Eckplatz gefunden. Ihm gegenüber saß ein bejahrter Priester, der in seinem Brevier las. Außerdem befand sich noch ein Reichswehrsoldat im Coupé, der stumpf vor sich hindöste. Hans trat ans Fenster. Eine Schar uniformierter Knaben stürmte eben den Zug, der auf dem gegenüberliegenden Gleis hielt. Er würde sie zu einem Lagerausflug irgendwohin ins Land bringen. Die Jungen lachten und lärmten, schwenkten übermütig ihre Wimpel und Rucksäcke. Hans wurde nachdenklich, als er die strahlenden, von Lebensfreude geröteten Kindergesichter sah. Sein Blick wurde verschlossen, als er die Führer und Aufseher der Jungschar, ein paar stämmige junge Männer in schwarzer Uniform, erblickte. Bei einem von ihnen hatten sich ein paar Pimpfe angehängt. Sie drängten sich an ihn, die Augen bewundernd zu ihm emporgehoben. Ein peinliches Gefühl überkam Hans bei diesem Anblick. Nachdem sie alle eingestiegen waren, ertönte aus ihrem Wagen Gesang: »Es, es, es und es, es ist ein harter Schluß, daß, daß, daß und daß, daß ich aus Frankfurt muß« erkannte Hesse ein altes Handwerksburschenlied, das ihn eigenartig berührte. Ein Zittern und Ächzen lief durch seinen Wagen. Der Zug ruckte an, glitt langsam aus dem Bahnhof. »Ich schlag' mir Frankfurt aus dem Sinn und wende mich Gott weiß wohin ...«, glaubte er es nun in der Ferne verhallen zu hören. »Ich weiß, wohin ich fahre«, dachte er voll Trotz, aber er merkte mit einem Mal, daß wenig Trost in dem Gedanken war, morgen früh, wenn alles gut ging, in Paris zu sein.

Der Schaffner kam zur Kontrolle. Er runzelte wie unwillkürlich die Stirn, als Hans ihm seine Fahrkarte hinreichte. »Paris«, las er laut mit abwehrender Betonung den Bestimmungsort ab. Der Reichswehrsoldat starrte Hans mißtrauisch an. Der Priester hatte ein undeutbares Lächeln. Der Schaffner verließ das Abteil, indem er vor dem Soldaten fast unterwürfig salutierte.

Es wurde Nacht. Die Achsen sangen für Hans ein Lied ohne Ruhe und Trost. Er tastete einige Male in seiner Tasche nach der Photorolle. Er wurde unruhig, weil die Grenze mit jeder Minute näher rückte. Er fühlte auf einmal die Versuchung, sich der unbequemen Last zu entledigen. »Wirf sie aus dem Fenster!« raunte eine Stimme in ihm. Aber er sah Heldts Gesicht vor sich, fordernd und vertrauensvoll. Er biß die Zähne zusammen. »Es wird schon alles gutgehen«, sagte er sich, »muß gutgehen.« Er versuchte nicht einmal mehr, diese merkwürdige Gewißheit an den bevorstehenden Schwierigkeiten zu messen.

Der Soldat hatte das Abteil verlassen. Er stand im Gang und rauchte. Der Pfarrer ließ sein Brevier sinken. Er schaute Hans plötzlich an.

»Sie haben eine lange und schwere Reise vor sich«, sagte er. Seine Stimme war freundlich. Hans erkannte erstaunt eher einen Unterton von Anteilnahme als Neugier in ihr. Aber er verschanzte sich hinter einer verbissenen Abwehr. »Ja, Paris«, sagte der Pfarrer. »Es sollen jetzt viele dorthin fahren, hört man.«

Hans wich aus. »Meine Studien«, sagte er unbestimmt.

Der Priester lächelte nachsichtig. »Sind Sie Katholik?« fragte er. Hans schüttelte den Kopf. »Auch wenn Sie nicht glauben«, sagte der Pfarrer mit unerwarteter Herzlichkeit, »ich wünsche

Ihnen Glück und Segen auf den Weg.« Er senkte die Stimme. »Wir wollen alle wünschen, daß der Herr über unser armes Land wache.« Seine Augen suchten Hesses Augen.

Hans empfand plötzlich eine verwirrende Sympathie und eine gerührte Dankbarkeit für den alten Mann. »Wir wollen es hoffen«, antwortete er leise und sah wie ertappt zum Gang, wo der Soldat noch immer rauchend am Fenster lehnte.

Die Bremsen knirschten. Der Priester suchte ohne Hast seine bescheidenen Gepäckstücke zusammen.

»Hier steige ich aus«, erklärte er. »Ich bleibe hier«, fügte er mit einem feinen Lächeln hinzu. »Will mir meine neue Pfarrstelle ansehen. Auf dem Land. Raus aufs Land, das ist jetzt wichtig«, bemerkte er wie im Selbstgespräch. Er seufzte unmerklich auf. »Gott mit Ihnen, junger Freund«, sagte er zum Abschied. Hans verneigte sich leicht.

Als der Zug weiterfuhr, kam der Soldat ins Abteil zurück. »Der Pfaffe ist ausgestiegen?« fragte er. »Ist es nicht eine Schande«, rief er aufgebracht, »daß man waffenlos, wie ein Verschwörer, seine Eltern besuchen fahren muß, weil sie in der entmilitarisierten Zone wohnen? Nur weil der Feindbund in Versailles bestimmt hat, daß unser Volk waffenlos und damit ehrlos bleiben soll, in alle Ewigkeit. Aber auch das wird sich ändern«, fuhr er immer noch erregt fort, »wir, wir werden es ändern. Der beste Soldat der Welt läßt das nicht auf sich sitzen. Das wär' ja gelacht. Sagen Sie das nur den Herren Franzosen«, fügte er voll Feindseligkeit hinzu. »Und auch dem Emigrantengesindel, daß sich vom Erbfeind aushalten läßt.« Er sprang auf. »Ein Deutscher hat jetzt nicht ins Ausland zu reisen!« sagte er brutal.

»Ich interessiere mich nicht für Politik«, bemerkte Hans kurz angebunden.

»Ich auch nicht«, erklärte der Soldat. »Das ist nicht unsere Sache. Aber die deutsche Sprache ist jetzt endlich in guten Händen. Gott sei Dank!«

»Ja«, meinte Hans, »in sehr guten.« Er hatte keine Lust, in letzter Minute Schwierigkeiten zu kriegen. Er war erleichtert, daß der Soldat an der nächsten Station ausstieg.

Aber Hesse blieb nicht lange allein. Ein schon älterer Mann, der auf den ersten Blick in seinem modisch geschnittenen Sportanzug von allzu greller Tönung unwiderstehlich komisch wirkte, trat schnaufend ins Abteil.

Er musterte Hans mit furchtsam wirkender Neugier. »Ist es gestattet?« fragte er zögernd. Hans machte eine Bewegung zwischen Kopfnicken und Achselzucken. »Danke, besten Dank«, stammelte der neue Fahrgast. Er ließ sich in seiner Ecke nieder, nachdem er einen kleinen Koffer im Netz verstaut hatte, und entfaltete breit den »Völkischen Beobachter«. Aber bald ließ er die Zeitung sinken. Er zog die Uhr. »Noch eine halbe Stunde bis zur Grenze«, murmelte er. Hans war, als erhielte er ein Stichwort. Er wurde wieder unruhig. »Fahren Sie auch rüber?« fragte der Mann lauernd. Hesse nickte mit erzwungener Gleichgültigkeit. »Ich fahre nur in Geschäften«, erklärte der Mann. »Wenn die Geschäfte nicht wären, ginge man jetzt natürlich nicht ins Ausland.«

Hans spürte mit einem Mal, daß die Worte unecht, wie auswendig gelernt wirkten. Aber er antwortete nicht. Sein Mitpassagier sah ihn noch immer an, mit einer Ängstlichkeit, einem Flehen, doch ein Wort zu sagen, die ihn plötzlich alarmierten. Aber er verschloß sich weiter. »Er macht mich nervös, mit seiner Uhr, seiner Grenze, seinem Gerede«, dachte er ärgerlich.

»Zigarre?« fragte der Mann und hielt ihm ein schweres ledernes Etui hin. Hans lehnte dankend ab. »Zigarette wenigstens?« drängte der andere weiter und zog eine Schachtel aus der Tasche.

Hans konnte nicht mehr gut ablehnen. Aber es wahr ihm peinlich, daß der unbehagliche Begleiter ihm mit einer geradezu unterwürfigen Beflissenheit Feuer reichte und darauf bestand, Hans möge als erster sein Kraut anzünden.

»Hoffentlich halten einen die Papier- und Zollangelegenheiten nicht zu lange auf«, meinte der Mann unvermittelt. Hesse runzelte die Stirn. »Man hat ja ganz recht«, fuhr der Begleiter hastig fort, »scharf hinterher zu sein. Es soll noch immer verantwortungslose Volksgenossen geben, die Geld und Werte aller Art aus dem Lande schmuggeln.«

»Sicher«, bestätigte Hans und dachte daran, daß auch die Summe, die er dabei hatte, den bewilligten Mindestbetrag überschritt. »Man wird sehen«, dachte er mit unerklärlicher Gelassenheit. Er fühlte sich müde werden, niedergeschlagen, abgespannt, in der Stimmung eines Menschen, der nicht mehr aufbegehrt, der die Dinge geschehen läßt, sich dem Zufall anvertraut hat und schon am Ausgang des Spiels nicht mehr sonderlich interessiert ist.

Sein Begleiter zog aufs neue die Uhr. »Noch ein paar Minuten«, murmelte er.

»Wenn er nur die Schnauze hielte«, dachte Hans.

Dann verlangsamte der Zug sein Tempo, hielt an. Schritte

von schweren eisenbeschlagenen Stiefeln kamen näher. Kommandos gellten auf. »Alles fertigmachen zur Paßkontrolle, Zollrevision«, brüllte eine Stimme. Hans spürte, wie ihn eine furchtbare Beklemmung überfiel. Er fing sich, zwang sich zur Ruhe.

Der dicke Mann im Sportanzug zerrte mit fahrigen Gebärden seinen Koffer aus dem Netz. Er zog dann ein Taschentuch und wischte sich den Schweiß von der Stirn. »Man kommt«, sagte er, aber Hans beachtete ihn nicht mehr. Die Zollbeamten kamen als erste. Hans öffnete seinen Koffer. Alles ging glatt für ihn und auch für seinen Begleiter. »Devisen?« fragte man. Hans schüttelte den Kopf und zog seine Brieftasche. Man durchsuchte ihn nicht. Im kahlen Abfertigungsraum, wohin er dann den Beamten folgte, um der Untersuchung seines aufgegebenen Gepäcks beizuwohnen, zog er sich mit gleichem Erfolg aus der Affäre.

Ins Abteil zurückgekehrt, fühlte er, wie die Angst wieder nach ihm griff. Er hatte gesehen, daß die Paßkontrolle von SS-Leuten durchgeführt wurde, »ausgesuchten Elementen«, den Zeitungen zufolge. Er sah sie kommen, hörte sie, von Abteil zu Abteil. Sein Reisekumpan rutschte auf seinem Platz hin und her. Er hatte wieder das Taschentuch in der Hand, sein Gesicht schien in Schweiß gebadet. »Die Pässe, bitte!« Hans zog bereitwillig seine Papiere aus der Brieftasche. Eine große Ruhe war plötzlich in ihm. Alles war anders, wenn man der Gefahr ins Auge sah. Aber man beachtete ihn kaum. Die jungen Uniformierten fixierten den Coupégenossen, der bei ihrem Anblick sofort wieder den »Völkischen Beobachter« zur Hand genommen hatte, hinter dem er wie unabsichtlich sein Gesicht teilweise verbarg, während er mit leicht zitternder Hand seinen Ausweis hinhielt. Einer der Nazis schlug ihm brutal die Zeitung weg. Er zog eine Photographie aus der Tasche, betrachtete sie, verglich sie mit zufriedenem Grinsen, reichte sie seinem Partner, der stumm nickte.

»Folgen Sie uns!« befahl man dem Mann.

Der stand zögernd auf. »Ja, aber«, protestierte er schwach.

»Bißchen dalli!« schrie man ihn an.

»Ein Mißverständnis«, wollte der Dicke sich beklagen.

Die SS-Männer lachten höhnisch. »Wird sich herausstellen. Mach schon, Mensch!« Sie ergriffen ihn und zerrten ihn aus der Tür. Die Züge des Festgenommenen waren plötzlich schlaff und verfallen. Er warf Hans einen Blick zu, in dem nicht einmal mehr stummes Flehen war, nur noch eine namenlose, unbändige Angst, der Sterbeblick eines waidwunden Tieres.

Einer der Paßkontrolleure kam zurück und prüfte Hesses Papiere. »In Ordnung!« sagte er. »Entschuldigen Sie die kleine Störung.« Er hatte ein ironisches Lächeln.

»O, keine Ursache«, stotterte Hans wie betäubt.

»Wieder so ein Schieber«, erklärte der Nazi unaufgefordert mit sichtlicher Genugtuung. »Erst die Kleinen ausbeuten und dann türmen, mit dem Geld der ehrlichen Steuerzahler. Ekelhafte Bande!«

Hans machte die Andeutung eines zustimmenden Kopfnikkens. »Ruhig bleiben«, befahl er sich. »Beherrschung behalten!«

»Gute Reise, Herr Kommilitone«, wünschte der Schwarzuniformierte ohne jede Hinterhältigkeit.

»Er hat sich meinen Paß doch gut angesehen«, dachte Hesse verworren. Er musterte den jungen Menschen nun etwas eindringlicher. »Sieht ganz anständig aus«, stellte er verwundert fest.

»Heil Hitler!« rief der Nazi. Hans hatte genug Geistesgegenwart, den Gruß zu erwidern. Er fand es durchaus angemessen, das Land mit einer Lüge zu verlassen.

Er betastete verstohlen seine Tasche und fühlte die Photorolle und auch die Geldscheine, die im Jackettfutter knisterten. Er hatte Glück gehabt. Das Verhängnis hatte sich ablenken lassen. Der Zug ruckte an. Man verließ Deutschland. Aber man blieb in deutschem Land. Nach ein paar Minuten hielt der Zug schon wieder. Das Saargebiet. Ein paar Männer stiegen zu. Sie musterten Hans gleichgültig. Jetzt erst empfand er eine hemmungslose Schwäche. Er schloß die Augen vor dem, was hätte sein können. Er schloß sie noch gepeinigter vor der Erinnerung an den Blick des dicken Mannes, den sie eben davongeschleppt hatten.

»Gestatten Sie den ›Völkischen‹?« störte ihn eine Stimme. Mechanisch reichte Hans einem jungen Mann die Zeitung, hinter der sich sein letzter Reisebegleiter vergeblich zu verbergen gesucht hatte. »Verbindlichen Dank«, schnarrte der Jüngling und vertiefte sich eifrig in die Lektüre. Nach einer Weile ließ er das Blatt sinken und wandte sich Hans zu. »Keine zwei Jahre mehr«, sagte er mit Bedeutung, »und auch wir sind wieder daheim, im Reich.«

Ein älterer Handwerker in Arbeitskluft, der neben ihm saß, verzog die Mundwinkel. Er zeigte sekundenlang ein verstohlenes, wie besserwissendes Lächeln. »In der großen Kaserne«, kommentierte er höhnisch. Ein verlegenes Schweigen trat ein.

»Ist es nicht schon besser, ganz anders geworden drüben?« fragte der junge Mann und warf Hesse einen aufmunternden, nach Einverständnis heischenden Blick zu.

»Ja, sehr anders«, meinte Hans müde. Er stand auf, trat in den Gang und zog die Abteiltür unwillig hinter sich zu.

In Saarbrücken leerte sich der Zug. An der französischen Grenze war Hans allein im Abteil. Ein Beamter in unbestimmter Uniform, die wie Zivil wirkte, einen Zigarettenstummel lässig zwischen die Lippen geklemmt, kam den Paß nachsehen. Er gab ihn nach flüchtiger Prüfung zurück. »Ça va«, meinte er. Dann fragte er, ob der Ausländer über Geld verfüge. Jetzt zeigte Hans einige Scheine vor. Der Beamte nickte befriedigt, tippte flüchtig mit dem Finger an den Mützenschirm und ging ein Abteil weiter. Dann kam ein Zivilist in steifem Hut, mit einem Regenschirm am Arm, ins Abteil, starrte Hesse ungeniert an, blickte auf eine Photographie, die er in der Hand hielt, sagte »Pardon« und verschwand seinerseits. Auch die Zollabfertigung erledigte sich rasch. Als der Zug weiterfuhr, streckte sich Hans auf der Bank aus und fiel in einen leichten Schlummer.

Jemand rüttelte ihn an der Schulter. Er fuhr hoch. Er war nicht mehr allein. Das ganze Abteil war voll von Soldaten. Sie trugen blaue Uniformen und Baskenmützen. Unter dem etwas verlegenen, fast entschuldigenden Lächeln des Soldaten, der ihn geweckt hatte, machte Hans Platz, kauerte sich in seine Ecke, spürte neben sich harte Schenkel und Schultern. Die Luft im Abteil war stickig und verbraucht, von Ausdünstungen müder, verschwitzter Menschenleiber angefüllt. Hesse musterte verstohlen die neuen Gesichter. Es waren sehr junge Menschen, jünger als er. Sie schienen alle sehr erschöpft. Einige hielten sich umschlungen, ließen ihren Kopf an die Brust des Nebenmannes sinken, schlummerten ein, fuhren hoch, blinzelten gleichgültig, versanken wieder in Schweigen. Hans hatte Verlangen nach einer Zigarette. Aber er war zu träge, in den Gang hinauszugehen, fürchtete auch um seinen Sitzplatz, denn er fühlte sich sehr zerschlagen. Er zog die Zigarettenschachtel aus der Tasche. Einige Soldaten beugten sich in unwillkürlicher Neugier vor. An der Packung, am Goldmundstück, mochten sie die deutsche Marke erkannt haben. Er bot ihnen an. Die Schachtel wanderte im Abteil umher. Jeder sagte »merci!«

»Allemand?« fragte man. Er nickte. »Et ce Hitler?« begann

einer. Ein anderer fiel ihm sofort ins Wort: »Laisse-le tranquille!«

Ein Soldat hustete beim Rauchen und rieb sich den Tabaksqualm aus den Augen. Er warf die Zigarette ärgerlich fort und zertrat sie. »De la paille, ça«, rief er.

Sein Nachbar stieß ihn ins Kreuz. »Ferme-la!« sagte er unwillig. »C'est très gentil de la part de Monsieur des nous en offrir.« Andere stimmten ihm zu. Einer zog eine zerknüllte blaue Zigarettenpackung aus der Tasche und bot Hesse mit einladendem Lächeln an. Nach einer Weile war es Hans, der husten mußte, aber er rauchte das schwere Kraut zu Ende.

Schon was den Tabak anbetraf, schien eine Verständigung schwierig. »Wenn dies die einzige Frage wäre«, dachte er bedrückt und sah mit plötzlicher Beklommenheit in diese offenen Bauerngesichter. Der Zug hielt. Die Soldaten rafften ihre Sachen zusammen, polterten eilig aus dem Abteil, vergaßen in der aufgescheuchten Hast jeden Abschiedsgruß. Hans trat ans Fenster. Er sah, wie die Kompanie sich schweigend auf dem Bahnsteig ausrichtete. Ein Kommando peitschte auf. Der Zug fuhr weiter. Hans konnte keinen Schlaf mehr finden. Der Zug hielt jetzt öfters. Es war kein gutes Verweilen in diesen kleinen unbekannten Bahnhöfen. Fast jede Station, die man ausrief, erinnerte an eine Schlacht, an Geschichtsbücher, an »Siegesfeiern« in der Schule während der »großen Zeit«. Niedergeschlagenheit überkam den Flüchtling. Zum erstenmal sah und begriff er, welche Geschichte zwischen den beiden Völkern stand. Er erschauerte.

Der Morgen dämmerte herauf. Das Abteil füllte sich mit Landleuten, Bauersfrauen. Man ahnte in dieser frühmorgendlichen Geschäftigkeit, daß Paris nahe war. Die Landschaft war von sanfter, stiller Schönheit. Hügel, Wälder, ein Fluß, der unsagbar friedlich dahinströmte, die Marne. »Regardez-moi ça!« rief ein kleiner alter Bauer mit verknitterten Zügen. »Comme c'est beau! Et savoir qu'ils reviennent.« Hans wandte sich ab und senkte den Kopf. »Ah, ces boches, quand-même!« fuhr der Mann fort. Sein Gesicht war rot, verhaltener Zorn zitterte in seiner Stimme.

Niemand antwortete ihm. Nur eine Frau, die Hans gegenüber saß und wie verstohlen seine Kofferschilder gemustert hatte, wandte sich an den Aufgebrachten. »Monsieur est Allemand«, sagte sie trocken und deutete auf Hesse.

Der Mann fuhr herum. »Pardon«, sagte er. »J'ai perdu mes deux fils. Cette rivière-là sait ce qu'ils sont devenus.«

»Je comprends«, stammelte Hans und verließ das Abteil. Er wußte nun, daß es schwer sein würde, hier zu leben. »Die Sünden der Väter«, überkam es ihn, und doch wußte er gleich, daß sich die Angelegenheit nicht so rasch, nicht so leichtfertig lösen ließ. Er wußte schließlich gut genug, daß ein Heer von Söhnen sich schon rüstete, eines Tages noch schuldiger zu werden.

Mit verminderter Geschwindigkeit fuhr der Zug durch die Banlieue. Vorstadt: Fabriken, niedrige Mietshäuser, Gartenflecken dazwischen, die ersten Trambahnen, Radfahrer, ein fremdes Volk, das zu seiner Arbeit, zu seinem Alltag erwachte. Alles war noch grau und verhüllt. Endlich lief der Zug in den Bahnhof ein. Ein Gepäckträger war rasch gefunden. Aber als er seine Sachen aus dem Fenster reichte, fiel Hans ein, daß er nicht einmal wußte, wohin er nun gehen sollte. Er ließ die Koffer zur Buvette bringen. In Lärm und Gedränge bestellte er einen Café crème, aß zwei Croissants. Er fühlte sich wohler. An der Theke scherzten Arbeiter mit ein paar Mädchen. Allmählich gewöhnten sich die Ohren an die fremde, aber nicht unbekannte Sprache. Hesse beherrschte sie ziemlich geläufig und kannte in großen Zügen die Literatur des Landes. Er wußte, daß er nun viel Zeit hatte, auch in seine Wirklichkeit einzudringen. Aber er machte seinem literarischen Hang noch ein letztes Zugeständnis, indem er dem Taxichauffeur den Namen eines Hotels im Quartier Latin nannte, von dem in einem modernen Roman die Rede war, den er unlängst gelesen hatte.

Der Dunst, der über dem Weichbild der Großstadt gelegen hatte, hatte sich aufgelöst. Mit einem Mal erschien alles frisch und lebendig. Über dem Panthéon erhob sich groß und strahlend die Sonne. Er war angelangt. Am Ziel? Hesse schüttelte den Kopf. Eine Etappe jedenfalls, ein vorläufiger Unterschlupf. Man würde sehen.

Der Beginn schien fast ermutigend. Viele Passanten lächelten. Mädchen trugen kleine Sträuße am Busen. Waren das noch die Maiglöckchen? Es war warm. Vom Luxembourg her strömte ein zärtlicher, einschmeichelnder Duft von Blumen und frischem Rasen zu ihm herüber. Er glaubte, es sei ein Gruß und eine unbestimmte Verheißung für den Einsamen.

Am Abend schlenderte er ziellos über den Montparnasse. Nach kurzem erkannte er auf der Terrasse eines Cafés eine vertraute Gestalt. Es war der ehemalige Weltblattredakteur Blum. Als er sich durch die Gäste drängte, war Hesse nur mäßig erstaunt, daß er an fast allen Tischen deutsch sprechen hörte. Es waren doch schon viele ausgewandert. Dieses Stadtviertel schien ihr Haupttreff zu sein.

Blum hatte ins Leere gestarrt. Er sprang erschreckt auf, als Hans ihm die Hand auf die Schulter legte. Blums Gesicht erhellte sich kurz vor freudiger Überraschung, wurde aber bald wieder trübselig.

»Besser spät als gar nicht«, versuchte er zu scherzen. Seine Stimme klang aber so bekümmert, daß Hans sofort aufhorchte. »Hoffentlich können Sie meinen Café bezahlen«, erklärte der einstige Redakteur unverblümt. »Dann kann ich wenigstens mit der Métro nach Hause fahren. Paris ist schön, aber immer zu Fuß ...«

»Sind Sie schon lange hier?« fragte Hesse.

Blum zuckte die Achseln. »Kommt drauf an, was man unter ›lange‹ versteht. Auf jeden Fall lange genug, um allmählich den Mut zu verlieren.«

»Und Ihre Familie?«

Blum schaute noch trauriger drein. »Immer noch drüben«, sagte er leise. »Ich bin vorausgefahren, als Kundschafter sozusagen, um zu sehen, was sich hier machen läßt. Bei meinem Köpfchen hätte ich mir gleich sagen müssen, daß für uns nirgends etwas zu holen ist. Wenn man erst einmal aus der Bahn geschleudert ist, stürzt man ab und rast mit affenartiger Geschwindigkeit nach unten.«

Hans sperrte sich innerlich gegen die Voraussage, die Blums Worte vielleicht auch für sein eigenes Schicksal darstellten. »Es kann ja noch alles werden«, versuchte er seinen Tischgenossen zu trösten.

Blum schüttelte mit einem melancholischen Lächeln den Kopf. »Dabei muß man noch froh sein, daß die einen hier überhaupt dulden. Hierzulande haben sie ja auch eine ganz schöne Wirtschaftskrise. Bisher sind sie Fremden gegenüber eher großzügig gewesen. Aber ›wer kennt die Völker, zählt die Namen, die gastlich hier zusammenkamen‹. Eben zu viele. Ich habe sogar Verständnis dafür. Aber das hindert mich persönlich nicht am Verhungern. Ja, wohin? Nach Palästina? Mit der arischen Mutter meiner Kinder?« Er lachte kurz auf. »Im Grunde sind die Menschen überall meschugge«, behauptete er. »Nach Rußland etwa? Ich bin kein Kommunist, und sie lassen jetzt nicht einmal ihre eigenen Genossen rein, und die hätten mehr Anspruch darauf als wir, denn sie glauben an dieses ›Vaterland aller Proletarier‹. Europa, mein lieber Hesse, ist so klein, daß man es gar nicht sehen kann. Wenn ich daran denke, daß ich vor kurzem im Weltblatt Tag um Tag diese Appetithäppchen von der ›europäischen Solidarität‹ oder gar vom ›europäischen Gewissen‹ serviert habe! Sogar von den ›Vereinigten Staaten von Europa‹ war die Rede. Selbst Kirchburg hat lange Zeit in dieses Horn geblasen.«

Hans warf gestört einen Seitenblick auf den Nebentisch. Unmöglich, nicht hinzuhören.

»Sie reden immer noch so dahin, als sei nichts geschehen«, erklärte Blum irritiert. »Sie halten noch immer im Café Nachseminar wie früher an der Uni.«

Hans sah unauffällig näher hin. Der Mittelpunkt der Gruppe war ein kahler Vierziger. Um seine Lippen spielte ständig ein ironisch suffisantes Lächeln. Er dozierte. Trotz der fortgeschrittenen Jahreszeit trug er einen eleganten pelzgefütterten Mantel.

»Ich finde es schon eindrucksvoll«, erklärte er gerade ein paar Jüngern, die an seinen Lippen hingen, »daß die Partei es wagt, gerade in diesem Augenblick die Genossen zu einem rücksichtslosen Kampf gegen das Regime aufzurufen.«

Hans wollte nicht weiter hören. Er dachte an Heldt und an den Auftrag, den dieser ihm erteilt hatte. Morgen vormittag würde er zu dieser auswendig gelernten Adresse gehen.

»Encore un demi«, bestellte der Kahlköpfige bei einem Kellner, der flugs vorbeieilte.

Blum lächelte Hans mit säuerlicher Miene zu. »Der hat gut reden«, erklärte er. »Kennen Sie ihn nicht? Professor ...«, er nannte einen Namen, »gilt als große Nummer in der Soziologie. Er hat auch schon wieder sein gutes Auskommen. Es gibt ja genug englische Lords und amerikanische Millionäre, die diese Art von Kaufhausmarxismus finanzieren.« Blums Lächeln wurde noch bitterer. »Wenn Sie nur wüßten, was sich hier so tut«, sagte er. »Oder was hier alles nicht geht. Aber Sie werden schon selbst sehen. Ich habe es in wenigen Wochen mit allen möglichen Arten des Berufsersatzes versucht. Ich habe Seife, Butter, Käse, Kaffee verkaufen wollen. Nur Schnürsenkel noch nicht. Von nichts davon kann man leben, geschweige denn eine Familie durchbringen. Und dabei muß ich den Meinen zu Hause noch etwas vorschwindeln, also behaupten, es gäbe eine Hoffnung, damit sie nicht den Mut verlieren. Sie haben es drüben schon schwer genug. Zwei Vorladungen, nur weil ich im Ausland bin.« Er brach ab. »Wieviel können Sie mir denn mal pumpen?« fragte er geradeheraus und versuchte ein schwaches Grinsen der Entschuldigung.

»Wieviel brauchen Sie denn?« fragte Hans.

»Drei Wochen Hotel nachzuzahlen und dann ein bißchen zu essen für die nächsten Tage«, gab Blum Auskunft.

Hesse gab ihm fünfhundert Francs. Er hatte am Vormittag Geld gewechselt. Der trügerisch vorteilhafte Wechselkurs verführte ihn zu der Annahme, er sei reich genug. Außerdem war er jetzt froh, dem kleinen Redakteur die Schulden, die er bei ihm gemacht hatte, nur nachlässig und unvollständig zurückgezahlt zu haben. So konnte Hans auf nützliche Weise mit Blum quitt sein.

»Wollen Sie draußen bleiben? Ich meine, hier oder sonstwo im Ausland?« fragte Blum etwas später. »Oder bin ich zu neugierig?«

Hans gab ihm einen kurzen Bericht von den Geschehnissen.

»Armer Verblendeter«, murmelte Blum, aber man wußte nicht recht, ob sich diese Einschätzung auf Georg oder auf Hans selbst bezog. »Mit Ihren blonden Haaren und treudeutschen blauen Augen«, witzelte Blum. »Man wird Sie hier für einen Spitzel halten.« Hans lächelte überlegen. »Das ist nicht einmal als Scherz gemeint«, bekräftigte Blum seine Worte. »Wenn Sie wüßten, wie die meisten Emigranten hier untereinander sind! Ich frage mich nur, ob wir schon in Deutschland während der sogenannten normalen Zeiten so waren? Und ob man auch mit der Entfernung nicht klüger wird? Aus dem eigenen Schicksal überhaupt nichts lernt?«

Am nächsten Morgen ging Hans mit seinem Photoröllchen zu der Adresse, die Heldt ihm gegeben hatte. Er hielt sich streng an seine Anweisungen und fragte nach einem gewissen Kurt. Eine noch schlaftrunkene jüngere Frau bat ihn nach einer mißtrauischen Musterung ins Vorzimmer. Er befand sich in einer größeren Etagenwohnung, die nicht ohne Geschmack, wenn auch etwas aufdringlich modern eingerichtet war. Man ließ ihn ziemlich lange warten. Aus dem Nebenzimmer drangen gedämpfte Stimmen. Einmal wurde die Verbindungstür um einen Spalt geöffnet. Hans merkte, daß man ihn beobachtete. Ihm wurde unbehaglich zumute. Endlich kam ein hochaufgeschossener, auffallend dürrer und noch recht junger Mann und stellte sich vor Hesse in Positur. Eine schwarze Haarsträhne fiel ihm unordentlich in die Stirn. Er trug eine Hornbrille mit getönten Gläsern. »Kurt?« fragte Hans zögernd. Diese Anrede, die eine Vertrautheit bekundete, die gar nicht bestand, fiel Hesse schwer. Der Mann nickte ungeduldig. Hans zog das Röllchen hervor und überreichte es dem Unbekannten. »Von Franz«, erklärte er.

»In Ordnung«, sagte der Brillenträger. »Genosse?« fragte er.
Hans verneinte. »Ein Freund von Franz«, sagte er.

Der andere sah ihn mit sichtlichem Mißtrauen an. »Die haben ja tolle Ideen da drüben«, brummelte er zornig, »uns einfach irgendwelche Leute ins Haus zu schicken.«

»Danke!« erwiderte Hans peinlich berührt. »Man hätte mich an der Grenze schnappen können.«

»Emigrant?« erkundigte sich der Lange.

»So sagt man wohl«, meinte Hans gleichmütig.

Der Unbekannte schien die Geduld zu verlieren. »Jude?« fragte er noch. Hesse mußte das schon verneinen. »Augenblick«, bat der Verhörer.

Kurz darauf kam er in Begleitung mehrerer junger Personen zurück. Er murmelte wie zur Vorstellung ein paar unverständliche Vornamen. Hans stellte sich ebenso nachlässig vor. Die Unterhaltung, die sich entwickelte, glich eher einer Vernehmung. Ob er auch Mediziner sei wie Franz? fragte einer. Hesse stand kurz entschlossen auf. Er wußte, daß Heldt niemals eine medizinische Vorlesung besucht hatte.

»Dankbarkeit habe ich nicht erwartet«, stellte Hans nicht ohne eine gewisse Schärfe fest. »Ich habe die Sache für Franz gemacht. Jetzt habe ich aber genug.«

Der Brillenträger hob beschwichtigend den Arm. »Krieg ist Krieg«, erklärte er. »Sie haben keine Ahnung, wie viele Spitzel sich hier herumtreiben. Sie müssen Verständnis für unsere Vorsicht haben.« Er rang sich diese nach einer Entschuldigung klingenden Worte nur mühsam ab. Ob er sich noch ein paar Minuten gedulden könne? fragte er Hesse dann. Man wolle die Bilder gleich entwickeln.

»Ich unterwerfe mich auch dieser letzten Probe«, fügte sich Hans mit kaum verhohlener Ironie.

Er glaubte, seinen Auftrag bestens erfüllt zu haben, und wünschte sich weit fort von hier. Jetzt wollte er allein sein. Ein neues Leben beginnen – wenn möglich, ohne sich auf neue Abenteuer einzulassen. Er hatte zu schlechte Erinnerungen an Bekundungen von Wagemut.

Dennoch wartete er. Die Wohnung schien ein richtiger Taubenschlag. Leute kamen und gingen unaufhörlich. Unter den zuletzt Angekommenen war eine Frau, deren Aussehen Hans auffiel. Ihr mageres Gesicht hatte hervorstehende breite Backenknochen und war faltig. Ihre ganze Erscheinung wirkte hart und kalt. Das graue kurzgeschnittene Haar machte sie merkwürdig männlich. Sie war offenbar Französin. Auf jeden Fall sprach sie nur in der Landessprache. Obwohl man sie mit ihrem Vornamen anredete, Olga, glaubte Hans zu verstehen, bezeugte man ihr besonderen Respekt. Sie wußte ihn zu fordern. Bei jeder Gelegenheit spielte sie auf ihre jüngste Reise nach Rußland an, vor allem auf Gespräche, die sie dort mit führenden Genossen gehabt zu haben behauptete. Auffallend war die Schroffheit, mit der sie alle Fragen behandelte. Jedenfalls wirkte diese Frau auf Hans zutiefst unbehaglich. Dennoch starrte er sie wie fasziniert an. Ihm schien, das Gesicht habe mit jedem weiblichen Zug auch jeden menschlichen verloren. Sie wollte Hesse unbedingt zum Sprechen bringen, fragte ihn besonders über seine letzten Eindrücke in Deutschland aus, welche Atmosphäre jetzt da herrsche? Er hatte ihr aber nicht viel zu sagen, denn er konnte auf ihre Tonart nicht eingehen. Er fragte sie dennoch, ob sie meine, man könne nach Rußland gehen und dort Existenzmöglichkeiten finden, oder ob es stimme, er erinnerte sich an Blums Bemerkungen, daß die Sowjetunion Emigranten verschlossen sei?

»In einem gewissen Sinne stimmt das schon«, belehrte ihn die Frau. Die proletarischen Kämpfer Deutschlands hätten nichts in der Etappe weit vom Schuß zu suchen, ihr Platz sei auf dem Schlachtfeld, also in Deutschland selbst. Dort sei ihr Einsatz am wichtigsten. »Ich kenne übrigens einen anderen Grund für die Weigerung, sie aufzunehmen«, fuhr die Olga Genannte fort. »Sie haben nicht richtig taktiert und nicht hart genug gekämpft. Ihre Versäumnisse und Fehler haben die Gefahr eines unmittelbaren kapitalistischen Angriffskrieges auf die Sowjetunion nähergerückt.«

Hesse verschanzte sich hinter einem abweisenden Schweigen. Er dachte an Franz, an Herbert, an Emil, der schon gefallen war. Er schaute sich nun die Anwesenden noch genauer an. Die meisten waren bestimmt Deutsche. Aber sie protestierten nicht. Im Gegenteil, sie schienen dieser Olga noch recht zu geben.

Der sogenannte Kurt kam mit hochzufriedenem Ausdruck ins Zimmer zurück. »Ausgezeichnete Arbeit«, lobte er. »Wir können heute abend mit dem Druck anfangen.«

Hans verabschiedete sich kühl.

»Wenn Sie Kontakt wahren wollen«, legte Kurt ihm nahe, »kennen Sie ja die Adresse. Die behalten Sie aber schön für sich. Man muß sich organisieren, Erfahrungen austauschen, einander unterstützen.«

Hans dankte. »Ich verlasse Paris«, sagte er und war fast zufrieden, daß sich in Kurts Miene noch einmal Zweifel und Mißtrauen einschlichen.

Im Hotel schrieb er zwei Briefe. Einer war an Stürmer. Hans teilte ihm mit, er habe nun doch eine radikalere Luftveränderung vorgezogen. Er bat ihn, die Miete regelmäßig an Gerda zu überweisen und riet ihm, sich im übrigen für einen gewissen Walter Schmidt zu interessieren, wenn er wirklich die Wahrheit über Georgs sogenannten Unfall in Erfahrung bringen wolle. Der andere Brief war an René Latil, der in einer kleinen Stadt in der Provence lebte. Hesse teilte ihm seine Lage und seine Verhältnisse mit und fragte an, ob es möglich sei, außerhalb von Paris in Frankreich zu leben. Hier in der Hauptstadt war Hesse noch oder schon wieder gewissen Dingen viel zu nahe, denen er hatte entrinnen wollen. Dabei konnte er sich des Gefühls nicht erwehren, daß er ihnen nie und nirgends entkommen würde.

Abgesang

Seit über einem Jahr lebte Hesse nun bei den Latils in der Provence. Er gab hier nicht nur dem wißbegierigen und sympathischen jungen Franzosen, sondern auch anderen Studenten Deutschunterricht. Die Einkünfte aus dieser Tätigkeit gestatteten ihm die Entrichtung einer bescheidenen Summe für Essen und Unterkunft. Er verfügte über ein kleines Zimmer im Haus und nahm die Mahlzeiten mit der Familie ein. Hesse fühlte sich bei diesen wohlmeinenden Menschen immer geborgener.

Er lebte unter Leuten, die ihre einfache und natürliche Lebensfreude gern laut und gesellig bekundeten und die ihn in ihren Kreis aufgenommen hatten. Dennoch wuchs seine innere Einsamkeit. Mit zunehmendem Abstand zu den deutschen Dingen erkannte Hans den tieferen Sinn seiner Flucht. Panik hatte ihn fortgetrieben. Mit einer politischen oder parteigängerischen Haltung hatte das nichts zu tun gehabt. Das konnte man hier nicht immer verstehen, und das war ihm peinlich. René Latil, mit dem ihn nun Freundschaft verband, war da eine Ausnahme. Oft fühlte er sich befangen, wenn er bei Befragungen sozusagen Ausflüchte machen mußte. So stieß er auf erstauntes Achselzucken und mißtrauische Blicke, wenn er die üblichen Fragen »Sind Sie Jude?«, »Sind Sie Kommunist?« und seit einiger Zeit auch schon »Sind Sie Katholik?« verneinen mußte. »Weshalb sind Sie denn emigriert?« spürte man es dann meistens als unausgesprochene Frage. Kein Kommissariat, kein neugieriger Frager im Café hätte die Antwort begriffen. Nur Hesse kannte sie, seit er in dieser Landschaft lebte. René Latil war vielleicht der einzige, der seine wirklichen Beweggründe verstehen konnte.

Hesses Verhängnis bestand darin, daß man ihn schon im eigenen Lande zum Fremden gemacht hatte. Er war zu Hause nicht mehr richtig daheim gewesen. Seine Sehnsucht nach Glück, Zärtlichkeit und Wärme hatte er gegen die feindseligen Forderungen seiner Umwelt nicht durchsetzen können. Je mehr er sich seiner Anfälligkeit für eine Idealisierung von Menschen und Dingen bewußt geworden war, desto härter und kälter war die Maske geworden, hinter der er sich in den letzten Jahren verborgen hatte. Nach dem frühen Tod seiner Eltern hatte er sich unentwegt für den materiellen Überlebenskampf stählen müssen. Auch mußte er die unverlierbare eigene Person, seine innere Unabhängigkeit gegenüber den Losungen, Verkündigungen und Schlagworten der Gruppen und Parteien verteidigen, die alle mit den Bekehrungsabsichten von Glaubensgemeinschaften auftraten. Er hatte erkennen müssen, daß sogar die ihm liebsten Menschen, denen er sich oft geistig verwandt gewähnt hatte, diesen Versuchungen erlagen, gegen die er sich wehrte. Er hatte dieser Verführung zum bequemen und unbedachten Dabeisein widerstanden. Er hatte nicht mitgemacht. Er hatte schon vorher die Schnauze voll gehabt. Aber er wollte niemandem ein Vorbild sein. Sein Beispiel konnte denen nicht helfen, die sich mühseliger als er ihren Pfad durch das Dickicht der Welt bahnen mußten. Auch denen nicht, die sich an die Rettungsbalken klammerten, die man ihnen nicht ohne Hintergedanken zugeworfen hatte und die bei näherem Hinsehen nur aus Schlagworten bestanden. Das Eiapopeia von Erfüllung und Erlösung im Hier und Nun, bestehend aus Vaterland, Rasse, Klasse.

Hesse hatte eine ganz andere Einstellung. Er kannte auch ihre Folgen. Er wußte, daß die Welt durch die vorlaute Anmaßung der Verführer in ihren Zusammenbruch trieb. Hesse hatte Täuschung und Glauben zu nahe beieinander erlebt, gute und schlechte Hirten einander zu ähnlich, Bildung und Eigendünkel verwandt. Er warf sich nicht zum Richter über Lauf und Heil der Welt auf. Das gab aber den Volksverführern noch lange nicht recht.

Und nun war es ihm geschehen, in der Fremde auf bewegende Weise eine Antwort auf den Anruf seiner alten Sehnsucht nach Freiheit zu vernehmen. Hier wurde diese Sehnsucht nicht verachtet. Wenn er es bei seinen deutschen Freunden gewagt hatte, das einfache Bekenntnis abzulegen, der Mensch sei zum Leben geschaffen, hatte man ihm überlegen, nachsichtig oder offen empört die Frage an den Kopf geworfen: »Leben? Wozu? Zu welchem Zweck und Ziel?« Und Zweck und Ziel hatten gefälligst, so oder so, politisch zu sein.

Hesse wußte aber auch, daß diese Klarsicht ihm nichts nützen würde. Es war zu spät dafür. Selbst hier, wo alles dazu einlud, zu verweilen, Wurzeln zu schlagen, selbst in dieser Landschaft, aus der Verblendung und Haß verbannt schienen. Hesses Leiden in und an Deutschland hatten ihn keineswegs unempfindlich für Deutschlands Schicksal gemacht. Bei dem Gedanken, was dort geschehen mußte und was von dorther kommen würde, befielen ihn aber nur Furcht und Beklommenheit. Er wußte, die Raserei, der er, wie lange wohl, entronnen war, würde sich überallhin ausbreiten. Er wußte, die Drohung blieb ihm weiterhin auf den Fersen, schnaufte wütend dicht hinter ihm. Sie verfolgte ihn und würde nicht nur ihn ereilen. Er selbst war nicht einmal frei von Ansteckungskeimen dieses politischen Wahnsinns. Man wohnt nicht ungestraft der Zeugung eines Ungeheuers bei. Hans wußte, er hatte nur das Vorspiel eines weltweiten Dramas zu sehen gekriegt. Die nächsten Akte würden dem Augenzeugen, der er war, nicht erspart bleiben.

Diese niederschmetternde Einsicht trennte ihn von den Menschen, die ihn hier so liebenswürdig und mitunter schon freundschaftlich umgaben. Denn sein Wissen machte ihn eben doch zum Fremdling. Es war wie ein düsteres Geheimnis, wie das unterlassene Geständnis eines Verbrechens, das er zu verbergen trachtete. Hans fühlte diesen Abstand, er sah die Mauer, die ihn von den Menschen hier trennte. Es geschah ihm, mit ihnen zu scherzen und zu lachen und auf einmal erschrocken innezuhalten, wenn er sich sagen mußte: »Sie wissen nicht, daß die Zerstörung naht, sie wissen nicht, daß das, was mich vertrieben hat, die Hand auch schon nach ihnen ausstreckt.« Auf jeden Fall war er als ein anderer, als Ausländer im ganzen Sinne des Wortes nach Frankreich gekommen. Er konnte nicht an ein Wunder glauben, an eine Rettung, wie man sie hierzulande gern von Jeanne d'Arc bis zur Marneschlacht sendungsbewußt mit einlullenden Geschichtslegenden belegen zu können meinte.

Hans wußte inzwischen noch mehr. Man kann sein Land nicht verlassen, wie man ein Spiel abbricht, eine Geliebte austauscht, ein neues Buch zur Hand nimmt. Seine Herkunft aus

Deutschland folgte ihm nach und verfolgte ihn, lebte in ihm weiter. Erst jetzt begann der eigentliche Kampf um seine Befreiung. Es galt, sich der Vergangenheit ein für allemal zu entreißen, einen völlig neuen Anfang zu finden. Jetzt erst und gerade jetzt, wo er sich des Elends und der Verzweiflung bewußt geworden war, die er hinter sich gelassen hatte, und Schönheit und Maß in der Landschaft entdeckte, in die es ihn verschlagen hatte. Man durfte dabei nicht ungerecht sein. Wenn Natur und Umstände ihn nicht davor bewahrt hätten, wäre er auch einer der jungen Menschen drüben geworden. Diese hatten sich vor ihrer Wirklichkeit kaum anders verhalten können, als sie es getan hatten. Armut und Niederlage haben noch nie Duldsamkeit und Einsicht gefördert. Der einzelne kann sich vor einer Katastrophe in sein Inneres zurückziehen und sich dem Schicksal beugen. Völker und Massen greifen zu den Waffen und fordern das Schicksal erneut in die Schranken. Ja, man mußte sich hüten, ungerecht zu sein. Sonst hätte man den Menschen hier manchmal ihr Lachen übelnehmen müssen. Es klang dem Selbstvertriebenen mitunter eine Spur zu sorglos, zu unbedacht. Es war das Lachen von allzu selbstbewußten Siegern, die nicht zu ahnen schienen, welche Pflicht der Selbstzügelung und Wachsamkeit aus einem Siege erwächst.

Was hatte es ihm eigentlich gebracht, sein Heil in der Flucht gesucht zu haben? Weshalb war er »desertiert«, wie Stürmer es nennen würde? Die Freiheit, die er meinte, hatte er im eigenen Lande nicht mehr finden können. Nicht Todesangst hatte ihn verjagt, sondern die Furcht vor einem sinnlosen, sinnentleerten Tod. Hans erschrak vor diesem Gedanken, der Georgs Opfer verwarf.

Trotz seiner Vorbehalte war Hans Hesse bereit, in der Fremde aufzugehen, vielleicht sich in ihr zu verlieren, in ihr ein unbeachtetes, verstecktes Leben zu führen, das seinen geheimsten Wünschen entsprach. Allmählich wurde auf eine zugleich wohltuende und quälende Weise die Erinnerung an das, was hinter ihm lag, schwächer.

Da tauchte völlig unerwartet Franz Heldt wieder in seinem Leben auf und riß noch einmal den Vorhang zu einer Szene auf, wo sich in greller Anstrahlung Figuren bewegten, die Hesse nur zu gut kannte. Franz hatte Hesses Adresse durch Gerda erfahren, die nur selten lakonische Briefe schickte, welche Hans aus Rücksichtnahme auf sie, aus Furcht, sie durch eine regelmäßige Auslandskorrespondenz zu kompromittieren, nicht beantwortete. Sie hatte wegen der neuen Zwangsmaßnahmen zur Devisenbewirtschaftung die Miete für Georgs ehemalige Wohnung nicht mehr schicken können und hatte sie mit Hesses Einverständnis für sich selbst behalten. Trotz ihrer Großmutter und wegen Dr. Wetters wachsendem Einfluß war ihre Karriere weiterhin ungefährdet.

Hans schämte sich, daß seine Freude, Heldt »noch da zu wissen«, auch seine Überraschung über diese Tatsache kaum verbarg. Jedesmal, wenn seine Gedanken diesen einstigen Gefährten gesucht hatten, war in ihnen, wie bei allem, was Deutschland anging, so etwas wie endgültiges Abschiednehmen gewesen.

»Ich habe dir was mitgebracht«, sagte Heldt und überreichte Hesse ein ledergebundenes Album. »Stürmers Tagebuch.« Hans sah ihn erstaunt an. »Ach so, du weißt es noch nicht«, bemerkte Heldt. »Auch er.«

»Tut es ihm etwa leid?« wunderte sich Hans.

»Ein Opfer des 30. Juni«, erklärte Heldt.

»Aber wie bist du an sein Tagebuch gekommen?« fragte Hans.

Heldt schmunzelte. »Wir hatten uns letzthin öfters gesehen. Seine Adresse kannte ich ja, nicht wahr? Und unsere Einschätzung der Lage wies nach und nach gewisse Gemeinsamkeiten auf. Du erinnerst dich vielleicht nicht mehr an die wirkliche Stimmung in der SA. Sie wurde für die Herren Kapitalisten höchst gefährlich. Wir sind dabei ja auch nicht ganz untätig gewesen«, sagte er etwas selbstgefällig. »Stürmers Eintragungen dürften dich interessieren. Vor allem wegen deines Freundes von Schilsky. Du kommst darin übrigens nicht besonders gut weg. Stürmer war schon ein recht sentimentaler Bursche. Noch mehr, als ich vermutete.«

Heldt blieb einen Tag über im Städtchen und übernachtete in einem billigen Hotel. Hans verbrachte die Nacht mit dem Lesen von Stürmers Aufzeichnungen. Saubere Handschrift, steife Buchstaben. Viele Stellen waren ohne Interesse, Pennälerschwärmereien. Alles war rührend und peinlich, ehrlich und überspannt. »Schon die Tatsache, daß er ein Tagebuch führte«, dachte Hans, »scheint anzuzeigen, daß er einsamer und unglücklicher war, als man hätte annehmen können.«

Hesse schrieb beim Lampenschein einige Auszüge ab, die ihm besonders aufschlußreich schienen. In Stürmers Bekenntnis zum Nationalsozialismus war viel unverdauter Idealismus, viel kraftmeierische Auflehnung gegen bürgerliche Enge, Aufbruchssehnsucht in eine bessere Zukunft, Suche nach Sinn und Halt im Leben.

»Mein Vater hat den ganzen Krieg als Stabsarzt mitgemacht«,

hatte Stürmer an einer Stelle geschrieben. »Als er zurückkam, wie alle Frontkämpfer ein Opfer des Dolchstoßes von hinten, hat man ihm seine Orden heruntergerissen. Er hatte das Eiserne Kreuz beider Klassen ...«

»Mein Vater ist schon früh Mitglied des ›Stahlhelm‹ geworden. Als ich sechzehn war, wollte er mich in die Jugendabteilung dieses spießigen Wehrverbandes schicken. Die waren viel zu zahm für mich. Nichts ›Junges‹, nichts wirklich Neues bei ihnen. Ich habe mich für etwas Mitreißenderes bewahrt. Sie wählten alle deutschnational, die Partei dieses kleinen Männchens mit dem eisgrauen Schnurrbart. Das ist doch keine Führerfigur. Und der Anführer des ›Stahlhelm‹ ist ein Schnapsfabrikant! Ich werde nie trinken. Mein Rausch ist die Begeisterung.«

»Ich bin in die Partei eingetreten. Klassenkameraden hatten mich zu einer Kundgebung mitgenommen. Der Führer sprach. Das ist ein Mann. Diese Willenskraft! Der geborene Führer. Und die Begeisterung im Saal! Zum erstenmal habe ich wieder geweint: vor Stolz. Das ist kein Kaffeekränzchen und auch kein bierseliger Verein ehemaliger Kriegsteilnehmer. Das ist eine Naturgewalt. Habe mich mit Vater gestritten. Er nennt das dummes Geschwätz. Das soll Geschwätz sein? Er hat keine Ahnung, was die Jugend will. Wir wollen keine Spießbürger sein, sondern ein Volk von Brüdern. Keine Standesunterschiede mehr! Unser Ziel: Deutschland nach außen befreien und es nach innen von seinen Feinden säubern, besonders den Bolschewisten. Großreinemachen! Aufräumen! Unsere Stunde wird kommen ...«

Hans überschlug mehrere Seiten und setzte erst wieder an einer Stelle an, wo es begann, für ihn persönlich interessant zu werden.

»Fast am Ziel«, las er unter dem Datum Weihnachten 1932. »Die Hälfte der Bevölkerung ist mit uns. Meine erste Verwundung. Ein Kommunistenschwein mit Schlagring. Um ein Haar das Auge verloren. Aber unsere Jungens haben den Saukerl fertiggemacht. Hätte ich nicht eingegriffen, hätten sie ihm keinen Knochen ganz gelassen. Untermenschen! Die Narbe wird bleiben. Gut so! Bin stolz darauf.«

»Wieder ein Gespräch mit Dr. von Schilsky. Er ist mir wirklich sympathisch. Ich war zufällig in seine Vorlesung geraten. Das ist nicht einer von diesen zersetzenden Intellektuellen und ganz bestimmt kein marxistischer Giftspritzer. Gedanken edel, Haltung mannhaft ...«

»Schreckliche Enttäuschung. Er ist nicht für uns. Gespräch

über den Begriff des Führers im Staat. Haben uns richtig zerstritten. Weshalb sehe ich ihn noch? Eigentlich schon Verrat an unserer Sache. Er hat es gewagt, unseren Führer als geistig mittelmäßigen Emporkömmling zu bezeichnen. Ich weiß nicht, was mich trotzdem zu ihm zieht. In seiner Nähe finde ich oft, was ich bei meinen Sturmabteilungsmännern bitter vermisse. Volksverbundenheit ist in der Praxis nicht leicht. Und es muß ja auch eine Elite geben. Die Roheit, die Machtgier und die Eifersüchteleien so mancher Kameraden sind oft nur schwer zu ertragen. Ich fühle mich zu Höherem berufen. Oft fällt es doch schwer, Gesinnung und Geschmack miteinander zu vereinbaren. Ich muß da aufpassen, mich zusammennehmen. Bei uns im Sturm ist vieles nicht, wie es sein sollte. Da muß man manchmal schon die Zähne zusammenbeißen. Aber was schreibe ich da? Schließlich gibt es das leuchtende Vorbild des Führers. Er ist berufen, Deutschland zu befreien. Mein Vertrauen zu ihm ist grenzenlos. Im Gedanken an ihn bin ich zu allem bereit, fühle mich zu allem fähig ...«

»Wir sind an der Macht! Das große Werk beginnt. Arbeit und Brot im Lande, Freiheit und Unabhängigkeit nach außen. Zittert, Juden und Kommunisten, Franzosen und Polen! Zu bewegt, um weiterzuschreiben ...«

»Kein Marsch auf Berlin. Schwere Enttäuschung. Gar nicht so leicht, die Parteigenossen zu beschwichtigen. Und Hugenberg und Papen in der Regierung! Vielleicht muß man in der Politik realistisch sein. Eines Tages werden wir diesen Ballast abwerfen. Der Führer weiß schon, was er tut ...«

»Von Schilsky auf dem Presseball getroffen. Er lebt mit einer Schauspielerin zusammen. Ich hatte geglaubt, daß er sich nichts aus Frauen macht. Ich habe ihn mir anders vorgestellt. Jetzt darf ich mir nichts anmerken lassen. Sein Freund Hesse gefällt mir nicht. Ein Intellektueller im übelsten Sinne. Zyniker. Hat gewiß schlechten Einfluß auf ihn. Peinliche Auseinandersetzung mit Schilsky. Sehr erregt. Warum ist er nicht mit uns? Sieht er denn nicht, wie herrlich sich alles verändert? Wenn er doch nur wüßte, wie ehrlich es uns mit unserer Gesinnung ist! So ehrlich wie meine Zuneigung zu ihm. Gewiß gibt es auch bei uns noch einige bedenkliche Elemente. Die zählen aber nicht. Wie kommt es, daß er mich noch immer verwirrt, solche Geständnisse schreiben läßt. Schließlich ist er auf dem falschen Wege ...«

»Hoffnungslos, Schilsky für uns zu gewinnen. Mitunter hasse ich ihn geradezu. Und dennoch suche ich ihn immer wieder auf.

Ich habe niemand, mit dem ich so reden kann wie mit ihm. Aber er stößt mich zurück, wenn es um die entscheidende Frage geht. Ich fühle seine Überlegenheit, seine Mißachtung unserer großen Sache. Ich muß endlich zwischen ihr und ihm wählen ...«

»Aus! Ich selbst habe ihn festnehmen müssen. Er soll aber anständig behandelt werden. Aber ob das noch geht?«

»Bin meinem Ehrenwort untreu geworden. Seinetwegen. Habe Heldt bei der Staatspolizei denunziert. Schließlich ist er nur ein kommunistischer Verschwörer. Und solche Leute hatte Schilsky um sich! Wenn die Polizei die Sache in die Hand nimmt, kommt er wenigstens aus der Kaserne. Ich mußte ihn dahin bringen. Zu viele Zeugen dabei. Einige unserer Leute sind allerdings brutal. Man kann es ihnen nicht verdenken. Wo gehobelt wird, fallen Späne. Wie wäre es uns denn ergangen, wenn die anderen gesiegt hätten? Plündern, brandschatzen, Frauen schänden, man kennt ja die bolschewistischen Untaten. Aber Schilsky ...«

»Alles vorbei! Er soll sich erhängt haben. Sagt man mir. Aber ich kenne die Burschen. Sieht nach Mißhandlung aus. Ich kann das nicht durchgehen lassen. Schließlich war er mein Gefangener. Wenn ich den Burschen erwische, der es gewagt hat ... Aber was schreibe ich da? Schilsky hat das alles selbst provoziert. Meine Schuld etwa? Das Ganze ein Mißverständnis, ein wahres Verhängnis.«

»Hesse ist nach Frankreich abgehauen. Da gehört er auch hin! Er hat mich belogen. Und so einer war sein Freund! Hesses Brief hat mir aber doch sehr zu denken gegeben. Wehe dem Schuldigen, wenn H. die Wahrheit geschrieben hat. Doch von H. sind mir immer nur grausame Wahrheiten gekommen. Ich verabscheue ihn. Auf jeden Fall werde ich eine genaue Untersuchung vornehmen ...«

»Alles stimmt. Schmidt ist es gewesen. Er redet sich heraus, er sei provoziert worden. ›Reichstagsbrandstifter‹ soll Schilsky ihm zugerufen haben. Warum bloß diese unsinnige Beschuldigung? Ein Schilsky im Fahrwasser der Kommunisten! Wie ekelhaft das alles ist. Und warum muß alles so elend sein? Von Georg von Schilsky abgesehen, hasse ich gerade deshalb unsere Gegner, weil sie so gemein sind. Nur niedrige Motive. Sie haben sich ja nicht einmal richtig gegen uns gewehrt. Aber auch in meinem Umkreis schwindet das Heldentum mit jedem Tag mehr ...«

»Habe Erkundigungen über Schmidt eingezogen. Übles Subjekt. Unwürdig zur Partei zu gehören. Vorbestraft. Schwindeleien, Bestechungen, Erpressungen. Habe die Informationen sofort an die zuständige Stelle weitergeleitet ...«

»Verstehe überhaupt nichts mehr. Der Fall Schmidt ist einfach erstickt worden. Ich habe einen Anranzer von oben gekriegt. Der Kreisleiter hat mir eine richtige Szene gemacht. ›Sentimental und weibisch‹ hat er mich genannt. Immer einsamer. Der ganze Sturm ist gegen mich. Sie tuscheln hinter mir her. Schmidt lacht herausfordernd, wenn er mich sieht. Gestern hat er mich nicht gegrüßt. Ich werde keine Beschwerde einreichen. Ich habe einen anderen Entschluß gefaßt ...«

»Habe von Schilskys Bild vom Schreibtisch genommen. Ich will nun auch nicht mehr in der Wohnung bleiben, wo er gelebt hat. Manchmal träume ich davon, er hätte sich doch noch zu uns geschlagen, wenn er noch lebte. Aber nein, noch jetzt, gerade jetzt, ist er stärker als ich. Was hat er aus mir gemacht! Er würde aber zugeben müssen, daß man nur für einen Freund tut, was ich für ihn getan habe ...«

»Bei der heutigen Schießübung hat es einen Unfall gegeben. Schmidt hatte Scheibendienst. Ich habe etwas zu früh geschossen. Ich bereue nichts ...«

Hans flimmerte es vor den Augen. Er klappte das Heft zu. Seine Gedanken irrten ab. Sie waren unbehaglich. Endlich las er weiter. Auf den letzten Seiten war von Heldt die Rede. Die Schrift war immer fahriger, sogar unordentlich geworden und deutete auf eine bestimmte Verwirrung hin.

»Meine Zweifel werden stärker«, entzifferte Hans. »Vieles stimmt nicht mehr. Mitläufer und Profiteure unseres Sieges machen sich überall schamlos breit. Man muß endlich Maßnahmen ergreifen. Wir warten alle darauf. Die Unzufriedenheit unter den SA-Leuten ist fast schon offen. Auch ich kann Heldt nicht mehr richtig auf seine Frage ›Wo ist denn euer Sozialismus?‹ antworten. Überhaupt ist an Heldts Gedanken nicht alles falsch. Aber er verleumdet den Führer. Wenn er wüßte, wie erhaben der über allem steht. Wenn ich mein Vertrauen in diesen Menschen verlöre, wer weiß ...«

»Der Führer hat keine Schuld. Seine Aufgabe übersteigt menschliche Kräfte. Er stützt sich insgeheim auf uns. Vielleicht erwartet er, daß wir handeln. Er kann auf uns zählen. Es muß etwas getan werden, um ihn dem verderbten Einfluß gewisser Kreise des raffenden Kapitals zu entreißen, ihn mit uns mitzureißen. Eine neue Revolution, die zweite Revolution ...«

Die letzte Eintragung stammte vom 29. Juni 1934.

»Wir sind bereit. Daueralarm. Große Dinge stehen bevor.

Ich bin wieder der alte. Keine Zweifel mehr, keine Vorbehalte. Marschieren und handeln, wie einst. Zuschlagen. SA marschiert noch immer. Wir sind stärker als zuvor. Die Reaktionäre und die Profiteure unserer nationalen und sozialistischen Erhebung werden nichts zu lachen haben ...«

An dieser Stelle brachen die Aufzeichnungen ab. Am nächsten Morgen gab Hesse Franz Heldt das Tagebuch zurück. Hans wollte es unter keinen Umständen behalten. »Armes Schwein«, sagte er nur.

»Bloß keine Gefühlsverschwendung«, mahnte ihn Heldt.

»Du hast überhaupt kein Recht, ihn zu beklagen.« Hans unterdrückte seinen Unwillen. »Du lebst hier zu weit vom Schuß, um das alles zu verstehen«, fügte Franz einlenkend hinzu. »Er ist den Tod gestorben, den er wahrscheinlich wollte, wenn er ihn sich auch anders vorgestellt hatte.« In Heldts verhaltenem Lächeln mischten sich Ironie und Bedauern. »Den Tod eines Gefolgsmannes. Du weißt ja, ich habe meine Informationsquelle.«

»Immer noch Herbert?« fragte Hesse.

Heldt nickte. »Toller Bursche«, lobte er. »Arbeitet sich beim Klassenfeind hoch und in seinen Apparat rein. Stürmers Ende möchtest du erfahren? Man hat ihn mit anderen ›Verdächtigen‹ zu einem festlichen Umtrunk eingeladen. Wo er doch nie trank. Schon das muß ihn vielen Pgs unsympathisch gemacht haben. Auf ein gegebenes Signal hin schlugen ihm die beiden Nachbarn, zwischen die man ihn bugsiert hatte, mit ihren Bierkrügen den Schädel ein. Hoffentlich sind seine Augen rasch über dieser Welt gebrochen, die er nicht verstanden hat. Andere seiner Gesinnungsgenossen, die rote SA nannte man sie, wurden auf ähnliche Weise liquidiert. Das war ihre zweite Revolution. Richtige Bartholomäusnacht.«

»Und ihr?« fragte Hans. »Ich meine deine Partei.«

Heldt blickte nachdenklich vor sich hin. »Man tut, was man kann«, erwiderte er. »Es sind noch manche aktiv. Ist natürlich bei dem Terror nicht leicht. Aber für dieses Dritte Reich naht die Katastrophe. Der Himmel über Berlin ist manchmal schwarz von Flugzeugen. Die imperialistische Kriegsindustrie macht fette Profite, aber der vielgerühmte Sozialismus im Innern läßt ganz schön auf sich warten und kommt natürlich überhaupt nicht. Zulauf haben die Nazis trotzdem noch immer. Außer dem internationalen Proletariat ist die ganze Welt dumm und blind. Oder auch einverstanden«, fügte er sarkastisch hinzu. »Der Krieg kommt unvermeidlich. Weißt du überhaupt, was das heute bedeuten würde?«

Hans senkte die Augen. Er wußte es. Das machte ja gerade sein Leben unter diesem südlichen Himmel so peinvoll. Es war nur ein Aufschub, ein Zwischenspiel, eine Pause zum Atemholen. Die Idylle des Privaten konnte jederzeit vom Epos der Geschichte eingeholt werden.

»Und du?« fragte er.

»Ich habe noch ein paar Tage in der Schweiz zu tun«, antwortete Heldt.

»Und dann?« beharrte Hans.

Heldt sah ihn überrascht an. »Wieder zurück, natürlich.« Er hatte nicht einmal mit den Wimpern gezuckt.

»Auch ihn wird es erwischen«, dachte Hans. »Hast du denn wirklich keine Angst?«

Heldt schaute ihn zögernd an. »Man gewöhnt sich daran«, sagte er leise. »Wenn es auch schwerfällt. Schließlich gibt es Vorbilder. Man muß ihrer würdig sein. Und du?«

Hans fuhr zusammen. »Ich?« fragte er gedehnt.

»Schon total entmutigt«, stellte Heldt anklägerisch fest. »Nur noch Treibholz.«

Hesse blickte auf und schüttelte den Kopf. »Im Gegenteil«, sagte er. »Ich bin gerade dabei zu entdecken, daß man leben könnte. Klingt abgeschmackt, was?«

Heldt schenkte ihm einen mitleidigen Blick. »Andere werden es später vielleicht einmal können. Nach uns«, murmelte er. »Aber wir? Glaube ja nicht, ich mache mir das Geringste vor. Ich weiß, was uns erwartet. Eines Tages kann jedem von uns blühen, was deinem Schilsky und dem guten Stürmer geschehen ist.«

Hesse brachte Franz zum Bahnhof. »Viel Glück!« sagte er mit erstickter Stimme.

»Dir auch, aber man muß es sich verdienen«, antwortete Heldt mit unmißverständlicher Betonung. »Das Recht auf Leben muß man erwerben. Bedenke, daß wir später die nicht mehr kennen könnten, die jetzt nicht mit uns sind.«

Auf dem Rückweg bedachte Hesse diese Worte. Er überdachte überhaupt seine Lage. Wo stand er, und wozu stand er? Draußen und ein wenig darüber, wie es sich für einen Zeugen seiner Zeit gehört. Wenn es Entmutigung war, in der Vergangenheit keinen Sinn und in der Zukunft keine Hoffnung zu sehen, konnte Heldts Kritik an Hans schon berechtigt sein. Aber gerade zu Hesses Einsicht gehörte Mut. Nach den letzten Enthüllungen über Deutschland glaubte Hans nicht mehr an ein »Später«, wo er in diesem Lande seinen Platz finden würde. Er konnte nicht gleichzeitig Beobachtender und Handelnder sein. Hesse vernahm in sich mit wachsender Ergebung nur ein ewiges »Zu spät«. Er hörte diesen Richtspruch sehr deutlich und nahm ihn an, trotz seiner Jugend, trotz der trostreichen Lehre dieser schönen fremden Landschaft, die einem, der noch viel zu lernen und alles zu entdecken hatte, so viele Möglichkeiten zu bieten schien, neu zu beginnen. »Ein Himmel schwarz von Flugzeugen ...« Er konnte das alles deutlich wieder vor sich sehen. Uniformen, Waffen überall, Begeisterung und Fanatismus, Gefühlsduselei und Entfesselung. Das war auch bei der Durchsicht von Stürmers Tagebuch erneut auf ihn eingestürmt. Und das alles im Angesicht und im Herzen Europas, dieses Kontinents, der in leichter Abwandlung von Blums Worten so klein war, daß es ihn gar nicht gab. Nein, es bestand kaum noch Hoffnung.

Unter der Sonne dieses glücklichen Landes wollten ihm seine deutschen Jahre mitunter wie ein böser Traum vorkommen, aus dem er in eine schönere Wirklichkeit erwacht war. Alles um ihn schien dazu angetan, die Unrast zu dämpfen, die noch immer an ihm nagte. Er hatte hier gelernt, zuerst nach dem Menschen zu fragen und andere nicht nur als Gegner abzutun oder gar als Idole anzubeten. Hans Hesse wollte sich keinen neuen Illusionen hingeben. Das Zeitgeschehen hatte ihn frühzeitig aus Wahnvorstellungen aufgescheucht, denen er sich in jenen Jahren überlassen hatte, als er sich in einer nun verlorenen Heimat noch zu Hause fühlte. Die harte Lehre seiner deutschen Erfahrungen durfte nicht unbeherzigt bleiben. Er hatte die Szene seiner ersten Niederlage vor dem Leben verlassen. Aber er wußte, daß man vor diesen Ereignissen nicht einfach wegrennen konnte. Sie würden ihn ereilen, wie Georg es mit der Hellsicht eines dieser Welt schon fremd Gewordenen angedeutet hatte. Andere, viele andere, alle würden von dem Schicksal bedroht werden, dem er in einem Augenblick der Vermessenheit zu entkommen gemeint hatte.

Hans erinnerte sich plötzlich der Reise, die er an Allerheiligen des letzten Jahres mit René Latil zu den Soldatenfriedhöfen im Osten Frankreichs gemacht hatte. Renés ältester Bruder lag dort begraben. Hesse war mit der Familie Latil damals schon so vertraut, daß sie ihre Toten nicht mehr vor ihm verbarg. Hans sah nun die endlos scheinenden Reihen der Holzkreuze wieder vor sich. Als die jungen Männer dastanden, hatten sie über sich den Lärm von Militärflugzeugen gehört. Und in dem Blick, den die beiden austauschten, hatte eine unabweisbare Ahnung kommender Dinge gestanden.

Die Schatten der Zypressen hatten Hans an diese Ausfahrt erinnert. Er war vom Wege abgewichen. Die Sonne ging über einem Hain unter, der sie mit abschiednehmender Zärtlichkeit zurückzuhalten schien. Alles atmete Frieden, Maß und Erfüllung. Würziger Duft von Thymian, Lavendel und Kiefern entstieg der felsigen ockerfarbenen Erde. Er war scharf und kraftvoll, aber er verwirrte die Sinne nicht. Irgendwo sang eine Frau. Hans wünschte sich Heldt noch an seiner Seite. Aber er befürchtete, auch dieser Zauber würde nichts über Franz vermögen. Die letzten Aufrechten einer geschlagenen Nachhut kannten keine harmonische Landschaft und keine innere Ruhe. Sie durften sich vom Anruf des Lebens nicht verführen lassen. Sie kämpften weiter um ihr Recht zu leben, aber ihre Schlachten brachten ihnen und anderen den Tod.

Hans Hesse fühlte sich frei. Er war jetzt froh, weder Waffen noch Rüstung zu tragen. Viele hatten ihm zugerufen »Komm über«. An politischen Glaubensbekenntnissen und Allheilsparteiprogrammen hatte es nicht gefehlt. Er begriff jetzt eher den Sinn seiner beharrlichen Verweigerung. Niemand sollte ihn nachahmen oder ihm nachfolgen. Er rief niemand auf, er forderte von niemand etwas, ganz bestimmt nicht das Opfer des Lebens. Wenn er auch kein Programm zur Gesellschaftserlösung und Lebensbewältigung vorzuschlagen hatte, so verführte er wenigstens niemand zu Irrtum und Opferung. Wer niemand führt, kann niemand verführen. Vielleicht wurde dadurch seine Verantwortung für die kommenden Dinge geringer. Manche, wie Heldt und Stürmer und wohl auch Georg, hätten das gerade umgekehrt ausdrücken können. Je klarer Hesse zurückblicken konnte, desto mehr wuchs seine Furcht vor der Zukunft, denn die Zukunft der Welt lag zu einem guten Teil in dieser deutschen Vergangenheit beschlossen. Hans sah ein, daß der Friede, der hier waltete, ohne eigentlich trügerisch zu sein, nicht ewig dauern würde. Er wußte um die Mächte, die schon jetzt alles bedrohten, was den Menschen hier das Leben noch lohnenswert machte. Und dennoch öffnete sich seine Seele immer mehr der Menschlichkeit und Weltoffenheit.

Hans Hesse wollte diese Gnadenfrist noch nutzen, um seine letzten Stunden nicht sinnlos verrinnen zu lassen. Drüben hatte er nicht leben können. Zu viele Todesfanatiker machten es ihm da zum Vorwurf, ihnen nicht in den Untergang zu folgen. Hier, in dieser Landschaft, die ihm in blendender Helle eine schönere Lebensmöglichkeit enthüllte, würde er vielleicht auch einen menschenwürdigen Tod finden, »als Zivilist und brav« seinen eigenen Tod sterben. Er hatte nie wie diese Besessenen dahingehen wollen, die auf den Befehl anderer oder gar des eigenen Gewissens ihr Leben vorzeitig verspielt hatten. So Georg in seiner verletzlichen Moral, so Stürmer, der gefährliche Tor, oder in blinder Kadertreue, wie es Heldt jederzeit geschehen konnte. Bis zu diesem Tage des eigenen Abtretens war jeder gewonnene Tag ein Geschenk.

Die Sonne war untergegangen. Hans wollte nicht wissen, wie oft er sie noch aufgehen sehen würde. Diese Frage stellte sich hier niemand. Diese altehrwürdige Provinz war ewig und stand doch unter der Herrschaft der Gegenwart, der Wirklichkeit des Augenblicks. Ja, das Land war ewig und atmete Dauer. Hier gab es mit dem schönen Maß auch lebenskluges Maßhalten. Wenn die Menschen und eine berstende Welt ihm die Zeit ließen, würde er hier vielleicht noch zu sich selbst und zum Leben finden.

Die letzte Schlacht seines Lebens hatte mit einem Rückzug geendet. Aber Hesse gehörte zu denjenigen, die aus ihren Niederlagen lernen. Er blieb guten Willens vor den mannigfachen Möglichkeiten seines Geschicks. Er fühlte in sich Kräfte einer Wandlung, die nichts mit den schreierischen Aufrufen machtgieriger Weltverbesserer zu tun hatten. Aber selbst aus dieser Verfügbarkeit ließ sich keine Zuversicht gewinnen. Zuviel war in ihm zerbrochen. Aus den Scherben einer Welt würde er kein neues Haus errichten können. Er wußte auch nicht, ob andere diesem Haus die menschlichen Maße geben würden, in denen man frei atmen konnte. Dabei war er nicht einmal ohne ein gewisses Vertrauen, als er die schwieligen zupackenden Hände Herberts vor sich sah, wenn er an eine ferne, eigentlich kaum vorstellbare Zukunft für sein Land dachte, dem in dieser Stunde weder sein Fluch noch sein Dank gehörten.

Wir verlassen Hans Hesse bei dieser Gefühlsaufwallung, die nur ihn angeht und betrifft. Vor einem solchen Augenblick des Innehaltens, vielleicht gar der Einkehr, wo Vergangenheit und Zukunft einander aufheben und der Gegenwart unbestimmbar machen, muß der Erzähler verstummen. Wir wissen natürlich, daß Hesses Geschichte nicht einfach irgendwo und irgendwann enden kann. Wir vermögen allerdings nicht die genaue Zeit seiner letzten Stunde anzugeben. Die Vermutung liegt nahe, daß dieser Augenblick mit demjenigen zusammenfallen wird, wo die Geschichte ihm wie uns unter dem Krachen der Granaten, dem Heulen der Fliegerbomben und in den Giftschwaden der Kampfgase unerbittlich ihre endgültige Forderung vorlegt.